COLEÇÃO
PROJETO DIAMANTE BRUTO
LIVROS CRISTÃOS

Agradeço a Deus, o Pai e meu Senhor e Salvador Jesus Cristo, por todo bem que Deus tem feito por mim. Agradeço ao Deus que me criou e que me salvou. Agradeço ao meu Deus que me remirá de todas as minhas maldades. Agradeço a Deus pelo sangue do Cordeiro que foi derramado na cruz do Calvário, e pelo Espírito Santo que foi enviado. Agradeço a Deus por sua maravilhosa graça e por sua misericórdia. Agradeço a Deus por sua bondade e por sua fidelidade. Agradeço a Deus pelo seu amor e pela sua justiça. Agradeço a Deus por sua benignidade e por sua benevolência. Agradeço a Deus por sua paciência e por sua longanimidade. Graças a Deus, graças ao único Deus eterno, bendito e verdadeiro. Agradeço a Deus, a Deus somente.

A Deus seja o domínio, o louvor e a glória para sempre. Amém.

FRANCISCO EDSON DA ROCHA
COOPERADOR FRANCISCO
Nº Registro: 882.930 Livro: 1.721 Folha: 147
PARA NÃO FALAREM QUE É HERESIA, VOU DIZER QUE É APENAS UMA TEORIA

PARA NÃO
FALAREM QUE
É ~~HERESIA~~,
VOU DIZER
QUE É APENAS
UMA *TEORIA.*

PARA NÃO FALAREM QUE É *HERESIA*, VOU DIZER QUE É APENAS UMA *TEORIA.*

Cooperador Francisco.
(Trabalhador da última hora)

Carta à Editora: Ribeirão Preto – SP, ano 2025 d.C.

"Aos poucos, as correntes vão se rompendo e o jugo vai se tornando cada vez mais leve. Conforme o Senhor vai me curando da minha insensatez, a luz da esperança também começa a brilhar no fundo do poço. Isso porque o Senhor é bom, e as suas misericórdias duram para sempre."

De Francisco Edson da Rocha (Cooperador Francisco), para a editora que certamente foi edificada pelo Senhor, pois Deus é quem estabelece e edifica todas as coisas, saudações. Que o nosso Deus nos abençoe.

Estou enviando o meu testemunho para ser analisado, e é claro que eu também almejo ser publicado; se Deus quiser, eu serei. O conteúdo do livro é diferente de tudo que já foi escrito até hoje no meio cristão.

Quero que vocês saibam que o meu interesse não é ganhar rios de dinheiro, mas a minha vontade é cooperar com o Senhor em sua obra. Este é um livro polêmico, revelador e libertador, embora seja um tanto quanto tosco por causa das minhas limitações. Entretanto, eu não pretendo mesmo ser refinado, nem passar uma mensagem do tipo dos livros de autoajuda ou do tipo comida chinesa, "e seus famosos biscoitinhos da sorte".

Porque, pela graça e pela misericórdia de Deus, o que escrevi, escrevi. Senti a necessidade, vinda de Deus, de passar para o papel aquilo que o Senhor tem me mostrado, discorrendo e abordando resumidamente alguns assuntos que, para os mais simples e novos na fé, ainda são um mistério.

Espero em Deus que eu seja aprovado pela editora e receba a oportunidade de ser publicado. Que a boa mão de Deus esteja conosco. Os dias são difíceis e se apressam para o fim, por isso eu também tenho pressa de publicar este meu testemunho, pois sinto que pode ser útil para a obra de Deus.

Não vou falar muito acerca do livro, só mesmo lendo pra ver.

Fiquem com a paz do nosso Maravilhoso Deus, que sonda a nossa mente e o nosso coração, e sempre planeja o melhor para nós. Não há nada oculto que não venha a ser revelado; eu tenho crido nas promessas do Senhor e sei que não serei frustrado. Que Deus confirme os nossos projetos, em nome do Nome que está sobre todos os nomes, o nome do Senhor Jesus Cristo, o Filho do Pai; a Ele seja a glória e o louvor eternamente. Amém. Obrigado.

Sumário

Apresentação

São poucas as palavras: Aqui diz o insensato, que, por não ter sido íntegro, pecou e cometeu muitas abominações. *"Pequei contra ti, contra ti somente, e fiz o que é mau perante os teus olhos..."* (Sl 51:4)

Por isso, o meu cântico cessou, juntamente com a voz de júbilo.

Com isso, o que sobrou? Restaram somente as feridas.

Como um carro desgovernado e sem freio, assim fui eu: longe do Senhor, sem a direção de Deus. Agi loucamente, quebrei a aliança e profanei o templo.

Eu, o cooperador, que não é digno de ser chamado de cooperador; um miserável pecador, indigno do ar que respira, indigno do sopro da vida.

Porque o bem que eu quero fazer, eu não faço; mas sim o mal que detesto.

Desventurado homem que sou! Quem me livrará deste corpo de pecado?

É por causa da minha insensatez que eu coloco a minha boca no pó para me humilhar. Não se escandalize com isso, porque assim me convém me humilhar diante do Senhor; pois a vergonha e a humilhação pertencem a mim, que sou mau, fraco e falho. Mas a justiça, a misericórdia e o perdão pertencem ao Senhor. *"A ti, ó Senhor, pertence a justiça; mas a nós, a vergonha..."* (Dn 9:7)

Mas eu agradeço a Deus, o Pai, e ao Senhor Jesus Cristo, ao Espírito Consolador que pairava por sobre as águas e que hoje anda no meio da igreja, assim como no passado andava pelo jardim do Éden.

O meu Criador e o meu Salvador, que disse: *"Façamos o homem à nossa imagem, conforme a nossa semelhança..."* (Gn 1:26)

O Autor da vida; aquele que, em meio aos tormentos da cruz, disse: *"Pai, perdoa-lhes, porque não sabem o que fazem."* (Lc 23:34)

Sim, o grande Eu Sou; o Verbo da Vida e a única e verdadeira Fonte da vida.

O Deus Altíssimo e Todo-Poderoso: *"de quem não sou digno de desamarrar as correias das sandálias."* (Jo 1:27)

A Ele eu me rendo, confesso os meus pecados, me arrependo e lamento; lamento ser o que sou, lamento ter errado tanto. Não me orgulho dos meus pecados, nem me congratulo com os meus erros, nem com as minhas maldades. Porque eu preciso do Senhor tanto quanto preciso do ar que respiro.

"Pois nele vivemos, nos movemos e existimos..." (At 17:28)

Não posso mais me dar ao luxo de pecar, porque o meu cálice já transbordou de tantos pecados. Com Deus não se brinca; de Deus, não se zomba.

Estou fugindo da Babilônia, voltando para o caminho que me leva ao monte Sião, correndo para os braços do Pai. Sou pobre e necessitado. Deus meu, não me rejeite nem me desampare, porque tu és o meu Senhor, e eu sou o teu servo. Sem mais delongas, comecemos...

CAPÍTULO 01

AÇÃO DE GRAÇAS.

(Sem Deus, a Terra seria como Saturno e Netuno: só mais um planeta vazio e sem vida. Nós, seres humanos, somos todos iguais, somos um dilema; pois nós não somos nada, entretanto temos um grande valor. Dá para entender isso? Acha isso profundo? Acha que eu tenho motivos para me vangloriar? Não, uma poça d'água é mais profunda do que a minha vã filosofia.)

Certa vez, eu pensei comigo mesmo: — *Será que há jeito para mim?*

Eu, que estava cheio do Espírito, de repente me vi outra vez atolado em pecados. É desanimador, mas eu já estive várias vezes nessa situação.

Como em uma montanha-russa: horas acima, horas abaixo; às vezes fazendo a vontade de Deus, às vezes fazendo a minha própria vontade; às vezes buscando as coisas do mundo, às vezes buscando a glória de Deus.

Miserável homem que sou! Quem me livrará deste corpo de pecado?

Porque, na verdade, eu tenho sido fraco, pois, quando a tentação vem, eu logo caio, em vez de resistir; e, depois de haver pecado, eu logo me arrependo e lamento muito pelo mal que cometi aos olhos do Senhor.

De fato, eu admito que tenho um grande desvio de caráter, tenho uma conduta moral que oscila, sou fraco e falho; mas eu não queria ser assim, não mesmo. Por isso, várias vezes já pensei em abandonar a fé.

Mas quem disse que eu consigo viver longe de Deus?

Não, eu não consigo abandonar a minha fé em Jesus, nem tampouco deixar de amá-lo. Será que o meu amor é sincero? Será que a minha fé é sincera? Será mesmo que sou convertido de verdade? Eu já me fiz essa pergunta muitas vezes, e ainda não sei o que sou. Porque, se eu amo tanto o Senhor, então por que eu cometo tantos pecados? Mas eu já ouvi alguém dizer: — *Você não é convertido de verdade, e também nunca recebeu o Espírito Santo; porque quem tem o Espírito Santo não peca.*

Porém, eu digo que Adão e Eva eram cheios do Espírito, mas, mesmo assim, eles caíram. Também acredito que Caim tinha o Espírito Santo.

Como está escrito: *"Então disse o Senhor: O meu Espírito não permanecerá para sempre no homem, porquanto ele é carne..."* (Gn 3:6)

Ora, isso quer dizer que, antes da corrupção do homem, todos tinham o Espírito de Deus, inclusive Caim. Entretanto, os descendentes de Sete, que eram justos como Abel, também se corromperam como os filhos de Caim; e, por isso, o Espírito Santo se retirou do homem. Porque o Espírito Santo não é um ditador tirano que nos prende e nos acorrenta; não, mas Ele nos dá liberdade. Embora Ele seja o Dono Supremo da nossa vida, o Espírito Santo não nos trata como escravos, nem tira o nosso livre-arbítrio.

Não estou incentivando ninguém a cometer pecado.

Porque tudo o que nós plantamos, nós vamos ter que colher.

Minha vida poderia ter sido mais doce e menos amarga, se eu não fosse tão falho e tão fraco; quão maravilhosa e abençoada teria sido a minha vida na terra dos viventes se eu não tivesse pecado tanto!

Mas ainda há tempo para aprender, e eu ainda tenho esperança.

Porque o que é impossível para mim é possível para Deus. Por isso, eu dobro os meus joelhos e oro ao meu Redentor: *"Eu te oferecerei sacrifícios de ação de graças e invocarei o nome do SENHOR."* (Sl 116:17)

— Graças te dou, ó Deus, meu Salvador, pela tua graça e misericórdia, pela tua bondade, benevolência e benignidade; pela tua justiça, pela tua fidelidade, pelo teu amor, pela tua paciência, tolerância e longanimidade; porque eu sei que nada sou e que nada mereço. Mas, pela tua graça, eu me achego ao Senhor; não pelos meus méritos, nem pela minha justiça, pois a minha justiça não pode me salvar. O Senhor é a minha justiça, meu Deus. E, movido pelo teu Espírito, através do sangue do Cordeiro, pelo novo e vivo caminho, eu me achego ao Trono da graça de Deus, além do véu, no Santo dos Santos. Para, mais uma vez, me apresentar diante do Senhor e buscar a tua santa presença, porque tudo que há em mim necessita mais do Senhor; sim, eu quero ser cheio do Senhor e vazio de mim mesmo. Pois em mim não há nada de bom, e nada de bom pode proceder de mim; na verdade, não posso confiar em mim mesmo. Ajuda-me, Senhor, preciso da tua boa mão, pois quero ser um servo bom e fiel. Preciso do teu auxílio; tu és o meu Mestre. Ensina-me a tua palavra, ensina-me a fazer a tua vontade; preciso do teu ensino e do teu conselho. Tem misericórdia de mim, Senhor, pois eu não tenho rejeitado a tua disciplina nem a tua correção. Meu Deus, a minha edificação e o meu crescimento vêm do Senhor, assim como também o meu avanço, a minha capacidade, suficiência e inspiração. Por isso, eu quero estar ligado à Videira Verdadeira, a fim de dar bons frutos para a glória do Pai. Eu quero estar plantado junto aos teus rios e estar arraigado na tua santa e maravilhosa presença — não só hoje, mas também amanhã e eternamente. Vem fazer morada em mim. Eu quero ser cheio do teu Espírito e do teu poder, para que assim eu possa fazer a tua vontade, porque, sem o Senhor, eu nada posso fazer. Aleluia! Só o Senhor é santo, só o Senhor é bom, só o Senhor é fiel, só o Senhor é justo, só o Senhor é verdadeiro; só o Senhor é digno de receber toda honra, toda glória, todo louvor, toda majestade, todo poder e todo domínio; digno de ser adorado, louvado e exaltado, porque só o Senhor é Deus, nosso Criador. Em tuas mãos eu entrego a minha vida, o meu coração, os meus planos e os meus caminhos; e que a tua vontade seja feita. Não me deixe cair em tentação, mas livra-me de todo mal e de todas as obras do Tentador.

"O diabo, vosso adversário, anda em derredor, como leão que ruge, procurando alguém para devorar..." (1Pe 5:8)

Livra-me de mim mesmo, de todo engano, de todo erro e de toda mentira; eu quero a verdade, somente a verdade, e nada mais do que a verdade. Porque enganoso é o coração do homem, e totalmente corrupto, mas eu amo a tua justiça. Livra-me dos meus pecados ocultos, sonda-me e purifica-me de toda maldade e de toda malícia, de toda vaidade e de toda arrogância; livra-me de todo mal que está oculto aos meus olhos. Guarda-me, Senhor, e conduze-me na tua luz e na tua verdade, nos caminhos da retidão e da justiça, da fé, do amor, da esperança, da pureza, da santidade, da simplicidade e da piedade. E que a tua boa mão esteja sobre a minha vida para se compadecer de mim, para me fortalecer, para me conduzir, para me ensinar, para me aconselhar, para me firmar, para me edificar, para me dar crescimento, para me abençoar e para me dar vitória. E a vitória que eu peço ao Senhor é esta: que, assim como Calebe e Josué perseveraram em seguir ao Senhor e entraram na terra prometida e no descanso de Deus, assim também eu venha a perseverar em seguir ao Senhor até o fim e entrar na vida eterna, no Reino de Deus. Graças te dou, meu Deus, por tudo e por todo bem que o Senhor tem feito por mim, mesmo sem eu merecer. Te agradeço em nome do Pai, do Filho e do Espírito Santo, em nome do Senhor Jesus Cristo. Amém e amém.

"Louvai ao Senhor, porque é bom e amável cantar louvores ao nosso Deus; fica-lhe bem o cântico de louvor. O SENHOR edifica Jerusalém e congrega os dispersos de Israel; sara os de coração quebrantado e lhes pensa as feridas. Conta o número das estrelas, chamando-as todas pelo seu nome. Grande é o SENHOR nosso e mui poderoso; o seu entendimento não se pode medir. O SENHOR ampara os humildes e dá com os ímpios em terra. Cantai ao SENHOR com ações de graças; entoai louvores, ao som da harpa, ao nosso Deus..." (Sl 147:1–7)

Seu Nome é Maravilhoso.

E em minha boca não há palavras que possam expressar o quanto Deus é Maravilhoso. Não há palavras em mim para expressar a sua grandeza, o seu poder, a sua glória, a sua força, o seu conhecimento, o seu entendimento, a sua sabedoria e os seus inumeráveis feitos maravilhosos.

Quem sou eu, para que de mim o Senhor se lembre?

Sou apenas pó, e ao pó retornarei; sou como a flor do campo que nasce, cresce e morre. Se eu pesar a minha vida na balança, ela pesará bem menos que um sopro. O que fazer para chamar a atenção de Deus?

O que fazer para impressioná-lo? Não há o que fazer.

Deus é completo e perfeito, e não precisa de mim; não tenho nada de bom a lhe oferecer.

Mas eu, sim, de fato, sou a alma necessitada que precisa d'Ele.

"Eis que Deus é o meu ajudador, o SENHOR é quem me sustenta a vida. [...] Ainda a palavra me não chegou à língua, e tu, SENHOR, já a conheces toda." (Sl 54:4; Sl 139:4)

Mesmo se eu fosse o homem mais rico do mundo e colocasse toda a minha fortuna no altar da igreja, com esse ato eu não teria feito nada de bom. Porventura, todas as coisas não pertencem a Ele?

O ar que eu respiro não pertence a Ele?

O chão que eu piso não pertence a Ele?

Todas as coisas foram feitas por Ele e para Ele. (Rm 11:36)

Eu vejo a bondade de Deus quando me deparo com a arrogância do homem. O homem não tem nada, e nada é. Mora de favor na terra que Deus arrendou para ele. Come a comida que Deus proporcionou para ele. Bebe a água que Deus proporcionou para ele. Veste a roupa que Deus proporcionou para ele. Goza da vida que Deus proporcionou para ele.

Desfruta das delícias da terra que Deus fez para ele.

E até mesmo o fôlego de vida que há no homem pertence a Deus; e ainda há homens que se vangloriam. De fato, Deus é bom e fiel; o homem é um infeliz, pobre, miserável, cego e nu. Mas o grande mentiroso é aquele que diz: — *Não preciso de Deus, ou: não acredito em Deus.*

Ninguém é inocente; todos nós temos o conhecimento do bem e do mal.

E esse conhecimento nós adquirimos lá no jardim do Éden, quando Adão e Eva comeram o fruto proibido. Por acaso eles não tinham o livre-arbítrio? Sim, só pelo fato de desobedecerem a Deus nos mostra que eles tinham o livre-arbítrio, mas preferiram desobedecer à voz de Deus.

E sem falar que ainda temos o Espírito Santo, que foi enviado à terra para convencer o homem do pecado, da justiça e do juízo. (Jo 16:8)

Por isso, dou graças a Deus por sua maravilhosa graça ter me alcançado. Sim, a única e verdadeira, eterna e inesgotável Fonte da Vida — de onde procede todo bem e toda vida — está à disposição de todos.

Então, por que eu iria aceitar beber da mão dos arrogantes, que gostam de se exaltar acima do povo, se eu posso beber diretamente da Fonte?

"Se alguém tem sede, venha a mim e beba. [...] Aquele que tem sede, venha; e quem quiser, receba de graça a água da vida." (Jo 7:37; Ap 22:17)

Dependo do Senhor e confio somente no Senhor, meu Deus.

"Maldito o homem que confia no homem, faz da carne mortal o seu braço e aparta o seu coração do SENHOR! [...] Bendito o homem que confia no SENHOR e cuja esperança é o SENHOR." (Jr 17:5,7)

Não confio no homem, não confio em mim mesmo, só confio em Deus.

Sendo assim, me apegarei e me dedicarei cada vez mais a buscar a Deus, meu Salvador; me aplicarei em conhecê-lo e, com perseverança, prosseguirei em conhecê-lo através da sua santa Palavra, que é a verdade.

Fiquem os homens com suas ilusões e mentiras, suas filosofias vãs e fúteis; eu ficarei com a verdade, que é a Palavra de Deus. *"Lâmpada para os meus pés é a tua palavra e luz para os meus caminhos."* (Sl 119:105)

A Palavra de Deus é justa, fiel, pura, santa, verdadeira, boa, correta; é água pura e cristalina que me lava e me purifica. (Jo 15:3) (Ef 5:26)

"Vós já estais limpos pela palavra que vos tenho falado." (Jo 15:3)

Graças a Deus! Ao Deus Altíssimo e Todo-Poderoso, que está entronizado acima dos querubins, acima dos céus, acima de tudo e de todos. Glória ao Pai, ao Filho e ao Espírito Santo, ao único Deus eterno e verdadeiro, o Deus de Abraão, de Isaque e de Jacó; o Santo de Israel.

Bendito seja o nome do Senhor Jesus Cristo.

O Alfa e o Ômega, aquele que é, que era e que há de vir. (Ap 1:8)

O Primeiro e o Último, o Princípio e o Fim. (Ap 22:13)

O meu Redentor vive! *"Pois não fixamos o olhar nas coisas visíveis, mas naquelas que não se veem; pois as visíveis são temporárias, ao passo que as que não se veem são eternas."* (2Co 4:18)

Porque, na eternidade, tudo será eterno: a vida será eterna, a alegria será eterna, a paz será eterna, o descanso será eterno, o gozo será eterno; tudo será eterno. Assim como Deus é eterno, o seu povo também será.

Quer saber o meu sonho? Este é o meu sonho: — Ser salvo e me tornar um habitante de Sião, a nova Jerusalém, onde Deus habitará junto com o seu povo eternamente. É pra lá que eu quero ir; é para isso que eu persevero, para chegar lá. *"O monte Sião, para os lados do Norte, a cidade do grande Rei."* (Sl 48:2)

Graças a Deus por tudo.

O PARAÍSO ESTÁ ACIMA DE NÓS, OU ABAIXO DE NÓS?

"Ora, nem no céu, nem sobre a terra, nem debaixo da terra, ninguém podia abrir o livro...[...] Porque assim como esteve Jonas três dias e três noites no ventre do grande peixe, assim o Filho do Homem estará três dias e três noites no coração da terra." (Ap 5:3) (Mt 12:40)

Depois de ter sido preso, espancado, humilhado, crucificado e morto pelos nossos pecados, Jesus ressuscitou ao terceiro dia e, encontrando Maria Madalena, disse-lhe: *"Maria! Ela, voltando-se, lhe disse, em hebraico: Rabone (que quer dizer mestre). Recomendou-lhe Jesus: Não me detenhas, porque ainda não subi para meu Pai..."* (Jo 20:16-17)

Muitos pensam que o paraíso está no céu, na santa habitação de Deus, no lugar onde Deus habita juntamente com todos os seres celestiais, onde também está o monte Sião, a nova Jerusalém. (O monte Sião também simboliza o povo de Deus, ou seja, a Igreja, isto é, Israel.)

Mas eu não acredito nisso. Não acredito que o paraíso está lá em cima.

Certamente muitos dirão: — *Heresia!* Por sinal, este é o título deste livro: *Para não falarem que é heresia, vou dizer que é apenas uma teoria.*

Então, para não dizer que eu sou um profeta, me gabando de algo que eu não sou, dizendo que foi Deus quem me revelou e falou comigo, vou mostrar que o paraíso não está acima de nós, mas está abaixo de nós.

Através da Palavra de Deus e da lógica, vou expor a minha teoria.

Primeiro, todos conhecem a parábola do rico e Lázaro. (Lc 16:19)

Sabemos que Lázaro morreu e foi levado ao paraíso. Também sabemos que o rico morreu e foi para o inferno, segundo o próprio Senhor nos revelou. E a Palavra diz que, estando o rico em tormentos no inferno, viu de longe Abraão e Lázaro no seio de Abraão. Vejam que o rico e Lázaro estavam na mesma dimensão celestial, nas regiões celestes que estão nas profundezas da terra. E a Palavra diz que, no mesmo lugar onde estavam o rico e Lázaro, também havia um grande abismo que os separava.

Sendo assim, se o inferno está abaixo de nós, o paraíso também está.

Mas muitos irão dizer: — *O rico e Lázaro é só uma parábola.*

Mas o que é uma parábola? No dicionário diz: (Comparação desenvolvida em uma história curta, cujos elementos são eventos e fatos da vida cotidiana, e na qual se ilustra uma verdade moral e espiritual.)

Com isso, vemos que parábola não é a mesma coisa que fábula, uma história fictícia. Jesus é a verdade, e da sua boca só procedeu a verdade.

Ele jamais inventaria uma história fictícia se não houvesse paraíso ou inferno depois da nossa morte. Porque, na parábola do rico e Lázaro, Jesus ilustra uma verdade, e não uma mentira ou uma ilusão.

Mas infelizmente muitos pensam que Jesus estava de conversa fiada, e não dão muito crédito a esta revelação que o Senhor nos deu. Sim, uma grande revelação que abre a nossa visão para o outro lado da vida.

Porque a palavra de Deus também diz que: *"Para que ao nome de Jesus se dobre todo joelho, nos céus, na terra e debaixo da terra..."* (Fp 2:10)

Ora, quem são esses que estão debaixo da terra?

Isso me parece muito óbvio, não acham?

Que ninguém venha me dizer que são as toupeiras, ou as minhocas, ou os cadáveres que estão nas sepulturas. E a Palavra ainda nos revela que:

"Por isso, diz: Quando ele subiu às alturas, levou cativo o cativeiro e concedeu dons aos homens. Ora, que quer dizer subiu, senão que também havia descido até às regiões inferiores da terra?" (Ef 4:8-9)

E continua dizendo:

"No qual também foi e pregou aos espíritos em prisão, os quais, noutro tempo, foram desobedientes, quando a longanimidade de Deus aguardava nos dias de Noé, enquanto se preparava a arca, na qual poucos, a saber, oito pessoas, foram salvas através da água..." (1Pe 3:19-20)

E a Palavra reveladora do nosso Deus também diz: *"Pois, para este fim, foi o evangelho pregado também a mortos..."* (1Pe 4:6)

O que dizer do ladrão que esteve com Cristo no paraíso, depois de sua morte? *"Em verdade te digo que hoje estarás comigo no paraíso."* (Lc 23:43)

Ora, nós sabemos que Jesus ainda não havia subido ao Pai.

Pelo menos foi isso que Ele disse a Maria Madalena: *"Recomendou-lhe Jesus: Não me detenhas, porque ainda não subi para meu Pai..."* (Jo 20:17)

Se Jesus ainda não havia subido para o Pai, onde Ele esteve no paraíso?

Com tudo isso, posso dizer que o paraíso não está acima de nós, mas está abaixo de nós. E mais: também posso dizer que Jesus, depois de ter estado com o ladrão no paraíso, posteriormente desceu até o inferno, até às partes mais baixas da terra, e pregou ali o evangelho; como está escrito: *"Pois, para este fim, foi o evangelho pregado também a mortos..."* (1Pe 4:6)

O Pregador dos pregadores continuou pregando, mesmo depois de morto. Mas muitos teólogos não acreditam que Cristo pregou o evangelho para os mortos que estavam em prisão, no inferno. Mas não seria justo se Deus não desse chance para aquelas almas que morreram sem salvação, antes que Cristo surgisse pregando o evangelho e morrendo na cruz para pagar o preço dos nossos pecados. Por isso, também foi necessário pregar o evangelho aos mortos — para aqueles por quem Cristo também havia morrido. E eu creio que, se Cristo tivesse falhado no último momento, desistindo de ser morto pelos nossos pecados, creio eu que todos os que estavam no paraíso seriam expulsos para o inferno; por isso Jesus não podia falhar. E eu falo de Noé, de Abraão, de Moisés, de Davi e muitos outros. Porque o homem não pode ser salvo por sua própria justiça.

Porque Cristo foi morto para pagar o preço dos pecados de todos — desde Adão e Eva até os dias de hoje, e futuramente, até à consumação dos séculos. Inclusive dos que já estavam mortos antes da vinda de Cristo.

Mas muitos dirão: — *Então, todos os que estavam em prisão, no inferno, quando Cristo estava anunciando o evangelho, foram salvos?*

Isso eu não sei dizer. Mas eu tenho um sinal do que poderia ter acontecido ali, no inferno, quando Cristo pregava aos mortos.

Vejamos: quando Cristo foi crucificado, dois malfeitores foram crucificados junto a Ele, um à sua direita e o outro à esquerda. (Lc 23:33)

Um dos malfeitores foi sábio, e reconheceu que Cristo era o Messias, o Salvador, o Filho de Deus, e disse em meio aos tormentos da cruz:

"Jesus, lembra-te de mim quando vieres no teu reino. Jesus lhe respondeu: Em verdade te digo que hoje estarás comigo no paraíso." (Lc 23:42-43)

Mas o outro malfeitor foi tolo, e não O reconheceu como Salvador, mesmo estando na mesma situação do outro ladrão, em tormentos naquela cruz. Isso, para mim, parece um sinal de algo que estava para acontecer mais tarde, no inferno, depois da morte de Jesus: *"Subiste às alturas, levaste cativo o cativeiro; recebestes homens por dádivas, até mesmo rebeldes, para que o SENHOR Deus habite no meio deles."* (Sl 68:18)

Eu acredito que, a exemplo daqueles dois malfeitores, assim também aconteceu quando Cristo estava pregando o evangelho aos que estavam em prisão no inferno: alguns foram salvos e outros não; alguns O reconheceram como Salvador, e outros não O reconheceram.

Mas eu já ouvi muitos religiosos, mestres teólogos dizerem: — *Se Jesus desceu até o inferno para pregar o evangelho, é lógico que todos os que estavam no inferno, em prisão, aceitaram Jesus como o Salvador. Porque, quem é que não desejaria sair do inferno, daquele lugar de tormento?*

Mas nós não sabemos como foi essa visita do Senhor ao inferno, não sabemos como foi essa pregação, não sabemos se Ele pregou para todos.

(Porque pode ser que Ele tenha pregado apenas às almas que mereciam uma nova chance, pois, sendo Deus, Ele sabia de todas as coisas.)

Mas sabemos, sim, que Jesus anunciou o evangelho no inferno.

Isso é um mistério, mas eu creio nessa possibilidade.

É possível, sim, que aqueles que receberam uma nova chance — aqueles que estavam em prisão no inferno, que ouviram a voz do Salvador — creio eu que é possível, sim, que tenham sido salvos. E por que não seriam?

"Em verdade, em verdade vos digo que vem a hora, e já chegou, em que os mortos ouvirão a voz do Filho de Deus; e os que a ouvirem viverão." (Jo 5:25)

Mas agora, depois que Cristo ressuscitou dentre os mortos, os que morrerem sem salvação não terão mais uma segunda chance.

Visto que, uma vez que Cristo venceu a morte, nunca mais morrerá.

Nunca mais descerá à região dos mortos novamente. Quem quiser ser salvo, hoje, tem que aceitar o Senhor Jesus em vida, e não depois da morte.

Porque, depois da morte, da ressurreição e da ascensão de Cristo, cabe a nós mesmos buscar a nossa salvação enquanto ainda estamos vivos.

Não haverá mais uma segunda chance para nós depois que morrermos; a nossa chance é aqui e agora, em vida, e não depois da morte.

"Pois te convém que se perca um dos teus membros, e não seja todo o teu corpo lançado no inferno." (Mt 5:29)

Minha intenção é romper barreiras, por isso eu suponho que a vida terrena, aqui na superfície da Terra, reflete um plano celestial e espiritual que existe embaixo de nós, nas entranhas da Terra. A paz, o amor, a alegria, a justiça e a vida que há na Terra refletem o paraíso; e a violência, o ódio, a dor, a tristeza, a injustiça e a morte que há na Terra refletem o inferno. Não estamos longe dos que já se foram. Todavia, assim como os vivos não podem passar para o mundo dos mortos, assim também os mortos não podem passar para o mundo dos vivos; assim como nós não podemos ouvir os mortos, assim também os mortos não podem nos ouvir.

Porque Deus estabeleceu leis que regem o universo, o plano terreno e o plano celestial e espiritual. Nada pode sair do controle de Deus.

Os mortos não podem voltar, a não ser com a permissão de Deus. (Como foi o caso de Samuel e de Moisés.)

Certamente isso é uma questão bem polêmica entre os teólogos.

Mas vamos ver o exemplo de Samuel, o vidente.

Vamos ver o que fez o rei Saul, quando, não conseguindo uma resposta do SENHOR, foi à procura de uma necromante para consultar o profeta Samuel, que já estava morto. Lembrando que esta passagem não está incentivando ninguém a consultar os mortos; pelo contrário, o rei Saul estava cometendo um grande erro. Isso porque ele estava em rebeldia, e por isso o SENHOR não lhe respondia quando este O buscava.

É isso que acontece com muitos: quando não conseguem mais esperar pelo socorro de Deus, correm para buscar o socorro do diabo, e se perdem.

Mas, voltando a falar sobre o erro do rei Saul, a Palavra de Deus diz:

"A mulher então perguntou: A quem queres que eu faça subir? Ele respondeu: Faze-me subir Samuel. Quando a mulher viu Samuel, gritou em alta voz e disse a Saul: Por que me enganaste? Tu és Saul! Então o rei lhe disse: Não temas; o que vês? Então a mulher respondeu a Saul: Vejo um espírito que vem subindo do chão. Ele lhe perguntou: Qual é a sua aparência? Ela disse: Vem subindo um ancião coberto com uma capa. Saul percebeu que era Samuel, inclinou-se e prostrou-se com o rosto em terra. Então Samuel disse a Saul: Por que me perturbaste, fazendo-me subir? Saul respondeu: Estou muito angustiado, pois os filisteus lutam contra mim, e Deus se afastou de mim e não me responde mais, nem por meio dos profetas nem por sonhos.

Por isso te chamei, para que me digas o que devo fazer. Então Samuel disse: Por que me perguntas, se o Senhor se afastou de ti e se tornou teu inimigo? O Senhor te fez como tinha dito por meu intermédio; pois o Senhor rasgou o reino da tua mão e o entregou a Davi, o teu próximo. O Senhor te fez isso hoje, pois não obedeceste ao Senhor e não executaste o furor da sua ira contra Amaleque. E contigo o Senhor também entregará Israel na mão dos filisteus. Amanhã, tu e teus filhos estareis comigo, e o Senhor entregará o acampamento de Israel na mão dos filisteus." (1Sm 28:11-19)

E agora, era mesmo o profeta Samuel, ou não?

Primeiramente, vemos que essa mulher necromante era uma charlatona.

Porque, quando ela viu o profeta Samuel subindo, levou um grande susto, pois não esperava ver nada, nem ninguém. Ela era como aquela mulher daquele filme chamado: 'Ghost – Do Outro Lado da Vida'.

Quem já assistiu ao filme vai saber do que estou falando. Creio que, quando ela viu Samuel subindo, Deus lhe revelou que quem estava ali, consultando com ela, era o próprio rei Saul. Por isso, ela disse:

"Por que me enganaste? Pois tu mesmo és Saul." (1Sm 28:12)

Mas muitos dirão:

— *Não era Samuel, era um espírito enganador.*

Eu sei que, nos dias de hoje, no espiritismo, muitos demônios incorporam nas pessoas, passando-se por parentes de pessoas que são enganadas. E muitas pessoas são iludidas e enganadas por esses espíritos enganadores, que não são espíritos de pessoas que já morreram, mas sim espíritos de demônios, anjos caídos. Isso é só mais uma grande sacanagem do diabo: enganar e iludir as pessoas. Mas nós sabemos, pela Palavra de Deus, que o espiritismo é uma abominação; consultar os mortos é um grande erro. (Mas eles fazem vista grossa quanto a esse mandamento.)

Mas, no caso de Samuel, não era um demônio; era, sim, o próprio Samuel. Porque a Palavra diz que era o profeta Samuel — não diz que era um espírito enganador, um demônio se passando pelo profeta Samuel.

E também porque o profeta Samuel profetizou uma sentença contra o rei Saul, e isso em nome do SENHOR. Isso porque o rei Saul estava em rebeldia. *"Amanhã, tu e teus filhos estareis comigo, e o Senhor entregará o acampamento de Israel na mão dos filisteus."* (1Sm 28:19)

Um demônio não profetiza em nome do SENHOR, exceto os falsos profetas — mas os falsos profetas são homens, não demônios.

Mas alguns dirão: — *Está escrito que o diabo se passa por anjo de luz.*

Concordo plenamente. O diabo é o pai da mentira.

Mas, no caso de Samuel, eu creio que era mesmo o próprio Samuel.

Porém, para os religiosos mais conservadores, que estão limitados aos ensinamentos dos homens, essa possibilidade é impossível. Pode até ser impossível para o homem, mas não é impossível para Deus, de fato.

Porque não podemos nos esquecer de que existem casos que são à parte.

E, naquele dia, Deus permitiu que Samuel subisse para falar com Saul, a fim de sentenciá-lo e castigá-lo por sua rebeldia contra o Senhor. Porque o rei Saul não quis fazer a vontade de Deus, abrindo mão do reino e entregando a coroa a Davi. Pelo contrário, ele perseguiu Davi, a fim de matá-lo, pois queria permanecer como rei em Israel, mesmo contra a vontade do SENHOR. Assim como Deus permitiu que Moisés estivesse no monte da transfiguração com o Senhor Jesus. (Mt 17:3)

Moisés e Elias, juntos — o espiritual com o material — porque, para Deus, tudo é possível. Isso nos revela que o plano espiritual é tão real quanto o plano físico. Há mestres teólogos que jamais concordarão com isso. E certamente dirão: — *O paraíso embaixo da terra? Isso é heresia!*

Mas isso porque estão presos à formação que receberam, na escola de teologia em que se graduaram. Muitos estão presos às doutrinas de homens e não conseguem enxergar o que é lógico. *"Ora, se um cego guiar outro cego, cairão ambos no barranco."* (Mt 15:14)

Como os escribas e os fariseus, que eram mestres da lei, porém totalmente cegos. Eram apenas homens religiosos, hipócritas, insensíveis à vontade de Deus, homens de dura cerviz, com o conhecimento obscurecido. Porque também está escrito: *"Então, ouvi que todos que há no céu, sobre a terra, debaixo da terra e sobre o mar, e tudo o que neles há, estavam dizendo: Àquele que está sentado no trono e ao Cordeiro, seja o louvor, a honra, a glória e o domínio pelos séculos dos séculos."* (Ap 5:13)

Mais uma vez eu pergunto: — Quem são essas criaturas que estão louvando e adorando ao SENHOR, e que estão debaixo da terra?

E, para terminar meu raciocínio, a Palavra de Deus diz: *"Porquanto o Senhor mesmo, dada a sua palavra de ordem, ouvida a voz do arcanjo e ressoada a trombeta de Deus, descerá dos céus, e os mortos em Cristo ressuscitarão primeiro; depois, nós, os vivos, os que ficarmos, seremos arrebatados juntamente com eles, entre nuvens, para o encontro do Senhor nos ares, e assim estaremos para sempre com o Senhor."* (1Ts 4:16-17)

Está escrito que, na volta de Jesus, os primeiros que irão se encontrar com o Senhor nas nuvens serão os mortos — que sairão de debaixo da terra, dos seus respectivos túmulos — e se encontrarão com o Senhor nos ares. Depois, também os que estiverem vivos serão arrebatados.

Pra mim está bem claro, transparente como água cristalina.

Vejam que os mortos não voltam do céu com o Senhor, mas saem de debaixo da terra e vão ao encontro do Senhor nos ares. (Jo 5:28)

Não é errado dizer que, quando eu partir desta vida, irei para o céu.

Nós vamos para o céu — mas não o céu lá de cima, que é a morada de Deus. Nós vamos ao terceiro céu, que é o paraíso. (2Co 12:2)

Porque eu acredito no céu de Deus (que é a sua santa habitação), no céu dos homens (que é este céu azul com nuvens brancas e, à noite, um céu cheio de estrelas), e no céu dos mortos (embora não estejam mortos, mas vivos em Cristo, na glória de Deus). Se há outros céus, isso eu não sei dizer. Mas a Palavra nos revela apenas o terceiro céu. (2Co 12:2)

Já ouvi dizer que o terceiro céu fica lá em cima, na santa habitação de Deus. Mas o céu onde Deus habita é o primeiro, e não o terceiro. Isso porque está acima de tudo, e é o lugar onde Deus habita. Creio que Deus, em primeiro lugar, criou a sua morada — que é o primeiro céu, onde Ele habita. Depois, criou o segundo céu, na terra, e o terceiro céu, que é o paraíso, que está nas entranhas da terra, debaixo de nós.

Não acredito que Abraão esteja no céu lá de cima.

E sei o que muitos irão dizer; muitos dirão o seguinte: *"Abraão, vosso pai, alegrou-se por ver o meu dia; viu-o e regozijou-se."* (Jo 8:56)

Mas o fato de Abraão ter visto o dia do Senhor não quer dizer que ele estava lá no céu com o Senhor. Jesus pode ter dito isso devido à sua presciência; ou também, que o paraíso, que está debaixo da terra, está em sintonia com o céu lá de cima. Porque, aos olhos de Deus, nada está oculto. Os olhos do Senhor também sondam o paraíso, que está debaixo da terra. *"Se subo aos céus, lá estás; se faço a minha cama no mais profundo abismo, lá estás também..."* (Sl 139:8)

E a Palavra também diz: *"Quando ele abriu o quinto selo, vi, debaixo do altar, as almas daqueles que tinham sido mortos por causa da Palavra de Deus e por causa do testemunho que sustentavam."* (Ap 6:9)

Creio que esse altar pode ser a própria terra; ou talvez uma espécie de portal celestial que conecta o terceiro céu, que está debaixo da terra, ao Santo Templo de Deus, que está no Céu dos céus. E outra: Deus é grandioso, muito mais do que a nossa pequena mente possa imaginar.

Pois Deus está em todos os lugares ao mesmo tempo. Ele pode estar no céu lá de cima, mas também pode visitar o céu lá de baixo (o paraíso), quando a sua soberana vontade quiser. Porque o problema é que muitos querem colocar Deus dentro de uma caixinha, e limitá-lo dentro de suas mentes simplórias; colocando a grandeza, a glória e o poder de Deus sob uma espécie de teto, impondo limites Àquele que é ilimitado.

Por isso, eles acham tudo isso uma grande loucura. Mas loucura mesmo é acreditar que Maria está no céu, diante de Deus, intercedendo pelos homens, como os católicos romanos acreditam. Mas eu não acredito que haja homens no primeiro céu, que é a santa morada de Deus.

Mas acredito que todos os que morreram em Cristo estão aguardando no paraíso, esperando Jesus voltar. Isso sim faz sentido pra mim.

E, quando o Senhor voltar, então sim, nós que amamos a Deus nos encontraremos com Ele nos ares; e, por fim, iremos para o Céu dos céus.

Sei que muitos estão pensando que os que estão no paraíso estão vendo os que estão em tormentos no inferno; e os que estão em tormentos no inferno estão vendo o gozo do paraíso. Mas eu creio que não.

Porque, na parábola do rico e Lázaro, Jesus quis mostrar uma verdade, que é: o que acontece quando nós morremos. Ele mostra que existe um castigo para quem pratica o mal; mas também mostra que há uma recompensa para quem faz a vontade de Deus. Acredito que o diálogo entre o rico e Abraão seja apenas uma metáfora, para figurar uma realidade. Deus é perfeito, e criou bem todas as coisas em seus mínimos detalhes. Sim, creio que Deus planejou e arquitetou tudo perfeitamente.

Está escrito em Gênesis, claro como água cristalina: *"E viu Deus que a luz era boa; e fez separação entre a luz e as trevas."* (Gn 1:4)

Creio que o paraíso e o inferno estão na mesma região celestial, mas totalmente separados um do outro, como o dia e a noite.

Vou dar um exemplo: quando no Brasil é dia, no Japão é noite.

Quem está no Brasil durante o dia não pode ver a noite lá no Japão; e quem está no Japão durante a noite não pode ver o dia aqui no Brasil.

Mesmo nós estando na mesma dimensão terrestre, não podemos estar no dia e na noite ao mesmo tempo, porque o dia e a noite nunca se encontram. Assim também não há como a luz se encontrar com as trevas.

Nem o paraíso pode se encontrar com o inferno, embora estejam na mesma região celeste, debaixo da terra. *"A luz resplandece nas trevas, e as trevas não prevaleceram contra ela."* (Jo 1:5)

Logo, a luz dissipa todas as trevas, e não podem se misturar.

Deus é maravilhoso! E criou todas as coisas com sabedoria, conhecimento e entendimento. *"Quem descerá ao abismo (isto é, a tornar a trazer dentre os mortos a Cristo)?"* (Rm 10:7)

A Palavra também nos revela que, depois que o homem pecou e foi expulso do jardim do Éden, este mesmo jardim, em um período que só Deus conhece, desceu às profundezas da terra. (Ez 31:16,18)

O que há nas profundezas da terra; para onde o Jardim do Éden desceu?

Desceu para aquela luz que foi criada desde o princípio: *"Disse Deus: Haja luz; e houve luz. E viu Deus que a luz era boa..."* (Gn 1:3-4)

Isso nos dá mais ou menos uma noção do que é o paraíso.

Porque, antes de pecar, Adão e Eva viviam no jardim do Éden, como se vivessem no paraíso. Onde foi parar esse jardim plantado pelo próprio Deus? A Palavra de Deus também nos revela: *"Filho do homem, pranteia sobre a multidão do Egito, faze-a descer, ela e as filhas das nações formosas, às profundezas da terra, juntamente com os que descem à cova."* (Ez 32:18)

E também: *"Ali está Elão com todo o seu povo, em redor do seu sepulcro; todos eles foram traspassados e caíram à espada; eles, os incircuncisos, desceram às profundezas da terra, causaram terror na terra dos viventes e levaram a sua vergonha com os que desceram à cova."* (Ez 32:24)

O que quer dizer: — Desceram às profundezas da terra?

Senão que desceram até o inferno, que está mais abaixo do paraíso, do outro lado do abismo. Acredite quem quiser, ninguém é obrigado.

Mas eu me expresso desta maneira porque sou livre — livre pela Palavra de Deus. Vivo pela fé, pela fé na Verdade. A Palavra de Deus é a verdade.

Não estou preso a legados de homens, que colocam limites ao ilimitado poder de Deus. As religiões são verdadeiras prisões, que impõem limites à fé dos homens, distanciando-os do trono da graça de Deus.

São como águias — águias presas em gaiolas de aço; assim é o homem de fé que se prende à religião: são como águias presas em gaiolas de aço.

Mas, como está escrito, nas Escrituras eu me inspiro: *"Pois contigo desbarato exércitos; com o meu Deus salto muralhas."* (Sl 18:29)

Sim, eu saltei as muralhas que me impediam de crer e de avançar na minha fé. Rompi as correntes que me prendiam. Vão me queimar na fogueira por heresia? Também vão querer me afogar, como afogaram os anabatistas? Que bom que não estamos mais no tempo da Inquisição católica romana, nem no tempo da Inquisição protestante.

Graças a Deus, a tirania religiosa acabou — pelo menos uma pequena parte — porque os costumes religiosos continuam prendendo a muitos.

Mas Deus é Justo, e a sua vingança não tardará; o sangue dos inocentes será cobrado. Na verdade, muitos já estão sendo castigados.

E, se eu tiver que ser castigado na terra dos viventes por causa dos meus pecados, então que assim seja. Eu aceito, porque Deus é Justo.

Confio plenamente na justiça de Deus; sei que em Deus não há engano.

É justo que eu colha todo o mal que plantei. É justo que eu pague pelos meus muitos pecados. Mas vou esperar na graça, na misericórdia, na bondade, na fidelidade, no amor e na justiça do meu Redentor.

Porque a dor e o sofrimento desta vida passam, mas, na eternidade, o tormento é eterno. Eu temo e tremo — com certeza, sim — mas quem me julga é Deus. Sei que sou o maior dos pecadores, mas quem me julga é o Senhor. No momento, meu coração está pesado, pois os meus pecados pesam sobre mim; sinto o peso do pó sobre a minha alma exausta.

Sim, sinto as mazelas do pó; sinto as maldades do mundo; sinto a violência e a cobiça do homem; e sinto que eu sou mau e pecador.

Que eu caia nas mãos de Deus, pois sei que Ele é bom. *"Estou em grande angústia; porém caiamos nas mãos do SENHOR, porque muitas são as suas misericórdias; mas nas mãos dos homens não caia eu."* (2Sm 24:14)

Mas, para não falarem que é heresia, vou dizer que é apenas uma teoria. Tire você a conclusão.

CAPÍTULO 03

A CRIAÇÃO DO PARAÍSO E DA TERRA.

(Senhor, abra os meus olhos para que eu enxergue a verdade, e não apenas aquilo que eu quero enxergar. Porque sei o quanto a minha imaginação é fértil, falha, errônea e cheia de fantasias e de ilusões.)

"No princípio, criou Deus os céus e a terra. A terra, porém, estava sem forma e vazia; havia trevas sobre a face do abismo, e o Espírito de Deus pairava por sobre as águas. Disse Deus: Haja luz; e houve luz. E viu Deus que a luz era boa; e fez separação entre a luz e as trevas." (Gn 1:1-4)

Agora sim, os conservadores; os mestres teólogos; os doutores da letra; os religiosos graduados; os versados na história do cristianismo; os acadêmicos que pensam que só eles estão com a razão; os PhD em teologia; os que se acham a nata em conhecimento bíblico etc.

Agora sim, eles vão rasgar as suas vestes e gritar: — *Heresia!*

Muitos vão querer pegar pedras para me apedrejar e, se pudessem, me queimariam vivo, como na Inquisição. Mas não podem fazer nada, senão me acusar, me julgar, me criticar e dizer que eu sou um herege.

Mas será mesmo que sou um herege?

Será mesmo que estou ultrapassando o que está escrito?

Mas, ainda que eu quisesse ultrapassar, acho que não conseguiria ir muito longe, porque sou extremamente limitado e incapaz. Eu nada sou, eu nada sei, eu nada posso fazer sem Deus; não espero nada de mim mesmo. Tudo que eu sei é que um dia irei prestar contas com Deus.

A Palavra diz que, no princípio, Deus criou os céus e a terra.

Também diz que a terra estava sem forma e vazia. Ou seja, a terra ainda não existia. Deus ainda não tinha dado forma à terra, nem criado nenhum ser vivo, porque ela estava vazia. Deus apenas tinha feito o projeto da terra, mas ainda não havia formado a terra fisicamente e materialmente.

A Palavra também diz: *"Havia trevas sobre a face do abismo, e o Espírito de Deus pairava por sobre as águas."* (Gn 1:2)

Então, a terra ainda não tinha forma física e material, mas havia trevas sobre a face do abismo. Que abismo é esse, e que trevas são essas?

Sabemos que existem os filhos da luz e os filhos das trevas.

Também sabemos que Deus é luz, e que o diabo e seus anjos foram expulsos para longe da presença de Deus, sendo lançados nas trevas.

Sendo assim, as trevas que havia sobre a face do abismo representam o diabo e seus anjos, ou seja, o próprio inferno. A Palavra do Senhor diz:

"Rogavam-lhe que não os mandasse sair para o abismo." (Lc 8:31)

Que abismo é esse que os demônios tanto temem?

E Deus também disse: *"Haja luz; e houve luz."* (Gn 1:3)

Eu pergunto: que luz era essa?

Porque, antes de criar a terra, eu acredito que Deus já era luz; acredito que Deus sempre habitou na luz, antes mesmo de criar o mundo.

Então, que luz foi essa que Deus criou?

Porque Deus ainda não havia dado forma à terra; fisicamente e materialmente não havia terra, e o sol só foi criado depois, no quarto dia.

"Disse também Deus: Haja luzeiros no firmamento dos céus, para separação entre o dia e a noite..." (Gn 1:14)

Se o sol só foi criado depois, no quarto dia, então eu pergunto:

— *Que luz era essa que Deus criou antes de formar a terra?*

"Haja luz; e houve luz." (Gn 1:3)

Posso afirmar que essa luz não era a luz do dia que nós temos através do sol, porque o sol ainda não existia, só foi criado depois, no quarto dia.

Então, o que Deus criou quando disse: — Haja luz?

Quando Deus disse: — Haja luz! Bem ali, naquele mesmo local, acima das trevas que estavam sobre a face do abismo, Ele criou o paraíso, ou o terceiro céu, ou o seio de Abraão, ou se preferir: um pedacinho do céu.

Porque, quando o jardim do Éden desceu às profundezas da terra, foi para essa luz que ele desceu. (Ez 31:16,18)

Vejam que o mesmo abismo que separava o rico de Lázaro, da parábola "O rico e Lázaro", estava ali, entre a luz e as trevas.

"E fez separação entre a luz e as trevas." (Gn 1:4)

Justamente ali, entre a luz, o abismo e as trevas, Deus criou a terra.

Como disse a Sabedoria, por meio do rei Salomão:

"O Senhor me criou como a primeira das suas obras, o princípio dos seus feitos mais antigos. Fui constituída desde a eternidade, desde o princípio, antes que a terra existisse. Fui gerada antes que houvesse abismos, antes ainda que houvesse fontes cheias de água. Nasci antes que os montes fossem firmados, antes que as montanhas existissem, quando ele ainda não tinha feito a terra com seus campos, nem sequer o princípio do pó do mundo. Quando ele preparava os céus, lá estava eu; quando traçava um círculo sobre a face do abismo, quando estabelecia o firmamento em cima, quando se firmavam as fontes do abismo, quando ele estabelecia os limites do mar, para que as águas não ultrapassassem sua ordem, quando traçava os fundamentos da terra, eu estava ao seu lado como arquiteto..." (Pv 8:22-30)

O que a sabedoria quis dizer com isso:

"Quando traçava um círculo sobre a face do abismo..." (Pv 8:27)

Em outra versão bíblica, diz:

"Quando compassava ao redor da face do abismo..." (Pv 8:27)

E ainda, em outra versão diz:

"Quando traçava o horizonte sobre a face do abismo..." (Pv 8:27)

Deus estava dando forma à terra, expandindo-a sobre a face do abismo.

E bem ali, sobre a face do abismo, Deus criou a terra.

"Marcou um limite circular sobre a superfície das águas, onde a luz e as trevas se confinam." (Jó 26:10)

Sabemos que a terra é redonda, e não plana; e agora também podemos vislumbrar esse mistério. Tal mistério que nunca havia sido revelado antes.

De fato, as obras de Deus são grandiosas e maravilhosas.

Então, Deus formou a terra ali, sobre a face do abismo; entre a luz, que é o paraíso, e as trevas, que é o inferno. E o paraíso, o abismo e o inferno ficaram nas entranhas da terra, isto é, no miolo da terra, debaixo de nós.

Isso mesmo, debaixo de nós.

Assim, a luz do paraíso dissipa as trevas e mantém o inferno bem longe da visão de Deus. Será que é tão difícil assim digerir isso?

Deus tapou a visão que Ele tinha das trevas — a visão que o incomodava, que é o inferno, com o diabo e seus anjos (demônios).

E criou justamente ali, sobre a face do abismo, a terra.

Pra mim, tudo isso está muito claro.

Assim, o inferno ficou nas entranhas da terra, longe da visão de Deus.

E o paraíso, do outro lado do abismo, mais acima, continua brilhando e dissipando a escuridão das trevas, para que ali, no paraíso, habite a presença de Deus, no terceiro céu — ou, se preferir, um pedacinho do céu.

Mas o que a sabedoria quis dizer quando disse:

"Quando estabelecia as fontes do abismo..." (Pv 8:28)

De onde vem a água que nós bebemos? Do mar?

Mas a água do mar é salgada. De onde surge uma nascente de um rio?

Acaso ela não brota da terra, onde estão as fontes do abismo, debaixo da terra? Por que ninguém jamais se perguntou de onde vem tanta água?

Eu cogito a hipótese de que as fontes do abismo estão no paraíso, de onde as águas sobem para a terra, para saciar a sede dos homens e dos animais. *"Com o orvalho e as águas do abismo embaixo..."* (Dt 33:13)

Como também está escrito: *"No ano seiscentos da vida de Noé, aos dezessete dias do segundo mês, neste dia romperam-se todas as fontes do grande abismo, e as comportas dos céus se abriram..."* (Gn 7:11)

E, no fim do dilúvio: *"Fecharam-se as fontes do abismo e também as comportas dos céus, e a copiosa chuva dos céus se deteve."* (Gn 8:2)

Pelo que vemos, o dilúvio que matou a humanidade não veio somente do céu, através da chuva; mas veio também debaixo, quando as fontes do abismo se romperam. Grande foi a inundação que cobriu a face da terra.

Eu acredito que foi no romper das fontes do abismo que os continentes da terra se separaram. Não estou falando essas coisas como um cientista; estou falando pela fé, crendo na revelação de Deus. *"Um vapor, porém, subia da terra e regava toda a face da terra."* (Gn 2:6)

Os homens bebem as águas do paraíso, mas não querem ir para lá; porque, se quisessem, não negariam Jesus, a Porta para o paraíso.

Porque no paraíso há água, e com abundância; mas, no inferno, as almas gemem no fogo e padecem de sede, porque lá, naquele lugar de tormentos, não há água. Mas eu sei que muitos dirão: — *Isso é loucura!*

Pode até ser, mas eu acredito verdadeiramente que Deus escolheu as coisas loucas do mundo. E eu creio que Deus pode usar quem Ele quiser — até mesmo uma mula, como Ele usou a mula de Balaão; e até mesmo um retardado mental atrasado como eu, que sou só um pouquinho mais intcligcntc do que uma mula. Porque, para Deus, tudo é possível.

E dou glória a Deus pelo Seu eterno poder, pela Sua grandeza, pela Sua glória e pela Sua força. Porque as obras do Senhor são grandiosas e maravilhosas; grande é o Senhor, o Deus Altíssimo e Todo-Poderoso.

Porque, quando Ele fala, as coisas acontecem; quando Ele envia a Sua palavra, tudo se faz, de acordo com a Sua vontade. (Is 55:11)

Mas, e quanto ao que está escrito:

"E o Espírito de Deus pairava por sobre as águas." (Gn 1:2)

Em outra versão, diz:

"E o Espírito de Deus se movia sobre a face das águas." (Gn 1:2)

Sabemos que a terra, que é a porção seca, só surgiu depois que Deus ajuntou as águas, que são os mares, que estão sobre a face do abismo.

Creio que o Espírito Santo vinha trazendo as águas para aquele local onde Deus formou a terra. O Espírito de Deus vinha, como que surfando pelo espaço, trazendo as águas para junto da face do abismo, onde Deus formou a terra — para nela formar o homem segundo a Sua imagem e semelhança, feito do pó da terra. Pronto, eu já disse o que tinha que dizer.

Agora sim, vocês já podem gritar mais uma vez: — *Heresia!*

Tenho que admitir que parece mesmo uma loucura — uma santa loucura. Realmente, para o mundo, as coisas de Deus são loucuras.

"Porque, se enlouquecemos, é por Deus que enlouquecemos..." (2Co 5:13)

Também eu, se enlouqueço, é para Deus que eu enlouqueço. O mistério foi revelado: é como um quebra-cabeça — é só juntar as peças.

Não têm muitos que deliram com esta passagem bíblica: *"Vendo os filhos de Deus que as filhas dos homens eram formosas, tomaram para si mulheres, as que, entre todas, mais lhes agradaram."* (Gn 6:2)

Ora, dizem por aí que esses filhos de Deus eram anjos.

Isso porque, em Jó 38:7, a Palavra diz que os anjos são filhos de Deus. De fato, toda criatura de Deus que faz a Sua vontade é Seu filho.

Mas o próprio Senhor Jesus disse que os anjos não se casam; e, se os anjos não se casam, logo, não podem gerar filhos. (Mt 22:29–30)

E outra: como pode um ser espiritual, feito de outra matéria — diferente da nossa — ter pênis e sêmen para gerar filhos?

Além disso, a atração que um homem sente por uma mulher, e a mulher pelo homem, é um desejo totalmente carnal. E nós sabemos que os anjos são espíritos. Porque, se um espírito pudesse gerar filhos em mulheres, o mundo estaria cheio de filhos de demônios — porque os demônios são anjos caídos. Mas eu sei que nenhuma criança pode vir ao mundo sem a permissão de Deus. Porque a vida que é gerada dentro do ventre de uma mulher procede de Deus. Mas é como o próprio Senhor Jesus disse:

"Errais, não conhecendo as Escrituras, nem o poder de Deus." (Mt 22:29)

É loucura pensar que houve, de fato, uma relação entre anjos e mulheres, que resultou em seres híbridos — gigantes conhecidos como Nefilins. Que resultou na corrupção do homem, a tal ponto que Deus teve que matar todo mundo no dilúvio. Mas, em todo o contexto bíblico, mostra que não foram os anjos que se corromperam, e sim os homens.

Então quer dizer que os anjos pecaram, mas foi o homem quem pagou o preço? Me poupe. Acha isso justo? Não, pra mim isso não é nada justo.

A Palavra diz que Deus se arrependeu de ter feito o homem; diz sobre a corrupção do homem; não fala de anjos, nem de seres híbridos. (Gn 6:6)

Está claro que esses filhos de Deus não eram anjos, mas sim a geração de Sete, que gerou Enos — e foi naquele tempo que começaram a invocar o nome do SENHOR. O texto é claro quando nos revela que: os que invocam o nome do SENHOR, estes é que são os filhos de Deus. (Gn 4:26)

E quanto às filhas dos homens, eram só mulheres que não conheciam a Deus, nem invocavam o Seu nome — filhas de Caim. Como nos dias de hoje: temos os filhos de Deus e os filhos do diabo; temos o povo do Reino de Deus e o povo do mundo; temos aqueles que invocam a Deus e os que não O invocam. Simples assim. Não precisamos criar um mundo de fantasias. Não precisamos transformar a verdade em um conto de fadas.

Mas, para não falarem que é heresia, vou dizer que é apenas uma teoria. Tire você a conclusão.

CAPÍTULO 04

A TEORIA DO BIG BANG.

"porque os meus pensamentos não são os vossos pensamentos, nem os vossos caminhos, os meus caminhos, diz o SENHOR, porque, assim como os céus são mais altos do que a terra, assim são os meus caminhos, mais altos do que os vossos caminhos, e os meus pensamentos, mais altos do que os vossos pensamentos. [...] Porque a loucura de Deus é mais sábia do que os homens; e a fraqueza de Deus é mais forte do que os homens." (Is 55:8,9) (1Co 1:25)

"Porque a sabedoria deste mundo é loucura diante de Deus; porquanto está escrito: [...] O Senhor conhece os pensamentos dos sábios, que são pensamentos vãos." (1Co 3:19,20)

A teoria do Big Bang. Boom!

Depois de uma grande explosão, tudo passou a existir. O universo, as galáxias, as estrelas, o Sol, a Lua, os planetas do sistema solar, a Terra, a água, o fogo, o ar, a vida, os animais, os homens, enfim. Eu não posso acreditar em Deus e na teoria do Big Bang. Eu tenho que escolher entre um ou outro. Eu poderia até concordar com a teoria do Big Bang se eu fosse daquela turma do evolucionismo. Mas, felizmente, eu sou da turma do criacionismo. Graças a Deus, a loucura do homem não me influenciou.

E olha que não é difícil me persuadir, pois sou pobre e desinstruído.

Mas como posso digerir isso, que diz que o homem veio do macaco?

Mas há certos homens (PhD) que apoiam essa ideia. Como o finado Papa Francisco, que disse que a teoria do Big Bang não contradiz a intervenção criativa divina, mas a confirma. Será que dá pra ser mais cego do que isso? Ele também disse que Deus não é um mago que criou o mundo com uma varinha mágica. Eu acho que ele enxerga a Palavra de Deus como um conto de fadas, assim como tantas outras pessoas.

Mas eu enxergo a Palavra de Deus como a única verdade, o que de fato ela é. *"Eis o que tão somente achei: que Deus fez o homem reto, mas ele se meteu em muitas astúcias."* (Ec 7:29)

Por que será que o homem complica tanto? Só a Palavra de Deus é a verdade. *"Santifica-os na verdade; a tua palavra é a verdade."* (Jo 17:17)

Mas digamos que o finado Papa estivesse certo: como trazer a teoria do Big Bang para o criacionismo? Vamos supor que Deus criou tudo através de uma grande explosão. Mas isso, pra mim, não tem nexo; biblicamente falando, não faz sentido. Porque, em Gênesis, a Bíblia mostra como foram feitos a Terra, o Sol, a Lua e as estrelas; e, certamente, Deus também criou todo o universo. Mas digamos que o Big Bang seja a origem de Deus, que surgiu depois de uma grande explosão e, depois, foi e criou todas as coisas conforme a sua vontade. Bom, eu, porém, não acredito em nada disso.

Entretanto, a palavra também diz:

"Estas coisas diz o Amém, a testemunha fiel e verdadeira, o princípio da criação de Deus". (Ap 3:14)

Mas como assim o princípio da criação de Deus? Quer dizer que Deus, o Pai, criou Jesus, o Filho? Não, isso quer dizer a origem de Deus.

Que é o Princípio e o Fim, o Alfa e o Ômega, o Primeiro e o Último.

Mas como poderemos compreender a origem de Deus?

Mal conseguimos compreender as coisas terrenas. Muito menos podemos compreender as coisas celestiais, eternas e inescrutáveis, do grande mistério que é Deus. Somos pequenos demais e limitados demais para compreender tal mistério. Mas uma coisa eu sei: o homem tem uma mente criativa, uma imaginação fértil e um coração enganoso.

E foi através disso que surgiu a teoria da evolução, e também a teoria do Big Bang, e tantas outras teorias. Mas a minha pergunta, minha simples pergunta, de um semianalfabeto — não de um PhD — é esta:

— Se o homem evoluiu do macaco, então por que ainda existem macacos? — E por que os outros animais não evoluíram? Como o leão, a foca, o urso, o elefante, o cachorro, o boi, o cavalo, o jumento, enfim?

— Será que só o macaco foi safo para evoluir? — E por que só nós, os humanos que evoluímos do macaco, somos inteligentes e racionais?

Se a teoria da evolução estivesse certa, então era para haver outras espécies de seres e formas inteligentes na Terra. Mas não há: só os seres humanos são racionais; os outros animais continuam agindo apenas por instinto, sem raciocinar. A imaginação do coração do homem vai além; vai até os outros planetas, com teorias de discos voadores e de astronautas do passado. São homens (PhD) superinteligentes, mas ao mesmo tempo irracionais. Porque até eu, que sou o mais atrasado, lento, pequeno e incapacitado entre os homens, acho tudo isso um absurdo e uma grande insensatez. *"Ninguém se engane a si mesmo: se alguém dentre vós se tem por sábio neste mundo, faça-se louco para ser sábio."* (1Co 3:18)

Como também está escrito: *"Teus são os céus, tua, a terra; o mundo e a sua plenitude, tu os fundaste."* (Sl 89:11)

Desperta, ó tu que dormes; acorda do sono da morte!

Há um tempo, eu comecei a assistir uma novela em uma emissora de TV. Essa novela se chamava Gênesis; então eu comecei a assistir achando que poderia aprender alguma coisa. Mas não tive muita paciência.

Só assisti alguns capítulos. Depois não aguentei mais. Foi muito pra mim, não deu mais para assistir. Muita ficção, muito romance, muito superficial. Pensa numa superprodução cara, porém completamente inútil.

Ou melhor dizendo: pensa numa coisa inútil que saiu muito cara.

Uma pessoa que não conhece a Bíblia assiste e pensa que tudo é verdade. Pra mim, essa novela foi uma grande perda de tempo e de dinheiro. Porque, quem se beneficiou com essa novela? Senão os atores e os profissionais do ramo cinematográfico, que ganharam muito dinheiro com esse trabalho, esse projeto, essa novela pobre, fútil e inútil. Dinheiro esse que poderia ser usado para causas mais nobres: para evangelizar as pessoas de verdade, ganhando almas de verdade. E não apenas entretendo milhões de telespectadores. Mas quem sou eu pra julgar algo ou alguém? Deus, o Justo Juiz, é quem julgará essas coisas.

Mas, por ser uma novela baseada em uma história bíblica, deveria ter mais verdade e menos ficção. A queda do diabo, por exemplo.

A novela mostra que, quando o diabo e seus anjos foram expulsos do céu, eles caíram na Terra e dizimaram os dinossauros. Uma mistura de criacionismo e evolucionismo — não está muito longe da ideia do finado Papa Francisco. Mas eu acredito que, quando houve a rebelião no Céu, que causou a expulsão de Satanás, a Terra ainda não havia sido criada.

"A Terra, porém, estava sem forma e vazia..." (Gn 1:20)

Porque, se antes da criação do homem a Terra já existia e era habitada por dinossauros, então por que Deus teve de refazer a Terra tudo de novo?

Não, a Palavra nos revela a criação da Terra, e não a reparação de um planeta que havia sido destruído pela queda do Dragão e dos seus anjos:

"*Disse também Deus: Ajuntem-se as águas debaixo dos céus num só lugar, e apareça a porção seca. E assim se fez. À porção seca chamou Deus terra, e ao ajuntamento das águas, mares. E viu Deus que isso era bom.*" (Gn 1:9-10)

Deus criou a porção seca e a chamou de Terra, e ao ajuntamento das águas chamou de mares. Nós vemos na Bíblia o princípio da criação da Terra — algo novo e inédito. Deus não estava reformulando uma Terra que havia sido destruída pela queda de Satanás e dos seus anjos, ou pela queda de um grande asteroide que resultou na extinção dos dinossauros.

Afinal, o que o homem sabe acerca da existência dos dinossauros?

E como ele sabe como eles são, se nunca viu um?

É só mais uma teoria, como o Big Bang e o evolucionismo.

Tudo o que o homem tem são um monte de ossos, uma mente criativa, uma imaginação fértil e um coração enganoso — e isso já é o bastante para o homem delirar e imaginar o inimaginável, isto é, imaginar coisas que nunca existiram. "*Enganoso é o coração, mais do que todas as coisas, e desesperadamente corrupto; quem o conhecerá?*" (Jr 17:9)

Os filmes de Hollywood provam que a criatividade do homem e sua imaginação aguçada dão asas às fantasias. Ah, sim, e como eles deliram!

Os homens conseguem enxergar o que não existe, conseguem transformar uma poça d'água num oceano, conseguem transformar uma tempestade num copo d'água. E, como uma criança cheia de imaginação montando o seu quebra-cabeça, assim também o homem foi juntando todos os ossos e montando o seu quebra-cabeça, que resultou nos dinossauros. Mas sei que alguém muito mais inteligente do que eu, dirá:

— *Se não são ossos de dinossauros, de quem são então?*

Eu acredito que Deus criou todas as coisas: a Terra, o homem e todas as espécies de animais. Acredito que esses ossos, que dizem ser de dinossauros, são ossos de outras espécies de animais — que eram maiores e diferentes — e que foram extintos com o dilúvio, no tempo da arca de Noé. Mas o homem, querendo desvendar o mistério dos ossos desses animais, deu o nome de dinossauros a esses animais desconhecidos.

Por exemplo: a Bíblia fala de um tal de Beemote e de um tal de Leviatã.

"Contempla agora o Beemote, que eu fiz contigo [...] Poderás pescar com anzol o Leviatã ou ligarás a sua língua com a corda?" (Jó 40:15; Jó 41:1)

Há quem diga que esses animais eram o hipopótamo ou o crocodilo.

Mas, se fosse um hipopótamo ou um crocodilo, Deus não os chamaria de Beemote e de Leviatã, mas os chamaria de hipopótamo e crocodilo — que foram os nomes que Adão deu a todos os animais criados por Deus na Terra. Porque foi Adão quem deu nome a todos os animais. (Gn 2:19-20)

Como nas Escrituras, Deus chama a ovelha de ovelha; o camelo, de camelo; o pardal, de pardal; a águia, de águia; o boi, de boi; o urso, de urso; o leão, de leão; a gazela, de gazela etc. Porque Adão deu nome a todos os animais. E Deus chama todos os animais pelo nome que o homem lhes deu. E, com certeza, também houve outras espécies de animais que foram extintos no dilúvio. Agora, o porquê de Deus ter decidido destruir esses animais, isso eu não sei dizer. Mas Deus sabe de todas as coisas. Talvez porque os animais eram muito grandes e não cabiam na arca; ou porque se tornariam muito selvagens e seriam perigosos demais para a humanidade. Porque a queda do homem atingiu também a fauna, e os animais se tornaram selvagens depois do dilúvio. Mas Deus soube manter muito bem o equilíbrio. *"Pavor e medo de vós virão sobre todos os animais da Terra e sobre todas as aves dos céus..."* (Gn 9:2)

Mas eu creio nisso. E, como o apóstolo Paulo disse, eu também digo:

"E penso que também eu tenho o Espírito de Deus." (1Co 7:40)

Pra terminar, vou expor minha teoria acerca de uma curiosidade: os planetas do sistema solar. Que são: Mercúrio, Vênus, Marte, Júpiter, Saturno, Urano, Netuno e a nossa Terra, o nosso planeta.

Sou totalmente leigo em astronomia, mas o meu objetivo não é astronomia, e sim saber o porquê de Deus ter criado esses planetas.

Porque a Palavra diz que Deus criou a Terra, as estrelas e os luzeiros — que são a Lua e o Sol — mas não fala nada dos outros planetas. Isso quer dizer que os outros planetas já existiam antes da criação da Terra.

Sete planetas criados antes da Terra — o número da perfeição de Deus.

Seriam esses planetas protótipos? Protótipos que Deus criou para estudar a melhor forma e fórmula para poder criar a Terra? Criando os planetas e os estudando, até chegar ao parâmetro ideal, à medida certa, aos componentes corretos, à atmosfera exata? A fim de dar ao homem um bom ambiente para viver com o seu Criador e louvá-lo por seus grandes feitos; para viver, amar, sentir, ser, pensar, agir, sonhar, usufruir, criar, descobrir, meditar, se alegrar e se multiplicar? *"Vinde e vede as obras de Deus: tremendos feitos para com os filhos dos homens."* (Sl 66:5)

Para, da Terra, poder formar o homem à sua imagem e semelhança, em um tipo de matéria diferente da matéria espiritual e celestial? *"Façamos o homem à nossa imagem, conforme a nossa semelhança..."* (Gn 1:26)

Ou Deus teria criado esses planetas para o equilíbrio do universo?

Ou até mesmo para demonstrar sua grandeza, força e poder?

De fato, eu vejo muito amor, poder e sabedoria na criação de Deus.

Mas somente Deus sabe de todas as coisas. Isso é só uma hipótese.

Porque muitos cientistas deliram em busca de respostas; mas Deus não permite que o homem descubra todas as coisas, apenas o necessário para o bem da humanidade. Como a Palavra nos revela: *"Ele dá sabedoria aos sábios e entendimento aos inteligentes."* (Dn 2:21)

Porque a ciência não pertence aos homens, como muitos pensam; a ciência pertence a Deus. E Deus emprestou só um pouquinho de ciência aos homens, para o avanço e para o bem da humanidade. Isso por causa do seu amor, da sua bondade, da sua fidelidade e da sua misericórdia.

E ainda há cientistas que são ateus, e que se gabam do seu pouco e limitado conhecimento. Porque a ciência não foi uma descoberta do homem, e sim uma revelação de Deus para o homem. Porque, se não fosse pela mão de Deus, o homem nada saberia. A teoria do Big Bang. Boom!

É necessário ser um gênio para aceitar tamanha baboseira.

Por acaso estou sendo sarcástico? Não, estou sendo realista.

A verdade é que os homens gostam de se iludir, e não param para pensar acerca deste grande mistério que é a vida; deste grande mistério que é Deus. É claro que há um Deus, um Criador, uma força maior que possibilita a nossa existência. Negar isso é uma grande insensatez.

Todo o planeta Terra nos revela: a natureza, a fauna, a flora, o clima, o tempo, as leis, os alimentos, as fontes das águas, o equilíbrio, o universo, a vida etc. (Os próprios donos do mundo, que fizeram um pacto com Satanás, sabem que Deus é verdadeiro; porém, eles também foram enganados, como a terça parte dos anjos de Deus). Tudo revela que há um Criador, tudo revela que Deus é verdadeiro. *"Mas, agora, pergunta aos animais, e eles te ensinarão; pergunta às aves do céu, e elas te mostrarão; ou fala com a terra, e ela te ensinará; até os peixes do mar te declararão. Qual dentre todos eles não sabe que a mão do SENHOR fez isto?"* (Jó 12:7-9)

Só não vê quem não quer ver, mas preferem se iludir com a mentira e o engano. Mas eu quero a verdade, somente a verdade, e nada mais do que a verdade; isso porque eu amo a verdade e detesto a mentira. *"Do Senhor é a terra e a sua plenitude; o mundo e aqueles que nele habitam. Porque ele a fundou sobre os mares, e a firmou sobre os rios."* (Sl 24:1-2)

Porque Deus é tão maravilhoso, tão glorioso e tão bom, que é um pecado não conhecê-lo. Por isso o homem peca, quando não reconhece a Deus como seu Criador e Salvador. Sim, o pecado do homem foi ter negado a Verdade, esquecendo-se de Deus. Porque Deus deu a dádiva da vida e da existência aos homens, Ele faz o bem a todos, e tem muito mais a nos oferecer. Por isso Deus se ofende quando os homens não aceitam o bem que Ele quer fazer por eles. Mas preferem a mentira, em vez da verdade; isso porque seus caminhos são maus, e amam mais as trevas do que a luz. Por isso justa será a vingança do Deus Justo e Verdadeiro.

"E a condenação é esta: Que a luz veio ao mundo, e os homens amaram mais as trevas do que a luz, porque as suas obras eram más." (Jo 3:19)

Muitos querem viver uma vida de fantasia, acreditando em discos voadores e em extraterrestres; e assim vivem dentro de suas utopias.

Mas se é isso que eles querem, então que se iludam, e desçam ao pó na mentira. *"Os homens amaram mais as trevas do que a luz..."* (Jo 3:19)

Eu te apresento a verdade, e a verdade é o Senhor Jesus Cristo, o Filho de Deus, o único Criador e Salvador do homem. Esta teoria sim é verdadeira, e não uma fantasia da imaginação fértil do homem.

Esta é a verdade: Jesus Cristo. E por ela eu ponho a mão no fogo.

Não espere por naves espaciais, porque elas não virão; mas o nosso Senhor e Salvador Jesus Cristo — este sim, com certeza, virá.

Mas como eu venho dizendo, eu continuarei dizendo: Para não falarem que é heresia, vou dizer que é apenas uma teoria. Tire você a conclusão.

CAPÍTULO 05

NA TERRA DOS VIVENTES.

O mundo jaz no maligno. *"O mundo inteiro jaz no Maligno."* (1Jo 5:19)

"Vi também que debaixo do sol havia a maldade no lugar da retidão; e que havia ainda mais maldade no lugar da justiça. [...] Os céus e a terra tomo, hoje, por testemunhas contra ti, que te propus a vida e a morte, a bênção e a maldição; escolhe, pois, a vida, para que vivas, tu e a tua descendência..." (Ec 3:16) (Dt 30:19)

É necessário que o homem se converta de todo mau caminho, se arrependa dos seus pecados, busque a Deus e procure fazer o bem, e não o mal. É necessário praticar a justiça e a piedade. *"Arrependei-vos, pois, e convertei-vos, para serem cancelados os vossos pecados..."* (At 3:19)

É necessário que o homem aceite o Senhor Jesus Cristo como seu único Senhor e Salvador. Sim, ele precisa crer que Jesus é o Filho de Deus, o Senhor e o Salvador do homem. É necessário que o homem acredite que Deus enviou seu Filho ao mundo para ser morto pelos nossos pecados.

É necessário que o homem aceite o sacrifício que Deus fez pela humanidade, morrendo na cruz do Calvário para pagar o preço dos nossos pecados. Ele também precisa acreditar que Jesus ressuscitou ao terceiro dia, depois foi elevado ao céu, onde está assentado à direita do trono de Deus Pai, o Deus Altíssimo e Todo-Poderoso. Quando eu falo "homem", também estou me referindo à mulher; estou me referindo a toda a humanidade, que está debaixo do sol, na terra dos viventes.

Porque o maior pecado que o homem pode cometer é esquecer-se de Deus, o seu Criador. Mas eu sei que muitos dirão: — *Agora você está errado, porque o maior pecado é a blasfêmia contra o Espírito Santo.*

Mas esquecer-se de Deus não é uma blasfêmia contra o Espírito Santo, que foi enviado a este mundo para convencer o homem do pecado, da justiça e do juízo? Quando eu rejeito o Senhor Jesus, estou blasfemando contra o Espírito. Virar as costas para Deus é virar as costas para o Espírito Santo, porque o Espírito Santo é Deus. O Pai, o Filho e o Espírito Santo são um só Deus. Difícil entender este mistério?

Como podem três ser um? Vou passar a minha simples visão. Está escrito: *"Respondeu Jesus: Se alguém me ama, guardará a minha palavra; e meu Pai o amará, e viremos para ele e faremos nele morada."* (Jo 14:23)

Jesus está falando do Espírito Santo, que o Pai enviaria ao mundo em seu nome. *"...e viremos para ele e faremos nele morada."* (Jo 14:23)

Como posso compreender isso?

A minha simples visão é esta: O Pai está no Filho, o Filho está no Pai, e ambos em um só Espírito. E o Espírito está no Pai e no Filho.

"Crede-me que estou no Pai, e o Pai em mim..." (Jo 14:11)

— Quer dizer que o Espírito Santo é o Pai e o Filho juntos?

Não, o Espírito Santo é outro. *"E eu rogarei ao Pai, e ele vos dará outro Consolador, a fim de que esteja para sempre convosco..."* (Jo 14:16)

O Pai está no Filho, o Filho está no Pai, e ambos em um só Espírito; e o Espírito está no Pai e no Filho. Os três formam um só Deus. Vou dar um pequeno exemplo: eu tenho um pai, mas o espírito do meu pai é diferente do meu espírito. Com Deus não é assim; o Pai é um, e o Filho é outro, mas o mesmo Espírito que está no Pai também está no Filho; por isso Deus é "um". Diferente de nós, que temos pai, mas o espírito de nosso pai é diferente do nosso espírito; Deus, porém — o Pai e o Filho — têm o mesmo Espírito. Como está escrito: *"Porque não sois vós quem falará, mas o Espírito de vosso Pai é quem fala em vós."* (Mt 10:20)

E a Palavra do nosso Deus também diz:

"Porque estou certo de que isto mesmo, pela vossa súplica e pela provisão do Espírito de Jesus Cristo, me redundará em libertação..." (Fp 1:19)

O Pai está no Filho, o Filho está no Pai, e ambos em um só Espírito. O Pai e o Filho têm o mesmo Espírito. *"Eu e o Pai somos um."* (Jo 10:30)

A Palavra também diz: *"Mas Deus no-lo revelou pelo Espírito; porque o Espírito a todas as coisas perscruta, até mesmo as profundezas de Deus. Porque qual dos homens sabe as coisas do homem, senão o seu próprio espírito, que nele está? Assim também as coisas de Deus, ninguém as conhece, senão o Espírito de Deus."* (1Co 2:10–11)

Por isso, Deus — o Pai, o Filho e o Espírito Santo — são um só Deus, embora sejam três divindades distintas. Nós também, seres humanos, somos corpo, alma e espírito. Somos três em um, assim como Deus.

Pois nós não podemos nos esquecer de que somos imagem e semelhança de Deus, nosso Criador. Assim como o nosso espírito está dentro de nós, assim também o Espírito de Deus está dentro de Deus, isto é, no Pai e no Filho. *— Mas como explicar o Espírito Santo? Qual é a sua forma?*

Eu acredito que o Espírito tem a mesma forma do Pai e do Filho.

Assim como eu também acredito que o nosso espírito se assemelha ao nosso homem exterior. Porém, também creio que o Espírito se assemelha à parte materna da Família de Deus, ou seja, à parte mais sensível de Deus, assim como uma mãe; isto é, como o cuidador da Obra e da Casa do Pai e do Filho. Contudo, o Espírito habita dentro de Deus, que é um Ser espiritual. Pois, quando a Palavra diz que nós somos templo do Espírito, não está dizendo que ele habita literalmente em nosso corpo carnal; o Espírito habita dentro de nós, mas não na nossa carne, e sim no nosso espírito. Por isso, a Palavra diz que nós estaremos para sempre com Ele.

"Eu pedirei ao Pai, e ele vos dará outro auxiliador, o Espírito da verdade, para ficar com vocês para sempre." (Jo 14:16)

O nosso corpo carnal não é eterno, mas o nosso espírito é.

Mas, se você quiser ter uma noção melhor acerca do Espírito, que é distinto do Pai e do Filho, embora sejam um só Deus, então eu vou te dar uma pequena amostra: *"Então olhei, e vi algo com aparência de fogo. Da cintura para baixo era fogo, e da cintura para cima era como o resplendor de metal brilhante. E estendeu para mim o que parecia uma mão e me pegou pelos cabelos; e o Espírito me levantou entre a terra e o céu, e, nas visões de Deus, me trouxe a Jerusalém..."* (Ez 8:2,3)

Pode ser que um dos três homens que apareceu a Abraão junto aos carvalhos de Manre seja o Espírito Santo (Gn 18:1). Porque, se ele veio em forma corpórea de uma pomba no batismo de Jesus, ele pode muito bem assumir a forma corpórea de um homem. Como também no caso do homem (ou do anjo) a quem Jacó segurou no vau de Jaboque (Peniel); esse também poderia ser o Espírito Santo em forma de homem. (Gn 32:24)

Também tem aquele que apareceu aos pais de Sansão. (Jz 13:3)

E também aquele que apareceu a Gideão, quando este estava malhando o trigo no lagar (Jz 6:11,12). E também aquele que estava na sarça ardente e que falava com Moisés (Êx 3:2-4). Como também aquele que estava no redemoinho e que falava com Jó (Jó 38:1). E também o homem que estava junto de Ezequiel (Ez 43:6,7). E também o quarto homem que estava dentro da fornalha (Dn 3:24,25). Alguns dizem que eram anjos, outros dizem que era o Senhor Jesus. Mas poderia ser o Espírito Santo, como na criação, quando o Espírito de Deus pairava sobre as águas (Gn 1:2). O Espírito Santo é o Anjo do SENHOR. (Gn 16:1) (Jz 2:1,4) (Zc 1:11,12)

Porque a obra de Deus na terra sempre foi feita pelo Espírito Santo.

Na verdade, o Espírito Santo é o Senhor Jesus, e também o Pai; ele é o Espírito de Deus, que está no Pai e no Filho. Mas ele é um Ser distinto do Pai e do Filho; todavia, o Pai e o Filho estão nele, e ele está no Pai e no Filho. *"Eu e o Pai somos um."* (Jo 10:30)

Na verdade, o Espírito Santo é um mistério maravilhoso.

Eu creio que o Espírito de Deus pode tomar a forma que ele quiser; ele pode tomar a forma do Pai, e também a forma do Filho, como também pode assumir sua própria forma. Ele é azeite, fogo, água, vento e rocha; ele pode ser tudo que quiser ser; nada é impossível para o Espírito Santo.

Assim como o nosso espírito habita em nós, no nosso corpo, assim também o Espírito Santo habita em Deus, isto é, no Pai e no Filho.

E Deus, o Pai e o Filho, estão no Espírito, que também é Deus.

E a Palavra também nos revela: *"Porque assim como o Pai tem vida em si mesmo, também concedeu ao Filho ter vida em si mesmo."* (Jo 5:26)

O que o Senhor quis dizer foi isto: o Pai tem vida em si mesmo, o Filho tem vida em si mesmo, e o Espírito Santo também tem vida em si mesmo.

"E da mesma maneira também o Espírito ajuda as nossas fraquezas; porque não sabemos o que havemos de pedir como convém, mas o mesmo Espírito intercede por nós com gemidos inexprimíveis." (Rm 8:26)

Na terra, a habitação do Espírito Santo somos nós, o seu templo; e no céu, a habitação do Espírito Santo é o próprio Deus, ou seja, o Pai e o Filho. Como foi revelado: *"Àquele que está sentado no trono e ao Cordeiro, seja o louvor, e a glória, e o domínio pelos séculos dos séculos."* (Ap 5:13)

Ora, nós vemos o que está sentado no trono, que é o Pai, e o Cordeiro, que é o Filho, mas não vemos falar do Espírito Santo. É porque o Espírito já está no próprio Deus, que é o Pai e o Filho. Acho que também posso dizer que o Espírito simboliza os sete espíritos que estão diante do trono de Deus; esse número nos mostra a perfeição do Espírito. (Ap 4:5)

É o Espírito Santo quem nos conecta com Deus, porque o mesmo Espírito que está em Deus agora também está em nós, no nosso espírito.

Embora o Espírito tenha sido enviado à terra para realizar a obra de Deus, ele — o Espírito Santo — ainda permanece em Deus. Ele é como um rio que flui de Deus para nós: sua igreja, seu povo, seu corpo, seu templo.

Um rio que jorra de Deus para nós.

"Um rio de fogo manava e saía de diante dele..." (Dn 7:10)

De fato, o Espírito Santo é um mistério maravilhoso.

E quando nós oramos, louvamos e adoramos a Deus — o Pai e o Filho — ao mesmo tempo também estamos orando, adorando e louvando ao Espírito. Porque o Espírito está em Deus; na verdade, o Espírito Santo é Deus. Por isso, nós não precisamos orar ao Espírito Santo, porque o Espírito de Deus já está em nós; ele está conosco aqui na terra, nos ajudando, assim como também está no céu, em Deus — no Pai e no Filho.

O Espírito Santo é um mistério maravilhoso.

O Pai está no Filho, o Filho está no Pai, e ambos em um só Espírito; e o Espírito está em Deus, ou seja, no Pai e no Filho. Porque o Pai e o Filho têm o mesmo Espírito. *"Ide, portanto, fazei discípulos de todas as nações, batizando-os em nome do Pai, e do Filho, e do Espírito Santo..."* (Mt 28:19)

E no nome de Jesus está o Pai, o Filho e o Espírito Santo; porque os apóstolos batizavam em nome do Senhor Jesus Cristo. (At 10:48/19:5,6)

Porque importa que, pelo nome de Jesus, nós sejamos salvos. (At 4:12)

O Pai, o Filho, e o Espírito Santo, é um Deus Maravilhoso.

Esta é a vontade de Deus para a humanidade, que está debaixo do sol, na terra dos viventes: que conheçam a Deus e sejam salvos. Porque a vontade de Deus é que todos sejam salvos, como está escrito: *"Isto é bom e aceitável diante de Deus, nosso Salvador, o qual deseja que todos os homens sejam salvos e cheguem ao pleno conhecimento da verdade."* (1Tm 2:3,4)

Deus não tem prazer na morte do pecador.

"Por acaso tenho algum prazer na morte do ímpio? Diz o Senhor Deus. Por acaso não desejo que se converta dos seus caminhos e viva?" (Ez 18:23)

Mas, infelizmente, a humanidade vai de mal a pior, prevaricando e sendo enganada pelo maligno, por causa da dureza do coração do homem.

O egoísmo, a ambição, a ganância e a cobiça. *"Porque o amor do dinheiro é a raiz de toda espécie de males..."* (1Tm 6:10)

E por amor ao dinheiro os homens matam, roubam, sequestram, enganam para obter lucros, se prostituem, traficam, trapaceiam, traem etc.

O mundo oferece ao homem muitos prazeres e luxúria; e muitos querem ostentar nas redes sociais, nas baladas e nas festas regadas a álcool, drogas e sexo. Tudo ilusão da carne — são apenas prazeres momentâneos.

Mas o homem quer impressionar, quer se vestir com as melhores roupas de grife, andar nos melhores carros de luxo, morar nas melhores casas ou apartamentos. Tudo custa muito caro. Tudo se resume em correr atrás do dinheiro. Tudo gira em torno do comércio e dos negócios.

Os gananciosos buscam com diligência o poder e a fama, mas só podem ter isso no mundo através do dinheiro. *"Então, vi que todo trabalho e toda destreza em obras provêm da inveja do homem contra o seu próximo. Também isto é vaidade e correr atrás do vento."* (Ec 4:4)

"Quanto melhor é adquirir a sabedoria do que o ouro! E quanto mais excelente, adquirir a prudência do que a prata! [...] Uns se dizem ricos sem terem nada; outros se dizem pobres, sendo mui ricos." (Pv 16:16) (Pv 13:7)

Na terra dos viventes, o que importa são as aparências, é isso que voga.

Nas grandes metrópoles, é um corre-corre e um vai e vem; as pessoas se atropelam, tropeçam, caem, se machucam, se levantam e seguem andando — marchando rumo ao abismo. Quem é que sabe o que se passa em suas imaginações? O peso dos seus problemas se revela em suas faces.

A dor e a aflição estão drenando o pouco de amor que ainda resta.

Eu pergunto: — Tá indo pra onde? Ninguém me responde.

Eles não sabem de nada. Não sabem de onde vêm, nem para onde vão — e nem querem saber. Só se interessam por aquilo que os seus olhos cobiçam. Não param pra pensar no fim de suas vidas; se esqueceram de que a única certeza que temos é que todos nós vamos morrer um dia.

"Eles, de dia, encontram as trevas; ao meio-dia andam como de noite, às apalpadelas." (Jó 5:14)

Parece que estão encantados, enfeitiçados pela influência da Babilônia.

Não enxergam um palmo à sua frente; não compreendem o verdadeiro sentido da vida, que é Deus, o nosso Criador e o nosso Salvador.

É lamentável: todos eles seguem cuidando dos seus próprios interesses.

Insensíveis à verdade, ansiosos, preocupados, distraídos, atraídos pelo mundo, caíram no sono da morte. Pensando no dia de amanhã, preocupando-se em ganhar mais dinheiro, em subir de cargo na empresa onde trabalham, fazendo faculdade visando crescer e ganhar muito dinheiro, maquinando maldades em suas imaginações — tudo pelo dinheiro e pelos prazeres, tudo pela vaidade, tudo pela glória que o mundo oferece, tudo por uma alegria passageira. Que grande ilusão!

Não conseguem enxergar a verdade. São escravos de suas paixões, pensam que vão viver para sempre; estão dormindo no vale da sombra da morte. O perigo é iminente. Se não acordarem a tempo, serão surpreendidos pelo terror. Não querem saber de Deus; por isso, o pavor lhes carregará no colo. Não conseguem entender que suas vidas são frágeis e curtas. Num estalar de dedos, de repente, o fio de prata se rompe — num acidente ou num ataque cardíaco fulminante — e ela se encontra com a morte. Tudo acabou. Tudo o que ela conquistou ficou, e ela, a alma insensata, partiu. E agora, pra onde ela vai? Para o céu ou para o inferno?

Não se lembrou de Deus enquanto estava viva; agora, depois da morte, Deus também não terá compromisso nenhum com ela. Ela estará só, face a face com o Abadom, o anjo do abismo, na densa escuridão e nas garras dos demônios. Pânico, medo, dor, tormento e pavor — o terror estará apenas começando. Não vai adiantar gritar por socorro, nem tentar fugir, pois o inferno não é como Alcatraz. Quando o pó retornar ao pó, as almas conhecerão o além, e os prazeres da terra dos viventes chegarão ao fim.

Isso que eu falei agora me fez lembrar de uma música que eu fiz no passado, com este mesmo tema: "Na terra dos viventes."

Vou escrever um trecho da letra da música, que assim diz:

> *Na terra dos viventes,*
> *embaixo de um sol ardente,*
> *a humanidade igual o gado segue em frente.*
> *Rumo ao matadouro,*
> *hipnotizados pelo ouro, e pela prata,*
> *ignoram a desgraça, acelera muda a marcha,*
> *parte pra cima da caça,*

almejando erguer a taça.
Todos querem a vitória,
nem que seja um curto momento de glória,
enquanto há tempo,
enquanto não chega a sua hora.
O homem ergue seus castelos,
amontoa tesouros,
pra no final da vida,
deixar tudo pros outros.
É como um sopro,
a vida é como um sopro,
o homem nasce, cresce e morre,
como a flor do campo.
Eu vejo a vaidade, tudo é vaidade,
como disse Salomão,
no livro de Eclesiastes.
É cedo pra contar vitória,
ninguém pode prevê o fim da sua história,
somos todos escória.
Aqui, ninguém é excelso,
pra viver eternamente como os elfos,
contos de fadas.
Mas a verdade corta como espada,
a ponto de dividir,
juntas e medulas, corpo, espírito e alma.
Quem tem fé vai pra Sião,
mas aqui, neste mundo cão,
a esperança morre,
dentro de um caixão.
Pra que tanta pressa,
muita calma minha gente,
alguns têm tanta pressa,
que causa até acidente.
Na terra dos viventes,
a sua hora vai chegar,
e vai ser de repente,
quem se habilita a ir na frente.
A inteligência artificial,
a tecnologia e tal,
e seu efeito colateral.

Milhões de desempregados,
o trabalho braçal,
perdendo espaço,
quer saber o que eu acho.
Eu vejo violência e fome,
a humanidade esquece de amar,
mas não esquece o smartfone,
o homem perdeu o controle.
Movido pela ambição,
onde é que isso vai parar,
se não for no Armagedom.
É só o início promissor do caos,
eu vejo o mal,
vai cair chuva de sangue,
em pleno carnaval.
Blasfemaram contra o Altíssimo,
o Todo-Poderoso,
e mesmo assim, não se humilharam,
nem buscaram misericórdia.
O inferno e sua corja,
bate na sua porta,
e agora, quem te salvará agora.
Na terra dos viventes,
infelizmente é assim,
pra você e pra mim,
tudo tem um fim.
Por isso eu quero estar, Senhor,
mais perto de ti...

Muitos dizem que Deus não existe. E este é o pretexto que eles usam:

— *Como pode Deus existir, com tanta violência, tanta fome, tanta praga, tanta desgraça, tanta doença, tanto sofrimento e tanta injustiça social?*

Mas todo o mal que há na terra é culpa do próprio homem: sua maldade, sua rebeldia, seu egoísmo, sua ganância, seu pecado. Porque os homens escolheram amar as obras das trevas, e não as obras da luz.

Escolheram amar o mundo, que jaz no maligno, ao invés de amar o Único e Bendito Deus, nosso Criador. Os homens querem receber o bem praticando o mal; essa é a grande ilusão do homem. Mas não há como, porque Deus é justo. Deus é amor e bondade, mas sobretudo é justiça.

"Piedoso é o SENHOR e justo..." (Sl 116:5)

E, para o terror dos prevaricadores, isto também está escrito: *"Está perto o grande Dia do SENHOR; está perto e muito se apressa. Atenção! O Dia do SENHOR é amargo, e nele clama até o homem poderoso."* (Sf 1:14)

Quem poderá suportar o furor da sua ira?

Quem é bom e justo aos seus olhos? Toda a humanidade é má; cada um de nós só pensa em si mesmo. Quem poderá escapar da justiça divina?

Eu temo e tremo só em pensar no grande e terrível Dia do SENHOR, quando Deus se levantar para julgar todos os moradores da terra; porque a vingança pertence a Deus, e a vingança será justa. (Rm 12:19)

Nos dias de hoje, atualmente, estamos vivendo em um tempo chamado graça, em que a vontade de Deus, pela sua misericórdia, é salvar o maior número de almas possível. Porque Deus é bom e não quer o nosso mal.

Mas esse tempo de graça passará, e virá o tempo do juízo.

A luz é melhor do que as trevas.

O amor é melhor do que o ódio.

A sobriedade é melhor do que a embriaguez.

A prudência é melhor do que a insensatez.

A sabedoria é melhor do que a tolice.

A humildade é melhor do que a arrogância.

A liberdade é melhor do que a escravidão.

A paz é melhor do que a guerra.

A vida é melhor do que a morte.

A verdade é melhor do que a mentira.

O bem é melhor do que o mal.

A salvação é melhor do que a perdição.

É melhor prevenir do que remediar.

Deus é infinitamente melhor do que o diabo.

É melhor crer e buscar a Deus hoje do que se arrepender na eternidade, onde não haverá mais chance para buscar a Deus. *"Inclinai os ouvidos e vinde a mim; ouvi, e a vossa alma viverá..."* (Is 55:3)

É a tua vida que está em jogo — não queira ir para o inferno.

"Porque o salário do pecado é a morte, mas o dom gratuito de Deus é a vida eterna em Cristo Jesus, nosso Senhor." (Rm 6:23)

Porque nós estamos neste mundo apenas de passagem, e a nossa vida é como uma vela, que com um sopro se apaga — não seja mais um a ser enganado pelo Enganador. Não corra o risco de ir para o inferno:

"Antes que eu vá para o lugar de que não voltarei, para a terra das trevas e da sombra da morte; terra de negridão, de profunda escuridão, terra da sombra da morte e do caos, onde a própria luz é tenebrosa." (Jó 10:21,22)

Onde não sabemos se um dia haverá perdão.

Onde não sabemos se um dia haverá salvação.

Onde não haverá mais vida, nem volta, para os que se perdem.

Eu vejo muita insanidade debaixo do sol, na terra dos viventes; mas eles dizem que eu é que sou louco. Mas será mesmo que eu estou sendo insano?

Deus é bom o tempo todo, todos os dias; Ele faz o bem a todos, para todos os que estão debaixo do sol, na terra dos viventes. Mas nós somos maus e ingratos, e a maioria não compreende, nem faz menção de compreender. Pra onde o homem vai com tanta pressa?

"De tudo o que se tem ouvido, a suma é: Teme a Deus e guarda os seus mandamentos; porque isso é o dever de todo homem. Porque Deus há de trazer a juízo todas as obras, até as que estão escondidas, quer sejam boas, quer sejam más." (Ec 12:13,14)

Pense bem. Reflita nisso.

Quanto a mim, eu continuarei buscando ao Senhor. *"Andarei na presença do SENHOR, na terra dos viventes."* (Sl 116:9)

Maranata!

CAPÍTULO 06

PRA DEUS, EXISTE UMA SÓ IGREJA.

"e sobre esta pedra edificarei a minha igreja, e as portas do inferno não prevalecerão contra ela." (Mt 16:18)

Nos tempos atuais, existem várias igrejas, isto é, várias instituições religiosas; cada uma dessas denominações possui um nome. Uma é a igreja X, outra é a igreja Y, outra é a igreja W etc. Também existe a doutrina da Igreja Católica Romana, protestante, pentecostal, neopentecostal etc.

Jesus Cristo é a cabeça da igreja, que é o corpo de Cristo.

Ele é a principal pedra angular na qual a igreja está edificada.

Sobre este fundamento: o Senhor Jesus Cristo é o Filho de Deus, o nosso Senhor e Salvador, a quem nós pertencemos e somos devedores.

Embora haja muitas igrejas e denominações, para Deus existe uma só igreja, que não são edifícios de concreto construídos pelos homens, porque a igreja não é uma instituição religiosa; a igreja é a congregação do povo de Deus. Cada um de nós que tememos e amamos a Deus é a igreja.

(Mas nem todos os que estão dentro das igrejas são igreja.)

Embora haja a igreja X, igreja Y, igreja W; igreja conservadora, pentecostal, neopentecostal etc. Para Deus existe uma só igreja, um só corpo e um só povo, que está espalhado pelo mundo inteiro em várias instituições. A obra do Reino de Deus é de Deus, e não dos homens.

Mas Deus conta com a participação do homem para realizar esta obra, porque Deus é justo, e não seria justo se Ele fizesse a obra sozinho.

A parte de Deus é espiritual: Ele mesmo é quem distribui os dons e a fé que nós temos, e a sua luz ilumina a nossa vida; Ele trabalha agindo no nosso interior, através do Espírito Santo e do seu poder que opera em nós.

Pela graça e pelo poder de Deus, nós somos vivificados, nascemos de novo, somos transformados pela sua glória em nossas vidas. Recebemos o Espírito Santo e passamos a ter a mente de Cristo. (1Co 2:16)

E o nosso espírito, que estava morto dentro de nós, é ressuscitado.

Mas a parte do homem é ensinar, pregar, anunciar a Palavra de Deus e edificar uma casa material de concreto e tijolos, para nela congregar o povo de Deus. A parte do homem é erguer instituições, para que Deus possa congregar o seu povo, que é a igreja, dentro dessas instituições.

Deus levanta homens para servi-lo e para realizar a sua obra.

Mas o homem não é perfeito; o homem é fraco e falho.

Só Deus é bom e perfeito. *"Ai dos pastores que destroem e dispersam as ovelhas do meu pasto, diz o SENHOR."* (Jr 23:1)

A Palavra de Deus diz que as portas do inferno não prevaleceriam contra a igreja. E, de fato, não prevaleceram, porque a igreja segue crescendo até hoje e crescerá ainda mais, dia após dia e futuramente.

Porque a igreja é um corpo espiritual, composto por almas que pertencem ao Senhor e que fazem a vontade do Senhor. *"Deus é Espírito, e importa que os que o adoram o adorem em espírito e em verdade."* (Jo 4:24)

Mas quanto às instituições, erguidas e dirigidas pelo homem, que é fraco e falho, a Palavra não diz que as portas do inferno não prevaleceriam. Por isso existem tantas falhas, tantos enganos, tantos erros e tantas heresias em várias igrejas (instituições). Porque o homem é falho e imperfeito, é pó, é carne, e a carne é fraca. E o nosso inimigo, que é o diabo, trabalha contra a igreja na operação do erro, do engano e da mentira. E muitos, por não conhecerem a Palavra de Deus, são enganados.

Meu pai, que é de uma determinada igreja (instituição), disse para mim uma vez que não há salvação em outra igreja (instituição), senão na igreja (instituição) que ele congrega. É claro que isso é um grande erro. Deus não está limitado apenas a uma igreja (instituição). Mas isso é o que muitos, como o meu pai, pensam. Cristo não é o cabeça da instituição, e sim o homem; mas Cristo é o cabeça do homem. Porém, o homem é falho e nem sempre faz a vontade da sua cabeça, que é Cristo. Entretanto, Cristo é a cabeça da igreja, que é o corpo de Cristo, a nação e o povo de Deus.

Para Deus, existe uma só igreja; e mesmo que a igreja esteja espalhada por várias instituições, para Deus há uma só igreja, um só povo, um só corpo. Muitos dizem que são servos de Cristo, mas não servem a Cristo, e sim à instituição. Toda instituição acabará, mas a igreja permanecerá para sempre. É claro que o meu pai tem uma fé sincera em Deus. Mas ele está totalmente preso às doutrinas da sua igreja (instituição).

Como ser livre das prisões, dos enganos e dos erros dos homens?

Só podemos ser verdadeiramente livres e libertos dos enganos dos homens através do conhecimento da Palavra de Deus, não há outra forma.

Como está escrito: *"Para que não mais sejamos como meninos, agitados de um lado para outro e levados ao redor por todo o vento de doutrina, pela artimanha dos homens, pela astúcia com que induzem ao erro."* (Ef 4:14)

Existem também os calvinistas e os arminianos; os que são do pré-tribulacionismo e do pós-tribulacionismo; teologia disso, teologia daquilo etc. Tudo isso, para mim, é pura carnalidade. Eu acredito que o homem tem o livre-arbítrio; também não engulo isso que os calvinistas dizem, que uma vez salvo, sempre salvo. Porque Jesus nos ensinou a orar e vigiar, para não cairmos em tentação. Porque, se eu já estou salvo e não posso perder esta salvação, então para que vigiar, se não há perigo de cair?

"Aquele, pois, que pensa estar em pé veja que não caia". (1Co 10:12)

Alguns dirão que eu sou arminiano porque acredito nisso.

Mas não sou. Não sou arminiano.

Eu já ouvi um teólogo apologeta dizer que nós, cristãos, não temos escolha: ou somos calvinistas, ou arminianos. Disse que não há como negar nenhum destes dois partidos teológicos — ou eu sou calvinista, ou arminiano — porque, se sou cristão, tenho que me encaixar em um destes dois partidos teológicos. Mas eu pergunto: — E os apóstolos, eram calvinistas ou arminianos? Será que Abraão era calvinista? Será que o rei Davi era arminiano? E Moisés, de qual dos dois partidos ele era?

Será que a Palavra nos ensina a tomar algum partido teológico?

Não! Para mim, isso é obra da carne, e não do Espírito. Me poupe!

Quem é João Calvino, e quem é Jacó Armínio?

Por acaso as Escrituras falam acerca de algum deles?

É como o apóstolo Paulo disse: *"Refiro-me ao fato de cada um de vós dizer: Eu sou de Paulo, e eu, de Apolo, e eu, de Cefas..."* (1Co 1:12)

E outra vez ele diz: *"Eu, porém, irmãos, não vos pude falar como a espirituais, e sim como a carnais, como crianças em Cristo. Leite vos dei a beber, não vos dei alimento sólido; porque ainda não podíeis suportá-lo. Nem ainda agora podeis, porque ainda sois carnais, porquanto, havendo entre vós ciúmes e contendas, não é assim que sois carnais e andais segundo o homem? Quando, pois, alguém diz: Eu sou de Paulo, e outro: Eu, de Apolo, não é evidente que andais segundo os homens?"* (1Co 3:1–4)

Eu não sou arminiano, nem calvinista, nem de Paulo, nem de Apolo, nem de Cefas. Eu vivo e ando pela fé em Jesus Cristo, que me leva ao amor e à esperança da vida eterna. Eu creio em Deus e no Senhor Jesus Cristo, o Filho de Deus, o meu Senhor e Salvador. Creio na Palavra de Deus como a única regra e medida de conduta, fé e prática. Dou graças a Deus pela sua Palavra, porque sou livre pelo conhecimento da Palavra de Deus, ainda que eu nada saiba. Porque é só através da Palavra de Deus que sou plenamente liberto, para não ficar preso aos homens e às doutrinas de homens. Porque o homem é falho, e não é bom depender do homem, mas sim de Deus e da sua Palavra, que nos edifica, nos aperfeiçoa e nos dá entendimento e crescimento. Muitos distorcem a Palavra de Deus para defender as ideias de suas doutrinas e teologias, e também de suas respectivas igrejas (instituições). E muitos deliram, sonham, inventam coisas que não estão de acordo com a Palavra de Deus, mas sim de acordo com sua própria vontade carnal, deturpada e totalmente corrompida.

Muitos falsos profetas se levantam para dizer coisas agradáveis ao povo, afagando o ego do povo, dizendo que é Deus quem está falando.

Mas basta ter um pingo de bom senso para não cair em suas mentiras.

Porém, o povo se alegra com suas falsas profecias, porque eles só falam o que o povo quer ouvir, pois a maioria do povo só quer receber bênçãos e prosperidade. Parecem mais uma enciclopédia de autoajuda do que um pregador do evangelho. Porque muitos pregam a Palavra movidos pela ambição e pela ganância. Nunca houve uma igreja tão materialista e gananciosa como nos dias de hoje. Ao invés de a igreja ganhar o mundo para Cristo, o mundo é que está entrando cada vez mais dentro das igrejas (instituições). Muitos crentes só pensam em bens materiais, só pensam nas coisas desta vida. Eles não têm visão de águia, não enxergam longe; suas visões estão limitadas apenas às coisas terrenas. Muitos crentes estão despreparados até mesmo para partir desta vida para a vida eterna; são cristãos que ainda não morreram para o mundo. Estão dentro das igrejas, espiando por cima do muro, cobiçando a glória do mundo.

"Não ameis o mundo nem as coisas que há no mundo." (1Jo 2:15)

Como também diz: *"Se a nossa esperança em Cristo se limita apenas a esta vida, somos os mais infelizes de todos os homens."* (1Co 15:19)

Uma vez eu ouvi um certo pastor pregando. Ele falava para o povo que eles tinham de ter visão de águia; que eles tinham que enxergar longe, tinham de pensar grande. Mas isso, voltado às coisas financeiras, à prosperidade e às coisas terrenas. Mas isso não é ter visão de águia; para mim, isso é ter visão de galinha, que anda ciscando e se contentando com as migalhas que este mundo nos oferece. Mas ter visão de águia é estar com os pensamentos lá no alto, é enxergar longe, além desta vida, além deste plano terreno. É enxergar a vida eterna, o mundo vindouro, a Cidade Santa, a Nova Jerusalém. O lugar onde nós habitaremos para sempre juntamente com o nosso Deus, em Sião, no santo monte de Deus; onde nós reinaremos eternamente com Deus. Porque, pela fé, nós podemos enxergar o Reino de Deus muito além deste plano terreno; podemos criar perspectivas grandiosas e maravilhosas acerca da vida eterna. Podemos sonhar em um dia contemplar a face de Deus, sonhar com a glória celeste.

Porque, assim como a águia voa alto e enxerga longe, assim nós também nos direcionamos para o alto e enxergamos além das nuvens.

Isso é ter visão de águia. Esta deve ser a esperança da igreja.

Os nossos pensamentos devem estar lá no alto, de onde virá o nosso Senhor e Salvador Jesus Cristo, e não aqui na terra, nas coisas deste mundo. *"Portanto, se fostes ressuscitados juntamente com Cristo, buscai as coisas lá do alto, onde Cristo vive, assentado à direita de Deus. Pensai nas coisas lá do alto, não nas que são aqui da terra; porque morrestes, e a vossa vida está oculta juntamente com Cristo, em Deus."* (Cl 3:1–3)

Estamos em um tempo chamado graça, onde a vontade de Deus é salvar o maior número de almas possível. E, de fato, há uma guerra acontecendo entre a luz e as trevas; é tempo de despertar, tempo de voltar ao primeiro amor. Porque a vontade de Deus é salvar, mas o diabo trabalha para nos afastar de Deus e nos levar à perdição eterna.

E a igreja está no meio desta batalha: *"Para que Satanás não alcance vantagem sobre nós, pois não lhe ignoramos os desígnios."* (2Co 2:11)

Não é tempo de guardar rancor e mágoa, nem de julgar o próximo.

Porque Jesus nos ensinou a lavar os pés uns dos outros; não nos ensinou a expor as imundícies e os erros uns dos outros, como vemos hoje na internet — um verdadeiro circo gospel de fofocas nas plataformas digitais. Como Cam, que também não poupou o seu próprio pai Noé; pelo contrário, o expôs à vergonha. Mas seus irmãos, Sem e Jafé, cobriram a vergonha de seu pai — esta sim é uma boa atitude que agrada ao nosso Deus. É claro que existem muitas coisas erradas acontecendo nas igrejas, mas Deus está no controle, e Ele conhece muito bem as suas ovelhas:

"Eu sou o bom pastor; conheço as minhas ovelhas..." (Jo 10:14)

Eu cogito que Cam, Sem e Jafé simbolizam três tipos de homens que há no mundo. Cam simboliza os ímpios; Sem simboliza os justos; Jafé simboliza aqueles que não buscam a justiça que vem de Deus, mas buscam estabelecer a sua própria justiça — são apenas humanos, indiferentes, não são nem ímpios nem justos, nem quentes nem frios: são mornos. E estes são a maioria esmagadora. Qual destes três tipos de pessoa você é?

Mas mesmo que você esteja em uma igreja corrompida e não saiba, e o seu pastor seja um corrupto e você não saiba — não olhe para o homem.

Seja puro e faça a sua parte; seja você mesmo íntegro e fiel.

Porque Deus não é injusto para condenar o justo junto com o ímpio.

Falo isso porque sei que há muitas almas que ainda têm dúvidas: *"Tens, contudo, em Sardes, umas poucas pessoas que não contaminaram as suas vestiduras e andarão de branco junto comigo, pois são dignas."* (Ap 3:4)

Porque Deus nos olha com bons olhos, mesmo sabendo que somos maus e falhos; mas Deus considera as nossas qualidades, e não os nossos defeitos. Se não somos perfeitos, então por que julgamos uns aos outros?

"Não julgueis, para que não sejais julgados." (Mt 7:1)

Porque assim a Palavra nos ensina: *"Quem és tu que julgas o servo alheio? Para o seu próprio Senhor está em pé ou cai; mas estará em pé, porque o Senhor é poderoso para o suster."* (Rm 14:4)

Não sigamos a tal doutrina de Balaão, que é a cobiça, o ciúme e a inveja — o mal que desejamos contra os nossos próprios irmãos em Cristo.

Porque há irmãos que disputam contra outros irmãos e que torcem contra outros ministérios: *"Tenho, todavia, contra ti algumas coisas, pois que tens aí os que sustentam a doutrina de Balaão, o qual ensinava a Balaque a armar ciladas diante dos filhos de Israel, para comerem coisas sacrificadas aos ídolos e praticarem a prostituição."* (Ap 2:14)

Mas nós somos irmãos em Cristo, e a obra de Deus é uma só.

Nós temos o mesmo Deus, o mesmo Senhor, o mesmo Espírito, a mesma Palavra, a mesma fé e a mesma esperança. E nós iremos para o mesmo lugar. Porque, para Deus, o que voga é uma fé sincera e o amor fraternal; porque Ele ama o seu povo, independente da instituição em que o servem. Porque placa de igreja não significa nada para o Senhor.

Estamos em tempo de graça, mas chegará o tempo do Juízo.

E a igreja será a primeira a ser julgada. (1Pe 4:17; 2Co 5:10)

O tempo está próximo, mas Deus é fiel. O nosso Redentor vive: *"Fiel é o que vos chama, o qual também o fará."* (1Ts 5:24)

Precisamos vigiar e orar, pois: *"Os olhos do SENHOR estão em todo lugar, contemplando os maus e os bons."* (Pv 15:3)

Graças a Deus, porque nós temos um Bom Pastor — Jesus Cristo — para nos conduzir com graça, fidelidade, misericórdia, bondade e amor.

Esse é o nosso Deus, e com Ele estaremos seguros para sempre. *"Ele é o nosso Deus, e nós, povo do seu pasto e ovelhas de sua mão."* (Sl 95:7)

Façamos nós a nossa parte.

CAPÍTULO 07

A CHEGADA E O AVANÇO DA INTERNET.

"porque os filhos do mundo são mais hábeis na sua própria geração do que os filhos da luz. [...] muitos correrão de uma parte para outra, e a ciência se multiplicará." (Lc 16:8) (Dn 12:4)

Certa vez, eu ouvi uma discussão entre dois irmãos.

Um dizia que o celular era coisa do diabo; o outro dizia que não, que o celular era coisa de Deus, porque Deus havia dado inteligência ao homem para inventar o celular. De fato, sem o auxílio de Deus, o homem ainda estaria morando em cavernas e se vestindo com peles de animais.

Quando Deus criou o homem, Ele o criou racional e inteligente; mas Deus foi revelando as coisas aos poucos aos homens. Enquanto Deus ia revelando, o homem ia descobrindo; enquanto Deus ia revelando, o homem ia evoluindo: as revoluções industriais, a ciência, a física, a matemática, a tecnologia, a medicina etc. O homem só chegou onde chegou porque Deus deu uma mãozinha para o avanço da humanidade.

Mas e o celular, é de Deus ou do diabo? Jesus disse: *"Dai, pois, a César o que é de César, e a Deus o que é de Deus."* (Lc 20:25)

Nesse caso, Jesus estava falando acerca do tributo, isto é, do imposto que era cobrado — se deveria ser pago ou não a César. E o tributo, que podemos dizer que é o dinheiro, pertencia a César; por isso Jesus disse:

"Dai a César o que é de César."

Sabemos que César era um homem, e que o tributo — que podemos dizer que é o dinheiro — pertencia a César. Com tudo isso, vemos que o dinheiro não pertence a Deus nem ao diabo, mas pertence ao homem.

É coisa do homem, criado pelo homem e para o homem. Assim também é o celular: não é coisa de Deus nem do diabo, mas do homem. E tudo quanto há no mundo que tenha sido criado e inventado pelo homem é do homem e para o homem — seja para o uso do bem ou do mal.

Deus deu a matéria-prima e a revelação, a ciência, a inteligência, o entendimento, o conhecimento, a sabedoria, o talento e a capacidade para o homem chegar onde chegou. E o homem foi evoluindo, crescendo, criando e inventando de acordo com sua criatividade. Mas o homem se ensoberbeceu, pensando que o avanço da humanidade veio pela sua própria capacidade; mas não — o avanço veio da mão de Deus.

Sabemos que o homem tem dentro de si o bem e o mal, porque, quando comeu o fruto proibido no jardim do Éden, desobedecendo à voz de Deus, adquiriu o conhecimento do bem e do mal. Com isso, passou a ter inclinações tanto para o bem quanto para o mal. Mas o homem tem o livre-arbítrio; se não tivesse, Deus seria injusto ao condená-lo. E pode escolher entre o bem e o mal, entre a luz e as trevas, entre Deus e o diabo.

"Vê que hoje coloquei diante de ti a vida e o bem, a morte e o mal. [...]
coloquei diante de ti a vida e a morte, a benção e a maldição." (Dt 30:15,19)

Cabe ao homem escolher o caminho que quer seguir.

Por exemplo: o revólver é uma invenção do homem; nas mãos de uma autoridade honesta e responsável, o revólver é um bem para manter a paz e a ordem entre os homens. Mas, nas mãos de um homem perverso e criminoso, o revólver é um grande mal. Assim também são quase todas as coisas criadas e inventadas pelo homem, que se inclina tanto para o bem quanto para o mal. A internet é uma terra de ninguém, um novo mundo virtual; e as pessoas estão cada vez mais com a cara na tela do celular e do computador. Com a chegada da tecnologia 5G e o aperfeiçoamento da inteligência artificial, o homem está ficando cada vez mais dependente da internet e do mundo virtual e digital, pois eu posso fazer quase tudo pela internet. As pessoas estão viciadas nas redes sociais, tirando fotos e enviando mensagens. E, em busca de seguidores, muitos ostentam uma vida de luxo, exibindo seus altos padrões de vida — e, em muitos casos, é só fake news. Se no passado tais pessoas já demonstravam certos tipos de comportamentos fúteis, agora, com as plataformas digitais e suas redes sociais, piorou bastante. Mais uma grande distração para entreter as pessoas — mais ainda do que o rádio e a televisão. Mas tenho que admitir que há muitas coisas boas e aproveitáveis na internet; mas também há muitas coisas ruins. É aquilo que eu disse antes: quase tudo que o homem inventa tende tanto para o bem quanto para o mal, porque isso faz parte do homem. Mas o mundo jaz no maligno. E o diabo não iria perder a oportunidade de agir através desta ferramenta chamada internet.

Mas também, graças a Deus, existem homens de Deus que usam essa ferramenta para ensinar o povo e anunciar a palavra de Deus, o evangelho da salvação. Também é certo que há muitas baboseiras gospel, muitos falsos testemunhos, muitos escândalos, muitos que usam essa ferramenta para se autopromover. Também há muito besteirol, como até mesmo fofocas do mundo gospel. Há quem não vê maldade nisso, mas é porque não tem entendimento de Deus, ou está com a consciência corrompida.

"Irmãos, não faleis mal uns dos outros." (Tg 4:11)

E sem falar que também há muitos falsos profetas, com suas falsas profecias; profetizando mentiras para tirar dinheiro das ovelhas débeis.

Também há muita disputa teológica, muitos pregadores que dizem ser homens de Deus, trocando farpas entre si. Muitos fazem questão de expor os escândalos do meio cristão, de expor os erros das igrejas, dos cantores gospel, dos pregadores e dos pastores — e eu vejo um grande perigo nisso.

Porque acabam matando a fé de muitos que têm a consciência fraca; e, sem contar com aqueles que estavam prontos para aceitar Jesus, mas, depois do que viram e ouviram na internet, desistiram do Caminho.

Por isso é preciso tomar cuidado com o que se fala, pois a Palavra do Deus vivo, diz: *"Qualquer, porém, que fizer tropeçar a um destes pequeninos que creem em mim, melhor lhe fora que se lhe pendurasse ao pescoço uma grande pedra de moinho, e fosse afogado na profundeza do mar."* (Mt 18:6)

Por isso eu digo: cuidado! Para não desviar ninguém do Caminho.

O diabo tem usado pessoas para escandalizar a obra de Deus através da internet. É preciso tomar cuidado e se abster deste mundo digital, porque cultuar a Deus pelas plataformas digitais, através de uma tela, é algo muito vazio e superficial. Agora, também pela internet, vem surgindo e crescendo um novo movimento de desigrejados, que ensinam às pessoas dizendo que não é mais necessário ir à igreja para servir a Deus.

Mas a Palavra nos ensina a não deixar de congregar. (Hb 10:25)

São pessoas que se decepcionaram com o homem e, por isso, abandonaram a igreja. Mas nós não devemos olhar para o homem, e sim para Deus. Esses desigrejados conhecem a Palavra de Deus e já aprenderam a andar sozinhos (ou pelo menos pensam que sabem andar sozinhos). Mas as ovelhas andam em rebanhos, não andam sozinhas.

Há pessoas que precisam congregar, porque não sabem andar sozinhas — principalmente os que são novos na fé. Também existem os perdidos, que precisam encontrar uma igreja aberta para aceitar Jesus, se converter e ser salvos. A igreja precisa se reunir para servir de testemunho, para que o mundo veja que Deus é real e que está em nosso meio, agindo poderosamente. Existe, sim, uma necessidade de a igreja se reunir para cultuar ao Senhor, para buscar ao Senhor, para adorar ao Senhor, para ouvir a Palavra do Senhor — para se alimentar de Deus, que se faz presente em nosso meio quando a igreja se reúne. (Mt 18:20)

O celular, assim como a televisão, o rádio e muitas outras coisas que há no mundo, quando usados em excesso, sem moderação, geram uma grande distração. E Jesus não nos aconselhou a andarmos distraídos, e sim vigilantes. Não estou dizendo que ter um celular ou assistir à televisão seja pecado. Isso vai depender do que você estiver assistindo, de quanto tempo do teu tempo você fica no celular e na televisão, e de o quanto você é influenciado pelo que vê. Porque a Palavra de Deus nos ensina a ter moderação, pois tudo que é excessivo é concupiscência da carne. Será que você anda tão distraído que mal tem tempo para buscar a Deus?

Todas as coisas são permitidas, mas é preciso haver equilíbrio.

Cada um de nós tem a sua consciência e a sua fé diante de Deus. *"Todas as coisas me são lícitas, mas nem todas convêm. Todas as coisas me são lícitas, mas eu não me deixarei dominar por nenhuma delas."* (1Co 6:12)

Todas as coisas me são lícitas, mas nem todas edificam.

E como um templo mal edificado poderá permanecer de pé?

"Todas são lícitas, mas nem todas edificam." (1Co 10:23)

Muitos ainda não aprenderam que são templos do Espírito Santo, e que suas vidas não pertencem mais a si mesmos, e sim a Deus. Por isso muitos pensam que estão salvos, mas não estão. *"Porque fostes comprados por preço. Agora, pois, glorificai a Deus no vosso corpo."* (1Co 6:20)

A internet é uma fonte de água doce e de água amarga; é preciso saber manuseá-la. Porque quase tudo que provém do homem tem tendência tanto para o bem quanto para o mal. Tudo o que Deus criou é bom, mas o homem não é como Deus. Uma faca afiada é boa para cortar um bom pedaço de carne em um churrasco. Mas essa mesma faca, nas mãos de alguém mal-intencionado e bêbado, pode ser usada para tirar uma vida; tudo depende da inclinação e da intenção do coração do homem.

O que estou querendo dizer é que, se nós andarmos sob a mão de Deus, faremos o bem; mas, se andarmos sob as garras do diabo, faremos o mal.

Existem duas forças que atuam na humanidade: a luz e as trevas, Deus e o diabo. Ignorar isso é covardia espiritual, é tapar o sol com a peneira.

Mas, como temos o livre-arbítrio, podemos escolher entre o bem e o mal, entre a luz e as trevas, entre Deus e o diabo. Eu acredito que todo este avanço da tecnologia — a chegada do 5G, a inteligência artificial, o aperfeiçoamento do metaverso — seja um presságio, anunciando que Cristo está às portas. Não é mais uma teoria da conspiração; é só olhar em volta e ver os sinais do fim dos tempos; porque os sinais são gritantes.

Tudo confirma as revelações da Palavra de Deus.

Nos dias de hoje, o mundo se tornou um parque de diversão: com montanha-russa, carrossel, roda-gigante, tobogã etc. Tudo para nos atrair e distrair, e nos tirar da presença de Deus. E há quem se deixa levar pela ilusão de que realmente há um pote de ouro no final do arco-íris.

Há mesmo quem goste de se iludir, pensando que a mentira o levará à verdade, ou que as trevas o levarão à luz, ou que o diabo o levará a Deus; se é isso que eles querem, deixa que se iludam e desçam ao pó na mentira.

Toda sensualidade e todos os prazeres, toda diversão, todo o colorido, todos os fogos de artifício, toda música, toda dança, todo teatro no palco do mundo... A lona do circo babilônico — isto é, mundano — está armada para atrair a igreja, como uma armadilha mortal.

A Babilônia tem trabalhado com esmero para tornar este mundo irresistível aos nossos olhos, a fim de despertar a nossa cobiça e nos atrair para o seu fetiche sensual, no seu antro de prostituição. *"A grande Babilônia, mãe das prostituições e das abominações da terra."* (Ap 17:5)

Afinal, o que é a Babilônia? A Babilônia veio da torre de Babel, quando o homem intentou erguer uma torre que chegasse até o céu. (Gn 11:1)

Naquela época da construção da torre, a ambição, a ganância e a arrogância do homem começaram a florescer novamente dentro de si, em seu coração. O homem já estava começando a esquecer-se do seu Criador e, na maldade da sua imaginação, o homem também estava começando a querer se tornar independente de Deus, querendo depender apenas de si mesmo, isto é, da força do seu próprio braço. *"Vinde, edifiquemos para nós uma cidade e uma torre cujo topo chegue até os céus, e tornemos célebre o nosso nome, para que não sejamos espalhados por toda a terra."* (Gn 11:4)

Deus queria que os homens se espalhassem sobre a face da terra para povoá-la, mas os homens tinham outros planos. E foi isso que deu início ao espírito da Babilônia: a nossa rebeldia e desobediência. Vendo Deus que a intenção do homem era má, desceu e confundiu a língua de todos os homens, e os planos deles foram frustrados. Tudo virou uma grande confusão, e ninguém mais se entendia. (Como hoje em dia.)

Porque o homem pode até tentar, mas nunca poderá prevalecer contra a vontade de Deus. E a derrota total do homem será no Armagedom.

Sobre a torre de Babel está escrito: *"Eis que o povo é um, e todos têm a mesma linguagem. Isto é apenas o começo; agora não haverá restrição para tudo que intentam fazer. Vinde, desçamos e confundamos ali a sua linguagem, para que um não entenda a linguagem do outro."* (Gn 11:6,7)

Mais à frente, ouvimos falar da Babilônia, que era governada por um rei chamado Nabucodonosor. Este rei levou cativo para Babilônia o povo de Judá e de Jerusalém. A Babilônia se tornou o maior império daquela época; foi o maior império que o mundo já teve até hoje (em soberania).

Era uma terra de comércio (Ez 17:4), onde havia muitos deuses e templos pagãos. Mas o fim do império da Babilônia chegou quando os reinos dos medos e dos persas a invadiram e acabaram com seu império — de repente, da noite para o dia. Mas o espírito e a influência da Babilônia continuam ativos até os dias de hoje, como um vírus que contamina a consciência do homem. Toda confusão religiosa, todo paganismo e toda falsa religião que cega a fé e o entendimento do homem — porque um diz uma coisa, e o outro diz outra, e ninguém se entende. (Como hoje em dia.)

Esta é a grande Babilônia: o mundo que jaz no maligno é a Babilônia.

Todo monopólio, todas as torres altas, todos os impérios erguidos pelos homens (torre de Babel), que querem ser independentes de Deus e dependentes de si mesmos, firmando-se na rebeldia e na desobediência; toda a arrogância dos homens e dos seus impérios que não são aprovados pelo Deus Criador; enfim: a idolatria, a rebeldia, o pecado, os enganos, a busca pela fama, as distrações, o entretenimento, as paixões, a depravação, os prazeres, o glamour, o luxo, a vaidade, a luxúria, a sensualidade, a prostituição, a ganância, a ambição, a cobiça, a injustiça social, a política, a corrupção, o comércio, a concorrência, a corrida pelo dinheiro, a glória do mundo — e toda embriaguez e entorpecimento que a influência da Babilônia traz para a humanidade. Os homens estão enfeitiçados. A Babilônia é a influência mundana, o espírito que move a civilização. Ela é a mulher que está assentada sobre a besta, sobre o espírito do anticristo, que influencia a todos — e também quer nos influenciar. (Ap 17:3,4)

Como está escrito: *"Porque todas as nações beberam do vinho da ira da sua prostituição. Os reis da terra se prostituíram com ela. E os mercadores da terra se enriqueceram com a abundância de suas delícias. E ouvi outra voz do céu, que dizia: Sai dela, povo meu, para que não sejas participantes dos seus pecados e para que não incorras nas suas pragas."* (Ap 18:3,4)

Há quem diga que a Babilônia é Roma, representada pela Igreja Católica Apostólica Romana; outros dizem que é Jerusalém, e em parte é.

Mas eu acredito que a Babilônia é muito mais do que isso.

Na verdade, a Babilônia é o mundo secular onde todos nós vivemos.

Mas o que importa é que a Palavra nos ensina a sair da Babilônia, assim como também nos ensina a não praticar as obras do mundo.

Pra mim, está claro que o mundo e sua civilização, e a Babilônia, são sinônimos — assim como a Serpente e o Dragão, o Diabo e Satanás.

"Nela foi encontrado o sangue dos profetas, dos santos e de todos os que foram mortos na terra." (Ap 18:24)

Mas nós, que amamos e buscamos a Deus, aguardamos a queda da Babilônia: *"Caiu! Caiu a grande Babilônia..."* (Ap 18:2)

E esperamos um novo céu e uma nova terra. (Ap 21:1)

Que Deus tenha misericórdia de nós e nos ajude.

"Portanto, vede prudentemente como andais, não como néscios, e sim como sábios, remindo o tempo, porque os dias são maus." (Ef 5:15,16)

Porque a Babilônia ficou grávida de novo e deu à luz uma filha — e o seu nome é Internet. E nós sabemos o quanto a web e suas plataformas digitais têm se tornado, cada vez mais, um hábito viciante e totalmente doentio. É como brincar com fogo: uma hora você acaba se queimando.

Assim também não é bom se expor demasiadamente nas redes sociais, através das plataformas digitais, porque o mal está à espreita. E muitas vidas têm sido destruídas, porque a internet é como a Babilônia: uma mulher bem dissimulada, uma prostituta sedutora e devassa.

Pela facilidade que ela nos proporciona, dando voz ativa a todos, até mesmo o evangelho tem sido banalizado por causa da internet.

Porque, quem tem boca fala o que quer, e muitos, querendo ser mestres e profetas, ensinam cada coisa que só mesmo pelo sangue de Jesus.

De fato, o mal está feito na web. Por isso, não é bom se alimentar dos muitos e variados ensinamentos deturpados que existem na internet.

Porque você pode passar mal e ter uma indigestão, por ingerir tantas bobagens e asneiras, tantas mentiras, tantos enganos e tantos erros.

A tela do celular e do computador está revelando o pior das pessoas.

Se eu fosse você, meteria o dedo na garganta e vomitaria tudo o que não presta, e ficaria apenas me alimentando da Palavra de Deus. Porque o que importa é ser cheio do Espírito Santo e cheio do conhecimento da Palavra de Deus — em oração e jejum, em santidade e pureza, na retidão, na constância, na fé, no amor e na esperança. O resto são alimentos pouco nutritivos. *Pois esta é a vontade de Deus: a vossa santificação...* (1Ts 4:3)

Cuidado com a internet! "Perto está o Senhor." (Fp 4:5)

Aqueles que se expõem em demasia e buscam seguidores nas suas redes sociais estão buscando glória para si mesmos, fama, sucesso e reconhecimento — e isso gera dinheiro. Eles querem ser vistos, querem ser ouvidos, querem ser seguidos, querem ser aplaudidos, querem se mostrar, querem cativar através das lives que fazem: tudo por pura vaidade.

Mas, de fato, a internet tem sido uma ferramenta promissora para tornar vários pregadores e cantores gospel ricos e famosos. E o pior é que, quanto mais famosos eles ficam, mais caro cobram para pregar ou cantar nas igrejas — e as igrejas lotam. Pelo poder de Deus ou pelo poder da fama adquirida pela internet? Não sei. Só sei que muitos se corromperam e estão fazendo como o mundo faz. Não são servos de Deus; são apenas artistas do show gospel. Mas, felizmente, também existe o lado bom da internet. Existem aqueles que são sinceros e querem servir ao Senhor e ganhar almas. Porque, assim como existe o trigo, também existe o joio.

Porém, o Senhor sabe quem é o trigo e também sabe quem é o joio.

Mas, para não falarem que é heresia, vou dizer que é apenas uma teoria. Tire você a conclusão.

CAPÍTULO 08

DAS TREVAS PRA LUZ, DA LUZ PARA AS TREVAS, DAS TREVAS PRA LUZ.

"Confessei-te o meu pecado e a minha maldade não encobri; dizia eu: Confessarei ao SENHOR as minhas transgressões; e tu perdoaste a maldade do meu pecado. [...] E a graça de nosso Senhor superabundou com a fé e o amor que há em Jesus Cristo. Esta é uma palavra fiel e digna de toda aceitação: que Cristo Jesus veio ao mundo, para salvar os pecadores, dos quais eu sou o principal." (Sl 32:5) (1Tm 1:14,15)

Faço minhas as palavras do apóstolo Paulo, porque eu também me considero o principal e o maior dos pecadores. Porque, no passado, eu me converti dos meus maus caminhos, aceitei Jesus e conheci a Palavra de Deus. Mas acabei me desviando dos retos e justos caminhos do Senhor.

Voltei para o mundo e fiz o que era mau aos olhos do Senhor; cometi muitos pecados, muitos erros, muitas maldades e muitas abominações — maiores do que no passado, antes de ser lavado pelo sangue do Cordeiro.

E o meu último estado se tornou pior do que o primeiro. (2Pe 2:20)

Me viciei no álcool, nas drogas, na vida noturna; me deixei levar pelos desejos impuros da minha carne, fui traiçoeiro e não considerei a vontade de Deus. Me desviei do Caminho, mas não me desviei de repente — fui me desviando pouco a pouco; e foram as raposinhas, ou seja, os pecadinhos, que foram me levando a esfriar na fé e no amor. *"E, por se multiplicar a iniquidade, o amor se esfriará de quase todos."* (Mt 24:12)

Deixei de vigiar e fui me afastando cada vez mais do Senhor. E, quando percebi, já estava longe, atolado em pecados. E o pecado é a única coisa que pode nos afastar de Deus. Sou um verdadeiro filho pródigo, e não me orgulho dessa fase sombria e deplorável da minha vida. Eu virei as costas para Deus e fui para o mundo, onde comi o pão que o diabo amassou.

"Tu lhes respondeste, ó SENHOR, nosso Deus; foste para eles Deus perdoador, ainda que tomando vingança dos seus feitos." (Sl 99:8)

O Senhor não me deixou sem punição, mas permitiu que eu fosse castigado por causa da minha rebeldia e da minha maldade. *"Foi bom eu ter passado pela aflição, para que aprendesse os teus decretos."* (Sl 119:71)

Porque tudo o que nós plantamos, nós colheremos.

Quanto sofrimento há para os que se desviam dos caminhos do Senhor; eu sou prova disso. Mas, pela graça de Deus e pelas muitas misericórdias do Senhor Jesus, eu consegui voltar para a estrada de Sião — mas não foi nada fácil. Porque é mais fácil uma pessoa que nunca ouviu o evangelho se arrepender e alcançar a salvação do que aquele que conheceu o evangelho, mas acabou se desviando dos caminhos da verdade e da justiça.

Porque, quando eu estava longe da presença de Deus, no mundão, eu até sentia vontade de voltar e me consertar com Deus, mas não conseguia.

Foi preciso muita força de vontade e renúncia para me converter novamente e, mais uma vez, ser renovado pela graça e pela bondade de Deus. *"Tu perdoaste a maldade do meu pecado."* (Sl 32:5)

Muitos se desviam e não conseguem mais voltar, mas, graças a Deus, eu voltei à razão e consegui voltar a tempo, antes que o inimigo ceifasse a minha alma. Há um rapaz que eu conheci na rua, quando eu estava longe dos caminhos do Senhor, porque eu cheguei a me tornar um morador de rua, devido ao meu vício em álcool e drogas. E esse rapaz, que até chegou a beber e a usar drogas comigo, também era desviado dos caminhos do Senhor. Eu me lembro de ter falado a ele que tinha vontade de voltar para a igreja. Mas ele me disse: — *Esquece, porque é impossível que aquele que se desvia dos Caminhos do Senhor consiga voltar novamente para Deus.*

E ele me disse isso se baseando na passagem que está em Hebreus, capítulo seis em diante, que diz assim: *"Pois é impossível que aqueles que uma vez foram iluminados, experimentaram o dom celestial e se tornaram participantes do Espírito Santo, e experimentaram a boa palavra de Deus e os poderes do mundo vindouro, e caíram, sejam outra vez renovados para o arrependimento; visto que eles estão crucificando de novo o Filho de Deus e expondo-o à vergonha pública."* (Hb 6:4-6)

De fato, é impossível que eu seja salvo permanecendo longe do caminho do Senhor. É impossível ser salvo apostatando da fé. Deus não poderá se arrepender do seu justo juízo; não poderá deixar de me condenar se eu permanecer na rebeldia. A minha justiça do passado e as minhas obras do passado de nada valerão; não poderão me justificar nem me livrar do inferno. Eu preciso me arrepender e voltar para Deus. Eu preciso me converter e abandonar o erro; assim, novamente, serei renovado para o arrependimento do juízo de Deus e alcançarei a graça e o perdão mediante o sangue de Cristo. Como a Palavra nos revela: *"Nem haja algum impuro ou profano, como foi Esaú, o qual, por um repasto, vendeu o seu direito de primogenitura. Pois sabeis também que, posteriormente, querendo herdar a bênção, foi rejeitado, pois não achou lugar de arrependimento, embora, com lágrimas, o tivesse buscado."* (Hb 12:16-17)

Esaú não achou lugar de arrependimento da parte de Deus; e nem nós iremos achar, se permanecermos em rebeldia. Precisamos nos arrepender e nos converter do nosso mau caminho; precisamos voltar para o Senhor.

Assim, nós seremos salvos novamente. Dou graças a Deus pela sua graça e misericórdia, que estão em Cristo Jesus, pois foi o que aconteceu comigo. Depois de haver caído em si, eu me converti dos meus maus caminhos e voltei para o Senhor, pela sua graça e pela sua misericórdia.

Voltei com muita dificuldade, porque não foi nem um pouco fácil.

Tive que me quebrantar e me humilhar aos pés do Senhor; eu sei que não merecia, mas alcancei graça e perdão novamente. Sei que nada sou e que nada mereço, mas, pela graça e pela misericórdia de Deus, eu voltei.

Porque Deus é bom e fiel, e a sua Palavra diz: *"E o que vem a mim, de modo nenhum o lançarei fora."* (Jo 6:37)

O Senhor me acolheu de novo, mesmo sem eu merecer.

Quantas vezes o Senhor me livrou da morte, quantos perigos, quantas loucuras; uma vez, muito louco de crack, queimei a Bíblia e tentei me enforcar. Quanta fidelidade e misericórdia Deus demonstrou a mim!

Se não fosse a sua longanimidade, paciência, tolerância e bondade, eu jamais poderia estar aqui, dando este testemunho. Me lembrei de um caso que aconteceu comigo. Eu já tinha bebido muito e, no caminho da pensão onde eu morava, acabei me deitando na calçada e dormindo. De madrugada, despertei com alguém me cutucando, me chamando pra levantar. Então eu me levantei e fui com aquela pessoa, embora eu não soubesse muito bem o que estava fazendo, pois a minha percepção estava nebulosa; por isso, eu não conseguia ver quem estava me acompanhando.

Eu estava tipo delirando, sabia que tinha alguém comigo, mas não conseguia ver quem era; mas não era uma visão, era real. E essa pessoa falava que tinha drogas e queria usar drogas comigo na pensão onde eu morava. Então eu fui com aquela pessoa até a pensão e entrei no quarto com ela, com a finalidade de usar drogas (fumar crack). Mas, ao entrar no quarto e fechar a porta, aquela pessoa me pegou por trás e começou a me sufocar, me dando uma gravata, e eu comecei a sufocar e perder o ar.

Foi quando me lembrei de Deus e comecei a clamar por Jesus, dizendo:

— *Jesus, tem misericórdia de mim!*

Então aquela pessoa me largou e saiu correndo, atravessando as paredes. Então eu vi que era um espírito maligno tentando me matar. Mas, mesmo depois desse acontecimento, eu ainda continuei por muito tempo longe dos caminhos do Senhor; eu estava cego, era como se tivesse uma venda nos meus olhos. Por isso, posso dizer que sou um milagre vivo; creio que o Senhor tinha um plano para minha vida. É como está escrito: *"Bem sei que tudo podes, e nenhum dos teus planos pode ser frustrado."* (Jó 42:2)

Eu não sei o que o Senhor viu em mim; e também sei que não mereço o seu amor incondicional — de fato, eu sei que não mereço. Mas Deus é bom, e o seu amor dura para sempre. *"Rendei graças ao Senhor, porque ele é bom, e a sua misericórdia dura para sempre."* (Sl 107:1)

De fato, Deus é bom, e as suas misericórdias se renovam a cada manhã.

E também está escrito:

"Aquele, pois, que pensa estar em pé, veja que não caia." (1Co 10:12)

Jesus disse que aquele que perseverar até o fim será salvo.

"Vigiai e orai, para que não entreis em tentação..." (Mt 26:41)

Por mais que eu pensasse estar firme com Deus, acabei caindo.

Em algum momento, fiquei desatento e subestimei as artimanhas do inimigo; deixei de vigiar e orar, e comecei a me inclinar para o mundo.

O diabo é como aquele amigo falso que, no começo, te dá três tapinhas nas costas e te apresenta todo tipo de prazer; mas depois ele puxa o seu tapete e te apunhala por trás. Só Jesus é o verdadeiro Amigo Fiel.

Hoje, graças a Deus, estou firme — pelo menos até agora — porque sei que não posso confiar em mim mesmo. Mas agora, mais do que nunca, preciso vigiar, orar, jejuar, buscar, ler a Palavra e não deixar o fogo do Espírito se apagar. Porque o fogo do altar deve permanecer aceso de dia e de noite, todos os dias. Como a Palavra de Deus nos revela: *"O fogo arderá continuamente sobre o altar; não se apagará."* (Lv 6:13)

E o altar que estava derrubado em meu coração, eu reergui ao Senhor; o fogo não pode apagar, mas precisa continuar aceso. Porque a carne é fraca, por isso preciso queimá-la com as brasas do altar. A caminhada para a terra prometida é longa; eu preciso perseverar para não morrer no deserto. Ao contrário do que muitos pregadores pregam, eu não creio que a promessa da terra prometida esteja neste mundo que jaz no maligno.

Terra que mana leite e mel — um prato cheio para os adeptos da doutrina da prosperidade e da teologia coaching, que acende a cobiça do povo. Mas eu acredito que nós estamos no deserto. E a terra prometida é a nossa entrada no descanso de Deus, que é a nossa salvação: a vida eterna.

Que também representa o sétimo dia, em que Deus descansou de todas as suas obras aqui na terra. E também nós iremos descansar de todas as nossas obras terrenas — tipo um sábado eterno. O sábado simboliza o dia do descanso: o dia do nosso descanso eterno na presença de Deus.

Este é o verdadeiro significado do sábado: não é guardar um dia da semana, mas sim manter e guardar a esperança de entrar para sempre no descanso de Deus. E por causa dessa esperança de entrar no descanso de Deus, nós nos santificamos e buscamos ao Senhor — na esperança de estar eternamente na santa presença de Deus. Porque só Deus é santo.

E todos os seres criados por Deus são santificados em sua santidade — sejam os santos anjos, ou sejamos nós, o seu povo. *"Quem poderia estar perante o SENHOR, este Deus santo?"* (1Sm 6:20)

Não sei de onde tiraram esta doutrina: — *Uma vez salvo, sempre salvo.*

Porque não é isso que a Palavra de Deus nos revela.

De onde tiraram esta doutrina que diz que a salvação é incondicional?

Não, a salvação não é incondicional — nós temos que fazer a nossa parte. De onde tiraram esta doutrina que diz que a graça de Deus é irresistível? De fato, a graça de Deus é irresistível para aqueles que não a resistem; mas, para aqueles que a resistem, não é irresistível. Porque Deus não é como um ladrão que chega arrombando a porta; pelo contrário, Ele bate. Se a pessoa abrir, Ele entra; se ela não abrir, Ele vai embora.

Porque a vontade de Deus é que todos se arrependam de suas maldades e sejam salvos — é isso que a Palavra nos ensina, ou pelo menos é isso que eu entendi. Mas esta doutrina tem deixado muitos crentes acomodados.

Porque, se eu já estou salvo, pra que lutar pela minha salvação?

Pra que vigiar, se não há perigo de cair?

E muitos não são nem quentes, nem frios, mas mornos. (Ap 3:16)

Porque existem pessoas desviadas dentro das igrejas e não sabem; caíram no profundo sono da morte e se tornaram almas religiosas.

Elas precisam despertar do sono!

Mas eu dou graças a Deus por ter vencido mais um dia, permanecendo no amor e na fé, na retidão e na piedade, na pureza e na esperança, na constância e na perseverança — firme na presença do meu Senhor Jesus.

Por hoje eu não vou pecar; não sei o dia de amanhã. *"Pois o amanhã trará os seus cuidados; basta ao seu dia o seu próprio mal."* (Mt 6:34)

Mas eu continuarei a me humilhar diante do Senhor, e ainda hei de me humilhar mais ainda. Porque, se não fosse pelo sangue do Cordeiro, eu estaria perdido. Como compreender a grandeza do amor de Deus?

O amor de Deus excede todo entendimento. (Ef 3:19)

Glória a Deus pela sua justiça, que está no nosso Senhor, Salvador e Redentor Jesus Cristo. *"Irmãos, quanto a mim, não julgo havê-lo alcançado; mas uma coisa faço: esquecendo-me das coisas que para trás ficam e avançando para as que diante de mim estão, prossigo para o alvo, para o prêmio da soberana vocação de Deus em Cristo Jesus."* (Fp 3:13-14)

Só mesmo pelo sangue do Cordeiro. Só mesmo pela graça e pela misericórdia de Deus. *"Ela dará à luz um filho e lhe porás o nome de Jesus, porque Ele salvará o seu povo dos pecados deles."* (Mt 1:21)

Maravilhoso Deus, maravilhosa graça. Não devo nada à humanidade, senão o amor; mas a minha dívida com Deus é eterna. A minha vida não pertence a mim mesmo — por um alto preço eu fui comprado, pelo sangue do Cordeiro. Sou escravo de Cristo para sempre e, como Paulo, também sou prisioneiro de Cristo; porém, sei que não chego aos pés de Paulo.

Por isso, a minha dívida com Deus é eterna, pois não tenho como pagar; Ele pagou um alto preço por mim, e por você também — por todos nós. Nós nada merecíamos; contudo, Deus nos provou a sua bondade.

"Então, por isso, Pilatos tomou a Jesus e mandou açoitá-lo. Os soldados, tendo tecido uma coroa de espinhos, puseram-lha na cabeça e vestiram-no com um manto de púrpura. Chegavam-se a Ele e diziam: Salve, rei dos judeus! E davam-lhe bofetadas. [...] Mas Ele foi traspassado pelas nossas transgressões e moído pelas nossas iniquidades; o castigo que nos traz a paz estava sobre Ele, e pelas suas pisaduras fomos sarados." (Jo 19:1-3) (Is 53:5)

— Graças te dou, ó Deus! Por ter me resgatado novamente.

"Qual, dentre vós, é o homem que, possuindo cem ovelhas e perdendo uma delas, não deixa no deserto as noventa e nove e vai em busca da que se perdeu, até encontrá-la? Achando-a, põe-na sobre os ombros, cheio de júbilo. [...] Digo-vos que, assim, haverá maior júbilo no céu por um pecador que se arrepende..." (Lc 15:4-5,7)

Que a boa e perfeita vontade de Deus seja sempre feita em minha vida, e jamais a minha. Pois não posso confiar no meu próprio coração. Em mim não há nada de bom, por isso não posso confiar em mim mesmo.

"Cura-me, SENHOR, e serei curado; salva-me, e serei salvo; porque Tu és o meu louvor." (Jr 17:14)

A minha confiança e esperança estão em Deus — somente em Deus — e não em mim mesmo. Porque eu conheci o meu lado obscuro e vi o quanto sou capaz de praticar o mal; mas eu me arrependo e lamento muito pelos meus pecados. *"Ó SENHOR, a vergonha pertence a nós..."* (Dn 9:8)

Não posso voltar ao passado, não posso desfazer o que já foi feito; mas posso aprender com os meus erros, para não voltar a praticá-los. *"Não nos deixes entrar em tentação; mas livra-nos do mal."* (Mt 6:13)

Na verdade, o Senhor se compadeceu de mim, estendeu a sua mão e me socorreu na minha calamidade. Eu também sou grato ao Senhor pela vida da minha mãe, que foi um anjo de Deus em minha vida. Das trevas pra luz, da luz para as trevas, das trevas pra luz. Pra cair basta estar em pé.

"Aquele, pois, que pensa estar em pé, veja que não caia." (1Co 10:12)

De fato, a porta para a salvação é estreita, e o caminho para a Vida é apertado. E, quando nós tentamos alargar essa porta e esse caminho, o resultado favorece o inimigo, que, com prazer, puxa o nosso tapete, nos fazendo tropeçar e cair. E longe de Deus, nós nos tornamos uma presa fácil. Não devo nada à humanidade, senão o amor; mas a minha dívida com Deus é eterna. Que assim seja.

CAPÍTULO 09

UM SIMPLES COOPERADOR.

Servir a Deus é uma honra, a maior de todas as honras. *"Pois de Deus somos cooperadores; lavoura de Deus, edifício de Deus sois vós."* (1Co 3:9)

Um simples cooperador, é isso que eu sou; nada além de um simples cooperador. É isso que eu peço a Deus em minhas orações: que o Senhor me torne útil para servi-lo e me faça um cooperador da sua obra.

Como Ele disse a Pedro e a André:

"Vinde após mim, e eu vos farei pescadores de homens." (Mt 4:19)

Eu sei que não sou grande coisa, conheço as minhas limitações e a minha pequenez. Nada sou; sou o menor entre os homens e o último dos últimos. Estou escrevendo este livro confiando em Deus, e não em mim mesmo, porque capacidade eu não tenho nenhuma. Não sou instruído, não sou graduado e não estudei teologia. O que faço, faço pela fé e pelo poder do Espírito Santo. Como o apóstolo Paulo disse: *"A minha palavra e a minha pregação não consistiram em linguagem persuasiva de sabedoria, mas em demonstração do Espírito e de poder, para que a vossa fé não se apoiasse em sabedoria humana, e sim no poder de Deus. [...] Porque o reino de Deus consiste não em palavra, mas em poder."* (1Co 2:4-5) (1Co 4:20)

Sou um semianalfabeto, mal completei o ensino fundamental, mas assim como Deus usa os grandes, também usa os pequenos. Existe um ditado que não é bíblico, mas não deixa de ser verdadeiro, que diz:

— *Deus não escolhe os capacitados, mas capacita os escolhidos.*

Porque, se o Senhor Jesus estivesse interessado em usar apenas mestres e doutores instruídos, Ele não teria escolhido simples pescadores, semianalfabetos, que pouco conheciam da lei, para serem seus apóstolos.

Concordo que o apóstolo Paulo era um homem instruído na lei, mas Pedro não era. E Deus usou tanto um quanto o outro.

Porque é Deus quem opera tudo em todos. (1Co 12:6)

E se alguém pensa ser capacitado para servir a Deus, não se vanglorie em si mesmo, porque é pela graça e pela misericórdia de Deus, somente.

Como diz a Palavra: *"Mas, pela graça de Deus, sou o que sou; e a sua graça, que me foi concedida, não se tornou vã; antes, trabalhei muito mais do que todos eles; todavia, não eu, mas a graça de Deus comigo."* (1Co 15:10)

Sendo assim, não há motivo algum para o homem se gabar em si mesmo, porque tudo vem de Deus, pela sua graça e misericórdia, e pelos seus dons irrevogáveis. *"Porque sem mim nada podeis fazer."* (Jo 15:5)

Na verdade, quanto mais o homem é instruído na letra, e quanto mais ele cresce em conhecimento e entendimento, mais arrogante ele se torna.

E também há aqueles que batem no peito e dizem: — *Eu sou profeta!*

Tá bom. Me engana que eu gosto, pra cima de moá.

Porque é como está escrito: "*Porque não é aprovado quem a si mesmo se louva, e sim aquele a quem o Senhor louva.*" (2Co 10:18)

Quando João Batista foi interrogado, ele não se gabou dizendo ser um profeta: "*Então, lhe perguntaram: Quem és, pois? És tu Elias? Ele disse: Não sou. És tu o profeta? Respondeu: Não.*" (Jo 1:21)

Mas o próprio Senhor Jesus disse que João era um grande profeta: "*Um profeta? Sim, eu vos digo, e muito mais que profeta.*" (Lc 7:26)

João não se exaltou, mas o próprio Senhor o exaltou — isso sim é válido. E o profeta Amós também disse: "*Eu não sou profeta, nem discípulo de profeta, mas boieiro e colhedor de sicômoros.*" (Am 7:14)

Porque o verdadeiro profeta jamais se vangloria em si mesmo.

Existem também as celebridades gospel, cantores e pregadores que cobram um absurdo para se apresentar nas igrejas. Eles ganham, em uma hora, mais do que muitas ovelhas ganham num ano. Eu não sei quem é pior: o que cobra ou o que paga. Porque os dízimos e as ofertas do povo são para a manutenção da igreja, para o crescimento da obra de Deus, para serem gastos em evangelização, para suprir a obra missionária e abrir novas igrejas. O dinheiro dos dízimos e das ofertas do povo também é para as obras sociais, para ajudar os mais pobres e necessitados.

Não é para enriquecer pregadores e cantores, nem para dar uma vida de luxo a esses que se dizem servos de Deus. Porque, como eu poderia cobrar alguma coisa, isto é, estipular um preço para servir ao meu Senhor?

Sendo que Jesus disse: "*De graça recebestes, de graça dai.*" (Mt 10:8)

Esses que cobram, que colocam um preço alto para servir ao Senhor, não são servos de Cristo — são mercenários, caçadores de recompensa, que topam fazer tudo por dinheiro. Ou, simplesmente, profissionais liberais da obra de Deus, que colocam um preço para realizar o seu trabalho. É claro que a Palavra diz que aquele que prega o evangelho também deve viver do mesmo, porém de modo justo e honesto. (1Co 9:14)

"*Não atarás a boca do boi, quando pisa o trigo.*" (1Co 9:9)

Mas uma coisa é viver do evangelho; outra coisa é querer ficar rico à custa do evangelho. Porque Jesus disse que o trabalhador é digno do seu salário — não disse que o trabalhador é merecedor das riquezas do mundo. "*O amor ao dinheiro é raiz de todos os males...*" (1Tm 6:10)

Mas, então, o que devo fazer para servir a Deus sem cobrar, sendo que tudo neste mundo é movido pelo dinheiro, e eu preciso me alimentar e pagar as minhas contas? Ora, Deus é fiel e conhece a minha necessidade.

Se for a vontade de Deus que eu prospere no mundo, eu hei de prosperar naturalmente, segundo a vontade de Deus, sem precisar forçar.

Se algum líder de uma igreja grande ou pequena me chamar para pregar ou cantar na sua igreja, eu irei, sem nenhum problema.

Se ele me perguntar: — *Quanto você cobra para vir até aqui pregar?*

Eu direi ao líder da instituição religiosa: — *Não cobro nada; não posso colocar um preço para servir o meu Deus. Eu irei pregar ou cantar na sua igreja, e você me dá uma ajuda financeira para me auxiliar no meu ministério, de forma que eu não venha a ser um peso, nem para a igreja, nem para a obra de Deus. Porque eu não posso despojar a noiva de Cristo.*

Falarei assim à igreja que me chamar: — *Se o senhor puder me ajudar com vinte reais, eu pegarei os vinte reais e sairei feliz, porque fiz a vontade de Deus. Se o senhor puder me ajudar com dois mil reais, eu pegarei os dois mil reais e sairei feliz, porque fiz a vontade de Deus. Mas se o senhor puder me ajudar com trezentos reais, eu pegarei os trezentos reais e sairei feliz, porque fiz a vontade de Deus. E, se o senhor puder me ajudar com vinte mil reais, eu pegarei os vinte mil reais e sairei feliz, porque fiz a vontade de Deus.*

Mas não posso cobrar, nem colocar um preço ou valor para servir ao meu Senhor. Assim direi ao líder da instituição que me convidar: — *Me ajude de acordo com o que o Senhor nosso Deus colocou no teu coração, porque Deus conhece as minhas necessidades e sabe tudo o que eu preciso.*

Isso é depender de Deus, e não do dinheiro. Isso é viver pela fé.

"Mas o justo viverá da fé." (Rm 1:17)

Não quero criticar nem julgar ninguém, porque Deus é quem nos julgará. Também não quero dizer que sou bom e perfeito, porque eu nada sou, e em mim não há nada de bom. De fato, são pelas misericórdias de Deus que nós não somos consumidos; não há perfeição nenhuma no homem — só Deus é bom e perfeito. Muitos crentes criticam as imagens de escultura da Igreja Católica Apostólica Romana, e de fato, é mesmo uma abominação. Mas qual é a igreja perfeita, que não comete erros?

As igrejas neopentecostais não idolatram os santos, mas muitos idolatram o dinheiro, a prosperidade e os bens materiais. São materialistas, cobiçam a glória deste mundo e só pensam nas coisas desta vida. Também existem as igrejas calvinistas, protestantes, que estão presas ao legado de João Calvino — congeladas no tempo, porque não podem ultrapassar as normas do calvinismo. *"Compra a verdade e não a vendas; compra a sabedoria, a instrução e o entendimento."* (Pv 23:23)

Da mesma forma, os Adventistas do Sétimo Dia estão presos ao legado de Ellen White. Porque essa mulher ou era muito inocente e acreditava que tudo o que vinha em sua imaginação era revelação de Deus, ou ela era mesmo muito mentirosa. *"E não permito que a mulher ensine..."* (1Tm 2:12)

Eles vivem numa espécie de prisão literária, algemados aos ensinos e às teologias de certos indivíduos que escreveram livros ditando regras e normas de como ser um bom cristão. Pode até ser que esses escritores tivessem boas intenções, mas acabaram criando uma prisão literária, pois muitos se tornaram cativos dos seus ensinos. São pessoas que rejeitam a liberdade que há em Cristo, através do evangelho, para viver uma fé acorrentada nos estatutos, normas e doutrinas de suas instituições.

Mas só mesmo pela Palavra de Deus nós podemos ser livres de verdade.

Também existem as Testemunhas de Jeová, que negam a divindade de Jesus, como também negam o Espírito Santo. Não vou nem falar dos Mórmons, porque eles seguem outro evangelho, que é um mito, uma lenda criada pela imaginação de Joseph Smith — claro que com a ajuda do Enganador. *"Mas, ainda que nós ou mesmo um anjo vindo do céu vos pregue evangelho que vá além do que vos temos pregado, seja anátema. Assim como já dissemos, e agora repito: se alguém vos prega evangelho que vá além daquele que recebestes, seja anátema."* (Gl 1:8-9)

É pela falta de conhecimento da Palavra de Deus que muitos caem como moscas na teia da aranha. São almas que caem nos enganos e nos erros dos homens; elas só podem se libertar através da verdade.

Mas o pior é que muitos não querem a verdade — preferem a mentira, o engano, o erro e a ilusão. E também existe o tal reteté de algumas igrejas pentecostais, muitas vezes exagerado e desordeiro, pendendo mais para a carnalidade do que para o fogo do Espírito. Porque é como a Palavra diz:

"Mas tudo seja feito com decência e ordem." (1Co 14:40)

(Os cultos estranhos e mistificados crescem cada vez mais.)

Não estou dizendo que não podemos louvar e dar glórias a Deus, e adorá-lo em alto e bom som — sim, nós devemos exaltar o nosso Deus.

Mas também é necessário ter bom senso e discernimento para distinguir o que é da carne e o que é do Espírito. Na verdade, não há nenhuma instituição que seja perfeita. Mas, apesar dos erros das igrejas, Deus está em todas. Aliás, todas que confessam a divindade de Jesus como o Filho de Deus e creem no único e verdadeiro evangelho. E agora, vou dizer algo que certamente vai arrepiar os cabelos de muitos: as mulheres pregadoras que lideram o culto nas igrejas. Se não estivesse escrito nada acerca do erro que é a mulher ensinar e pregar na igreja, eu não teria nada contra.

Assim como também não teria nada contra as igrejas homossexuais, se nada estivesse escrito na Palavra de Deus que o homossexualismo é uma abominação para o Senhor. Mas está escrito, e eu creio na veracidade da Palavra imutável de Deus. Elas também dizem que creem, mas não parece.

Porque o mundo muda, e as pessoas também mudam, e falando particularmente, eu também mudei; mas Deus é imutável, o Santo de Israel não muda, nem tampouco a sua Santa Palavra. (Tg 1:17; Ml 3:6)

O homem e a mulher, diante de Deus, têm o mesmo valor; mas o papel do homem é um, e o da mulher é outro. A Palavra nos ensina que Cristo é o cabeça do homem, e o homem é o cabeça da mulher. (1Co 11:3)

Deus criou o homem para servi-lo; depois, criou a mulher para auxiliar o homem. Não estou dizendo que a mulher não pode servir ao Senhor — claro que pode — mas é um erro querer assumir o papel do homem, que é liderar o culto e a igreja. Os exemplos bíblicos são claros: sempre, desde a época da Lei, nunca houve mulher sacerdotisa servindo no altar; o serviço do altar sempre pertenceu ao homem, o sacerdote. Também o próprio Senhor escolheu doze apóstolos para liderarem a igreja; e, veja, havia mulheres que serviam ao Senhor. E quando Judas Iscariotes traiu o Senhor e, logo depois, se suicidou, sua vaga entre os doze apóstolos ficou em aberto. Maria, mãe de Jesus, poderia ter se levantado e dito: — *Eu serei apóstola, sou a mãe do Senhor, quem recebeu mais graça do que eu?!*

Mas não. Outro homem, chamado Matias, entrou entre os doze no lugar de Judas. Porque Deus não errou ao escolher Maria. Maria era uma mulher humilde e submissa, e ela preferiu servir ao Senhor de forma anônima, sem chamar muita atenção para si. Creio eu que, se fosse Débora no lugar de Maria, ela teria sido apóstola. (Jz 4:1-24)

Mas Deus é perfeito e sabe de todas as coisas, e Ele não errou ao escolher Maria. Creio que ela foi tentada a se exaltar, mas não se exaltou.

"Bem-aventurada aquela que te concebeu, e os seios que te amamentaram." (Lc 11:27)

Porque, sendo Maria submissa e humilde como era, servindo ao Senhor sem chamar muita atenção para si, por ser a mãe do Senhor, foi aclamada pelos homens como rainha e senhora pela Igreja Católica Apostólica Romana. Imagina se ela tivesse sido apóstola e realizado grandes sinais e milagres; ou se houvesse escrito muitas cartas doutrinando os cristãos, como o apóstolo Paulo escreveu, ou até mesmo escrito um evangelho segundo Santa Maria. Ela teria sido uma deusa, até mesmo para nós, os evangélicos; seria um ídolo para nós, assim como é para os católicos.

Ok! Talvez eu esteja exagerando. Mas o fato é que é um erro a mulher ensinar e pregar no altar da igreja, liderando a igreja e o culto ao Senhor.

Porque Cristo é o cabeça do homem, e não da mulher. *"Conservem-se as mulheres caladas nas igrejas, porque não lhes é permitido falar; mas estejam submissas, como também a Lei o determina."* (1Co 14:34)

E também está escrito: "*A mulher aprenda em silêncio, com toda submissão. E não permito que a mulher ensine, nem exerça autoridade de homem; esteja, porém, em silêncio.*" (1Tm 2:11-12)

Palavra do apóstolo Paulo? Não, Palavra de Deus.

Porque Deus é fiel, por isso Ele nos revela: "*É que, tendo vós recebido a palavra que de nós ouvistes, que é de Deus, acolhestes não como palavra de homens, e sim como, em verdade é, a palavra de Deus...*" (1Ts 2:13)

Algumas mulheres dirão: — *Essa é a coisa mais machista que eu já ouvi.*

Eu, porém, digo a elas: — *Me poupe desse feminismo doentio e diabólico!*

Porque é a palavra de Deus, e não a minha. Mas outras mulheres dirão: — *Mas e quanto às quatro filhas de Filipe, que profetizavam?* (At 21:8-9)

Mas o que é profetizar? Profetizar é transmitir a palavra de Deus.

As mulheres podem profetizar quando estiverem evangelizando alguém, ou até mesmo na vida de um irmão ou de uma irmã da igreja, em particular; ou, em um dado momento do culto, ela pode entregar uma profecia. Mas é um erro subir no altar para ensinar e pregar na igreja, liderando a igreja e o culto ao Senhor, exercendo a autoridade do homem.

"*E Adão não foi iludido, mas a mulher, sendo enganada, caiu em transgressão.*" (1Tm 2:14)

É um erro a mulher liderar a igreja no lugar do homem, porque Cristo é o cabeça do homem, e o homem é o cabeça da mulher. (1Co 11:3)

Não é machismo — o papel do homem é servir a Deus e liderar em sua obra, e a mulher auxilia o homem na obra de Deus. Este feminismo que se vê nos dias de hoje é diabólico, não vem de Deus. Será que ninguém percebe que, quanto mais esse feminismo cresce, também crescem os feminicídios? Porque, lá no fundo, elas não querem apenas igualdade de gênero, mas querem superioridade de gênero. Me diz se isto é justo: por que será que elas podem ser feministas, mas eu não posso ser machista?

Mas Deus colocou o homem por cabeça da mulher; tentar mudar isso é rebeldia contra o Criador. Eu sei que as mulheres até têm boas intenções, mas Deus não nos pede boas intenções, e sim que obedeçamos à sua Palavra. O rei Saul também tinha boas intenções, mas o SENHOR não queria boas intenções, e sim obediência. (1Sm 15:1-31)

E também Uzias, rei de Judá, quando se tornou poderoso, errou ao se exaltar, e teve a boa intenção de queimar incenso ao SENHOR.

Mas as boas intenções humanas não condizem com a justiça de Deus.

É como diz certo ditado, que não é bíblico, todavia não deixa de ser um ditado verdadeiro: — *De boas intenções o inferno está cheio.*

A Palavra diz sobre o rei Uzias:

"Mas, havendo-se já fortificado, exaltou-se o seu coração para a sua própria ruína, e cometeu transgressões contra o SENHOR, seu Deus, porque entrou no templo do SENHOR para queimar incenso no altar do incenso. Porém o sacerdote Azarias entrou após ele... [...] e resistiram ao rei Uzias e lhe disseram: A ti, Uzias, não compete queimar incenso perante o SENHOR, mas aos sacerdotes, filhos de Arão..." (2Cr 26:16-18)

Enfim, acham que sou herege? Podem me chamar de herege.

Mas não sou eu que estou passando por cima da Palavra de Deus.

E a Palavra do Senhor Jesus também diz: *"Eis a razão por que há entre vós muitos fracos e doentes, e não poucos que dormem."* (1Co 11:30)

Essa palavra não é apenas para os que tomam a santa ceia indignamente, mas também para todos os rebeldes que cultuam a Deus de qualquer jeito, à sua própria maneira, e não de acordo com a sua Palavra.

"muitos fracos e doentes, e não poucos que dormem." (1Co 11:30)

Esses que dormem não representam a morte literal do corpo, porque todos nós vamos morrer um dia, mais cedo ou mais tarde — tanto o ímpio como o justo. Mas essa morte de que Paulo fala é a morte espiritual; ou seja, a pessoa está viva aparentemente, mas espiritualmente está morta. *"Conheço as tuas obras, que tens nome de que vives e estás morto."* (Ap 3:1)

Porque o que enfraquece a igreja são os nossos próprios erros.

É necessário derrubar os altares da idolatria e da rebeldia, e andar na presença de Deus com um coração fiel, íntegro e sincero diante do Senhor.

"Tornei-me, porventura, vosso inimigo, por vos dizer a verdade?" (Gl 4:16)

Não estou dizendo que essas mulheres não são de Deus — sim, são mulheres de Deus. Mas estão cometendo um grande erro, se antecipando na carne, se precipitando e tomando a frente do Espírito Santo do Senhor.

É tempo de graça; Deus não vai julgar certos tipos de erros agora.

Mas, quando chegar o dia do tribunal de Cristo, Ele julgará todos os nossos erros que cometemos nesse tempo de graça. Mas agora é tempo de salvação, e não de juízo; por isso Ele não julgará certos tipos de erros agora. Porque os erros que nós cometemos nas igrejas abrem brechas para o inimigo entrar e operar na vida das ovelhas, debilitando a igreja.

Precisamos tapar os buracos que nós mesmos abrimos no muro da igreja; precisamos nos arrepender e voltar para a Palavra de Deus.

Porque sempre há tempo para se consertar.

Porque o homem nem tanto, mas a mulher — ela gosta de falar por natureza, e como gosta! Coloque um microfone na mão dela, e você terá uma profetisa. Por isso, eu acho um erro quando se fala de pastora e bispa.

Mas é claro que há casos que são à parte, porém, são poucos.

Entretanto, não são poucas as mulheres que têm se levantado para falar pelos cotovelos — e isso atrás do púlpito da igreja. Mas quem sou eu para falar desse modo? Pois ainda sou mais inútil do que todas as mulheres.

Porque é por causa de homens inúteis como eu, que nada fazem pela Obra, que Deus permite que mulheres se levantem para fazer aquilo que é obrigação dos homens. Homens inúteis que nada fazem pela obra de Deus.

Como foi o caso de Débora, que viveu em um tempo em que os homens de atitude estavam escassos no tocante aos serviços do Senhor.

É como diz um certo ditado: — *Se não tem tu, vai tu mesmo.*

Sendo assim, se as mulheres pregadoras estão erradas, eu também estou errado em ser um inútil. Quem sou eu para falar de algo ou de alguém, se eu também não sou perfeito? Pelo contrário, sou um inútil preguiçoso.

Quem sou eu? Não sei. Não compreendo muitas coisas — o meu autismo não permite. Porém, sei que não sou bom, nem santo, e tampouco inocente. Nem eu mesmo sei o que sou; só sei que nada sou e que nada sei.

Só Deus é bom e perfeito. Sou apenas um simples cooperador: o menor de todos; sou pequeno, imperfeito, falho, fraco, atrasado, lento, limitado, incapacitado, pobre e necessitado. Será que estou sendo dramático?

Não, não estou sendo dramático. Mas, para não falarem que é heresia, vou dizer que é apenas uma teoria. Tire você a conclusão.

CAPÍTULO 10

SÓ MESMO PELA FÉ E PELA GRAÇA.

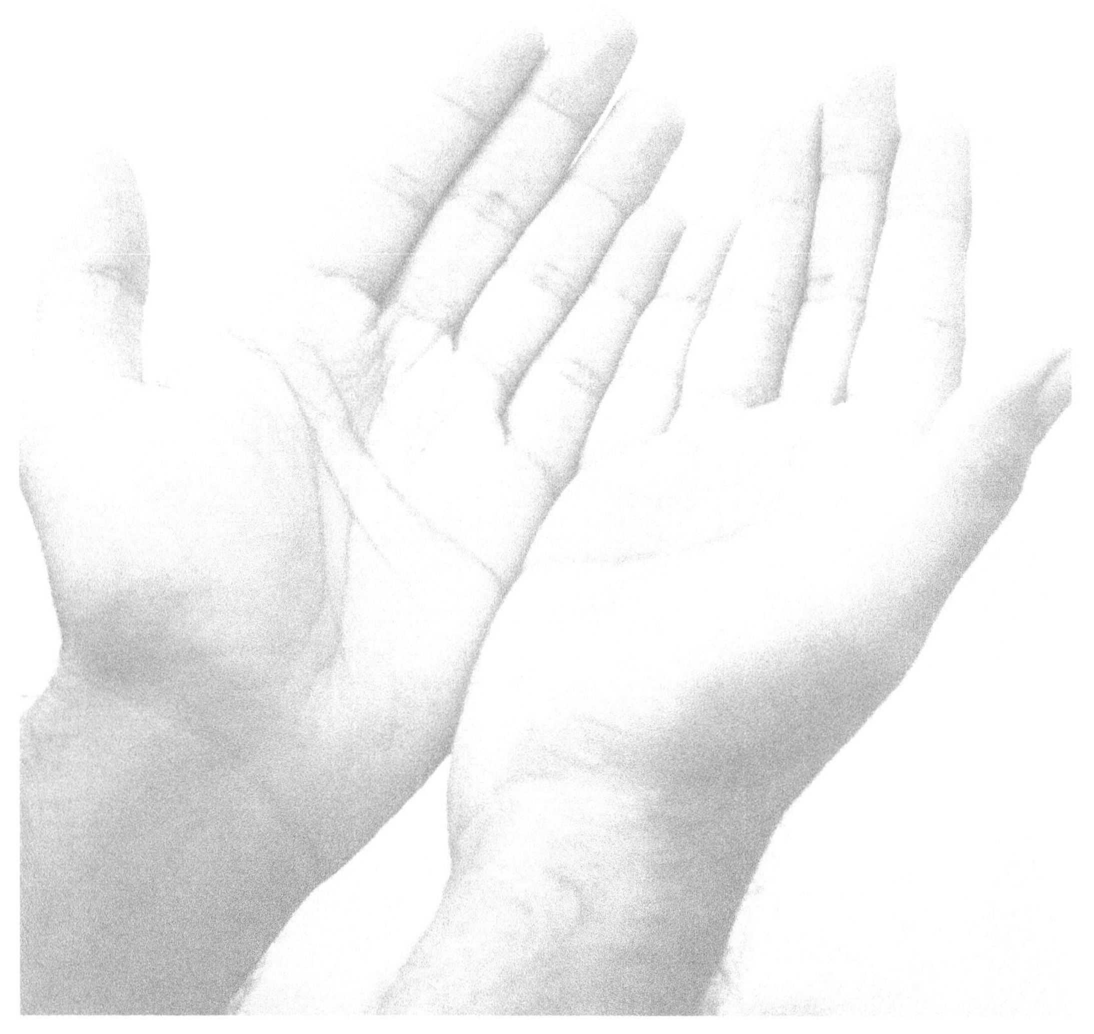

"Porque pela graça sois salvos, por meio da fé, e isto não vem de vós, é dom de Deus... [...] Posso todas as coisas naquele que me fortalece. [...] porque sei em quem tenho crido...[...] Eu sou pobre e necessitado, porém o Senhor cuida de mim; tu és o meu amparo e o meu libertador; não te detenhas, ó Deus meu!" (Ef 2:8) (Fp 4:13) (2Tm 1:12) (Sl 40:17)

Só mesmo pela fé e pela graça, porque eu sou um verme; sou apenas um pedaço de caco de um vaso que foi despedaçado. Não sou nada e não sou ninguém; sou pó, e ao pó retornarei. *"Que é o homem mortal, para que te lembres dele? E o filho do homem, para que o visites?"* (Sl 8:4)

Mas, pelo sangue do Cordeiro, eu me achego ao Trono da graça de Deus, não pelos meus méritos nem pela minha justiça, mas pela justiça do meu Salvador Jesus Cristo, que tomou sobre si os meus pecados.

Não me canso de me humilhar diante do meu Redentor — meu Maravilhoso Conselheiro e meu Mestre, que me aconselha e me ensina as suas veredas de justiça. O meu bom Pastor, que me conduz aos pastos verdejantes e me leva para junto das águas de descanso. O Pão que desceu do céu, que me alimenta. A Fonte da água viva, que sacia a minha sede.

A Porta que me leva ao paraíso; a Luz que me ilumina. O meu Sumo Sacerdote, segundo a ordem de Melquisedeque, que faz expiação pelos meus pecados todos os dias. Pois sei que sou fraco e falho; e sei que, todos os dias, cometo pecados — consciente ou inconscientemente.

"Se dissermos que não temos pecado nenhum, a nós mesmos nos enganamos, e a verdade não está em nós." (1Jo 1:8)

Estou escrevendo este livro pela fé e pela graça, somente.

Se acontecer de este livro ser publicado, será pela vontade de Deus — e não pela minha desenvoltura como escritor ou conhecimento teológico.

Porque eu nada sou e nada sei, e a minha maneira de escrever o texto é simples e razoável; porque eu não sou um escritor profissional, como você já deve ter reparado. É um trabalho bruto, tosco e amador, indigno de um prêmio Nobel. Só mesmo pela mão de Deus! Mas eu creio no meu Mestre.

Os planos do Senhor não podem ser frustrados; se este projeto é de Deus, será bem-sucedido. *"Porque eu, o SENHOR, teu Deus, te tomo pela tua mão direita e te digo: Não temas, que eu te ajudo."* (Is 41:13)

Porque é desta forma que eu quero servir ao Senhor:

— Não por ganância, nem por fama, nem por orgulho próprio, nem por vaidade, nem por inveja, nem por ciúme, nem para agradar aos homens, nem para buscar a glória que vem dos homens, nem a glória do mundo; mas para a glória de Deus, e por amor — para a edificação da igreja e para a salvação dos que estão perecendo e precisam ser salvos.

Que a vontade de Deus seja feita, e jamais a minha.

Este é o meu slogan e o meu lema. Assim eu sigo pela fé e pela graça.

Porque Deus sabe que não estou buscando glória para mim mesmo, mas estou buscando fazer a vontade do Pai. Deus sabe que a minha vontade é cooperar com Ele em Sua obra. E, se este livro cooperar para ajudar uma alma, ou para ajudar a salvar uma alma, já terá valido a pena; porque uma alma não tem preço. Sei o quanto sou vaidoso e egoísta, mas, mesmo sendo mau, consigo sentir o amor e a bondade de Deus em minha vida. Graças a Deus. Quisera eu ser perfeito para agradar ao meu Deus em tudo, mas não sou. Pois sou complicado, tal como este versículo: *"Porque eu sei que em mim, isto é, na minha carne, não habita bem nenhum, pois o querer o bem está em mim; não, porém, o efetuá-lo. Porque não faço o bem que prefiro, mas o mal que não quero, esse faço. [...] Desventurado homem que sou! Quem me livrará do corpo desta morte?"* (Rm 7:18,19,24)

Realmente, se não fosse pelo sangue do Cordeiro, não haveria chance para mim, nem para mais ninguém. Como diz a Palavra viva de Deus: *"e não condenes o teu servo, porque ninguém é justo diante de ti."* (Sl 143:2)

Mas não vou desanimar na fé; pelo contrário, vou continuar buscando a face do Senhor, porque Jesus vive — como diz a letra da canção:

Porque Ele vive, posso crer no amanhã; porque Ele vive, temor não há...

Porque Cristo foi morto pelos nossos pecados e ressuscitou para nossa justificação. Me alegrarei e exultarei no Senhor, meu Deus; permanecerei firme na fé e na esperança de alcançar a vida eterna. Como Jacó segurou o homem (anjo), assim eu também me agarrarei ao meu Senhor Jesus.

Porque Deus é Maravilhoso — sim, Sua maravilhosa graça me basta.

Me apegarei ao Senhor, e permanecerei no Seu amor, na Sua bondade, na Sua fidelidade, na Sua justiça, na Sua graça e na Sua misericórdia.

O mundo não sabe o que está perdendo: a verdadeira vida e o verdadeiro sentido da vida — o Senhor Jesus Cristo, o Filho de Deus e o nosso Senhor e Salvador. Ele é fiel em Suas promessas. *"Pois fartou a alma sedenta e encheu de bens a alma faminta... [...] Porque desde a antiguidade não se ouviu, nem com os ouvidos se percebeu, nem com os olhos se viu Deus além de ti, que trabalha para aquele que nele espera."* (Sl 107:9) (Is 64:4)

Longe do Senhor não há vida. E como poderia haver? Ele é o Autor da vida — a única, verdadeira, eterna e inesgotável Fonte da vida, de onde jorram as águas da vida. Só em Deus pode haver vida, em Deus, somente.

"Se envelhecer na terra a sua raiz, e no chão morrer o seu tronco, ao cheiro das águas brotará e dará ramos como a planta nova." (Jó 14:8,9)

Como também disse o apóstolo Pedro:

"Então perguntou Jesus aos doze: Porventura quereis também vós outros retirar-vos? Respondeu-lhe Simão Pedro: Senhor, para quem iremos? Tu tens as palavras da vida eterna..." (Jo 6:67,68)

Para onde eu irei, longe da presença do meu Deus?

Para o mundo? O mundo é mau e jaz no maligno.

E, depois que a minha vida curta e insignificante expirar, para onde eu irei? A vida eterna está somente no Senhor Jesus Cristo, o Rei da glória.

Fiquei sabendo que, há um tempo atrás, um conhecido meu se matou — pegou uma arma e deu um tiro na própria cabeça, dentro da casa da sua própria mãe. Quando recebi essa notícia, senti muito por ele; embora fosse apenas um conhecido, porque nós não éramos muito chegados.

Mas lamentei por esse acontecimento. Ele era da Bahia, estive com ele poucas vezes, e até bebemos juntos no passado. Qual é a razão de um homem tão jovem e saudável fazer isso com a própria vida? Na verdade, esse tipo de desgraça acontece todos os dias, neste mundo tenebroso que jaz no maligno. Assistimos às notícias nos jornais e vemos que muitas coisas semelhantes a essas acontecem, mas não ligamos muito — um pouco, talvez. Mas, quando acontece com alguém conhecido, algum amigo ou parente, ou até mesmo com alguma celebridade famosa da mídia, então sentimos muito e ficamos perplexos. Isso porque nós somos egoístas e só pensamos em nós mesmos. Por que será que é tão fácil fazer fofocas e falar mal da vida dos outros, e tão difícil perdoar as ofensas dos que nos ofenderam? É fácil julgar, mas é difícil admitir os nossos erros quando estamos errados. Porque, quem é aquele que não quer estar certo o tempo todo e ser a voz da verdade? Eu já disse uma vez e repito: o homem tem uma mente criativa, uma imaginação fértil e um coração enganoso.

É preciso tomar muito cuidado com nós mesmos. *"Cuida de você mesmo e tenha cuidado com o que ensina. [...] O que confia no seu próprio coração é insensato, mas o que anda em sabedoria será salvo."* (1Tm 4:16) (Pv 28:26)

Às vezes, posso pensar que estou certo, mas, na verdade, estou errado — isso é algo muito comum no homem: estar enganado consigo mesmo.

Como a Palavra de Deus nos revela: *"Há caminho que ao homem parece direito, mas ao cabo dá em caminhos de morte."* (Pv 14:12)

Eu não conheço a mim mesmo, por isso não posso confiar em mim mesmo. Como a Palavra nos ensina: *"Quem é que pode discernir as próprias faltas? Absolve-me das que me são ocultas."* (Sl 19:12)

Eu já cheguei a pensar que era um homem bom, mas Deus me mostrou que eu estava errado. Também já cheguei a pensar que sabia de todas as coisas, mas Deus me mostrou que eu não sabia de nada e, até hoje, não sei.

De fato, enganoso é o coração do homem. (Jr 17:9)

"E desesperadamente corrupto; quem o conhecerá?" (Jr 17:9)

Às vezes, Deus precisa nos espremer como se espreme uma espinha, para tirar todo o suco da maldade que há em nós. Esse processo não é muito agradável — é doloroso. Deus forja, sim, o nosso caráter, como o cuteleiro forja uma espada. É necessário passar o aço pelo fogo, depois dar muitas pancadas com o martelo sobre a bigorna, para dar a forma desejada à espada. Assim, Deus também nos forja — através do fogo e das pancadas — mas faz isso para o nosso bem, a fim de nos disciplinar.

"Eu repreendo e castigo a todos quantos amo; sê, pois, zeloso e arrepende-te. [...] Porque o Senhor corrige o que ama e açoita a qualquer que recebe por filho. Se suportais a correção, Deus vos trata como filhos; porque que filho há a quem o pai não corrija?" (Ap 3:19) (Hb 12:6,7)

Depois de haver tirado o povo de Israel do Egito, Deus os levou para o deserto, a fim de disciplinar o povo, humilhá-los e prová-los. *"Recordar-te-ás de todo o caminho pelo qual o SENHOR, teu Deus, te guiou no deserto estes quarenta anos, para te humilhar, para te provar, para saber o que estava no teu coração, se guardarias ou não os seus mandamentos."* (Dt 8:2)

É verdade que Deus não quer filhos mimados. Deus está mais interessado em moldar o nosso caráter e nos tornar dignos da vida eterna do que em nos abençoar e nos encher de mimos. Ser abençoado é a vontade de todos, é claro. Afinal, quem é que não quer receber um mimo de Deus? Mas não podemos nos tornar mimados — como aquela criança que ganhou um brinquedo e ficou muito feliz. Mas, quando viu o brinquedo da outra criança, que era maior e mais bonito, jogou o seu brinquedo fora e começou a chorar e a espernear, querendo também um brinquedo igual ao daquela outra criança. Nós lemos a Bíblia no Antigo Testamento e vemos como os filhos de Israel foram obstinados e rebeldes.

E muitos de nós nos revoltamos com aquele povo tão ingrato.

Mas será que nós não somos como eles? Hoje temos luz elétrica, água encanada e potável, saneamento básico, internet, eletrodomésticos e todos os benefícios da vida moderna. Será que, se estivéssemos no lugar deles — depois que saíram do Egito e foram levados para o deserto, onde caminharam por quilômetros, fatigados, com fome e com sede — nós também não iríamos murmurar como eles murmuraram?

Nós, que já estamos acostumados com as facilidades da vida moderna, às vezes somos ingratos e reclamamos sem razão alguma, e por motivo fútil — como uma criança mimada e pirracenta. Na verdade, as facilidades da vida moderna nos tornaram uma geração mimada.

Eu sei que há pessoas que se desesperam quando o sinal do Wi-Fi não está funcionando, pois não conseguem mais viver sem o celular. O celular se tornou, tipo, uma espécie de ídolo para muitas pessoas — não todas, mas muitos já não sabem mais viver sem o seu brinquedinho digital, sem o aparelho que não sai da sua mão nem da sua fronte. O que isso te lembra?

Muitos crentes conseguem passar dias sem buscar a Deus, sem orar e sem ler a Palavra; mas não conseguem ficar duas horas sem o celular.

Isso é uma triste realidade. É incrível como as pessoas se apegam e se tornam dependentes de coisas superficiais, ao invés de se tornarem dependentes do Único e Verdadeiro Deus — Sublime, Maravilhoso, Bendito e Eterno. Somos tão maus quanto aquele povo que saiu do Egito; porque é fácil dar glória a Deus quando tudo vai bem, mas, quando as coisas vão mal, nós reclamamos e murmuramos — e por motivo fútil. Jesus não foi morto na cruz para nos dar luxo e bênçãos. É claro que Deus nos abençoa — e muito mais do que nós merecemos. Mas Jesus morreu na cruz para pagar o preço dos nossos pecados e nos dar a vida eterna.

Esta é a esperança e a glória da igreja: a vida eterna. Mas eu já ouvi um bispo dizer: — *Se o Senhor não me der prosperidade e uma vida financeira abençoada, então é melhor o Senhor me matar e me levar logo para o céu.*

É verdade, eu ouvi isso. Esse bispo exala ganância. E outra vez o ouvi ensinando ao povo a não aceitar a miséria, porque, se Deus é rico, nós também devemos ser. Mas a Palavra viva nos ensina: *"Tendo sustento e com que nos vestir, estejamos contentes. Ora, os que querem ficar ricos caem em tentação, e cilada, e em muitas concupiscências insensatas e perniciosas, as quais afogam os homens na ruína e perdição."* (1Tm 6:8,9)

Em quem eu devo acreditar? Nesse bispo, que diz ser cheio do Espírito Santo, mas também é cheio de cobiça e ganância — ou na Palavra de Deus? Mas Deus é fiel, e, se nós andarmos conforme a Sua vontade, Ele jamais nos deixará passar necessidade. Porque Ele mesmo prometeu:

"Não andeis, pois, a indagar o que haveis de comer ou beber, e não vos entregueis a inquietações. Porque os gentios de todo o mundo é que procuram estas coisas; mas vosso Pai sabe que necessitais delas. Buscai, antes de tudo, o seu Reino, e estas coisas vos serão acrescentadas." (Lc 12:29–31)

Onde está a fé e a confiança da igreja?

Entretanto, o Senhor também abençoa e faz prosperar muitos homens fiéis, para que eles possam cooperar com os seus bens em favor de Sua obra — como colunas da obra de Deus, que financiam a Sua obra.

E isso é dom de Deus. Mas nem todos têm o mesmo dom.

Porque existem pobres que, se ficarem ricos, se corrompem.

Está escrito: *"A uns estabeleceu Deus na igreja, primeiramente, apóstolos; em segundo lugar, profetas; em terceiro lugar, mestres; depois, dons de curar, socorros, governos, variedades de línguas."* (1Co 12:28)

O que quer dizer "socorros", senão aqueles que suprem as necessidades da casa de Deus com seus bens financeiros? Mas nem todos têm o mesmo dom, porque é Deus quem distribui os dons conforme a Sua boa vontade.

O tipo de ensino daquele bispo é o que enche o coração de muitos de ganância e cobiça, e os deixa mimados — tipo "filhinho de papai".

Mas eu repito: Deus está mais interessado em nos disciplinar e em forjar o nosso caráter, para nos fazer pessoas melhores, dignas da vida eterna, do que em nos abençoar e nos presentear, nos enchendo de mimos — como se quisesse comprar o nosso amor, nos tornando filhos mimados.

"Isso é prova clara do justo julgamento de Deus, para que sejais considerados dignos do Reino de Deus, pelo qual sofreis." (2Ts 1:5)

Porque Deus quer, sim, nos tornar pessoas melhores. Mas, se Deus quiser me dar ricas bênçãos, me tornando rico e próspero, amém — eu aceito. Mas, se Deus quiser que eu tenha uma vida simples e humilde, amém também; que seja feita a vontade de Deus, e não a minha. Porque onde estiver o meu tesouro, ali também estará o meu coração. (Mt 6:21)

E o meu tesouro é o Senhor Jesus — a minha pérola de grande valor, que vale muito mais do que toda a glória que o mundo possa me oferecer.

Porque, de que vai adiantar eu ganhar o mundo inteiro, mas, no final, acabar perdendo a minha alma e a minha salvação? (Mc 8:36)

"Afasta de mim a falsidade e a mentira; não me dês nem a pobreza nem a riqueza; dá-me o pão que me for necessário, para não suceder que, estando eu farto, te negue e diga: Quem é o Senhor? Ou que, empobrecido, venha a furtar e profane o nome de Deus." (Pv 30:8,9)

Mas, na verdade, seremos todos ricos quando estivermos na glória de Deus — no Seu Reino e na Cidade Santa, no Seu Santo Monte.

Como o próprio Senhor Jesus disse acerca do profeta João Batista:

"E eu vos digo: entre os nascidos de mulher, ninguém é maior do que João; mas o menor no Reino de Deus é maior do que ele." (Lc 7:28)

Isso nos revela a grandeza do Reino de Deus. Porque, se João Batista, como homem neste mundo, era grande diante de Deus — e o menor aqui na terra, lá no Reino de Deus, é maior do que João — isso quer dizer que, no Reino de Deus, ninguém é pequeno. E, se João Batista já era grande aqui na terra, diante de Deus, imagina lá no Reino de Deus.

A grandeza do Reino de Deus não se compara com esta vida.

Por isso, enquanto estivermos neste plano terreno, neste corpo carnal e corrupto, sigamos o exemplo do nosso Mestre Jesus — que foi pobre e nos ensinou a não cobiçar as riquezas deste mundo. *"Eis que o teu Rei virá a ti, justo e Salvador, pobre e montado sobre um jumento..."* (Zc 9:9)

Porque a doutrina da prosperidade, e também a teologia coaching, não se encaixam muito com o evangelho que Jesus ensinou. Não que essas teologias estejam totalmente erradas, porque Deus realmente abençoa o Seu povo, fazendo-os prosperar. Mas nós temos que amar a Deus, e não o dinheiro; temos que confiar em Deus, e não nas riquezas; temos que nos apegar apenas ao nosso Deus. Porque muitos têm a consciência fraca e acabam se corrompendo, tornando-se gananciosos demais. Porque, quando um rico aceita Jesus e se converte dos seus maus caminhos, ele pode continuar sendo rico numa boa — pois o dinheiro não irá corrompê-lo. Mas, quando um pobre se converte e vira um ganancioso, começando a se preocupar em ficar rico, esse com certeza irá se corromper com o cifrão.

Mas Jesus disse: *"Não podeis servir a Deus e às riquezas. [...] Não acumuleis para vós outros tesouros sobre a terra..."* (Mt 6:24) (Mt 6:19)

E também disse: *"É mais fácil passar um camelo pelo fundo de uma agulha do que entrar um rico no Reino de Deus."* (Mc 10:25)

E também: *"Exorta os ricos do presente século que não sejam orgulhosos, nem depositem a sua esperança na instabilidade da riqueza, mas em Deus, que tudo nos proporciona ricamente para nosso aprazimento..."* (1Tm 6:17)

Mas muitos dizem: — *E quanto a Abraão, Isaque, Jacó, José do Egito, Jó, Davi, Salomão? Todos esses foram homens prósperos e ricos.*

Sim, mas esses homens, em primeiro lugar, buscaram fazer a vontade de Deus. Eles não andavam com ganância desenfreada, preocupando-se em ficar ricos. Pois Deus gosta que as coisas aconteçam naturalmente, com equilíbrio. Se for por Sua vontade que eu seja rico, eu serei; sem precisar forçar a barra. Pois Deus, que é Soberano, quis abençoá-los e torná-los ricos e prósperos — porque Deus dá o dom a quem Ele quer. E sem falar que eles viviam em uma época bem diferente da nossa. As coisas eram bem mais simples; o processo evolutivo da mente humana, naquela época, não se compara com os dias de hoje. Por exemplo: o homem podia ter várias mulheres — coisa que, nos dias de hoje, é pecado. Pois, além de várias mulheres, ele também podia ter várias concubinas, se fosse um nobre e tivesse condições de mantê-las. O que, trazendo para os dias de hoje, seriam amantes. Mas tudo isso, porém, de uma forma legal — ou seja, desde que as mulheres fossem apenas de um homem.

A mentalidade da humanidade naquela época era outra.

Porque eles ainda não tinham a revelação de Deus por completo. Mas, chegando a plenitude dos tempos, Jesus surgiu trazendo a revelação do evangelho, que nos revela a plena vontade de Deus para o homem.

Pra mim, parece que muitos cobiçam e invejam as riquezas e o estilo de vida daqueles homens do passado; mas não é porque eles foram ricos que eu também tenho que ser rico. Deus abençoa quem Ele quiser. É ou não é?

Mas a Palavra de Deus revela a real intenção do coração do homem:

"Pois a Palavra de Deus é viva e poderosa e corta mais do que qualquer espada afiada de dois lados. Ela vai até o lugar mais fundo da alma e do espírito, vai até o íntimo das pessoas e julga os desejos e pensamentos do coração delas." (Hb 4:12)

Quem sou eu para colocar Deus contra a parede e pressioná-Lo, dizendo que Ele é obrigado a me abençoar como abençoou aqueles homens do passado? Isso é cobiça, ganância, arrogância, prepotência — isso é tentar o Senhor. *"Não tentarás o Senhor, teu Deus."* (Mt 4:7)

A Palavra também diz: *"O homem fiel será cumulado de bênçãos, mas o que se apressa a enriquecer não passará sem castigo."* (Pv 28:20)

Mas eles não olham para a vida dos profetas e dos apóstolos, que foram homens desprovidos de riquezas e de bens materiais — exceto o profeta Daniel. Mas eu creio que o profeta Daniel ajudava muito os seus irmãos que estavam exilados na Babilônia, porque a Palavra diz que Daniel era um homem muito amado por Deus. (Dn 10:11)

Mas muitos, nos dias de hoje, só querem prosperar para o seu bel-prazer. Não pensam em ajudar ninguém, senão a si mesmos. Não estou querendo ser um moralista, porque sei que sou mau e imperfeito — do alto da cabeça até as plantas dos meus pés. Eu nada sou, e nada tenho, senão a graça. Mas eu sei que no mundo não há verdade, no mundo não há luz, no mundo não há vida, no mundo não há justiça, no mundo não há liberdade, no mundo não há igualdade, no mundo não há paz.

No mundo tudo é ilusão, tudo é vaidade, tudo é uma mentira, tudo é fantasia, tudo é trevas — e as trevas cegam a visão das pessoas. Porque, quando as imaginações do meu coração se multiplicam, os meus sonhos crescem, e a vontade de ser bem-sucedido me arrasta para o mundo.

Sinceramente, eu não sei se sonhar é uma coisa boa. Para o mundo, pode até ser — porque o mundo vive para si mesmo. Mas não para nós, cristãos. Nós vivemos para fazer a vontade de Deus, e não a nossa.

Pois Jesus disse para negarmos as nossas vontades: *"Se alguém quiser vir após mim, negue-se a si mesmo, e tome a sua cruz, e siga-me."* (Mc 8:34)

Ora, os nossos sonhos também fazem parte das nossas muitas vontades.

Na verdade, a prosperidade que vem de Deus significa uma boa qualidade de vida — e, no porvir, a vida eterna. E a Palavra verdadeira do Deus verdadeiro também diz: *"Melhor é uma mão cheia com descanso do que ambas as mãos cheias com trabalho e aflição de espírito."* (Ec 4:6)

Diz o ditado: — *O pouco com Deus é muito, e o muito sem Deus é nada.*

A Palavra de Deus está repleta de textos que reprovam a ganância:

"Não te fatigues para seres rico; não apliques nisso a tua inteligência. Porventura, fitarás os olhos naquilo que não é nada? Pois, certamente, a riqueza fará para si asas, como a águia que voa pelos céus." (Pv 23:4,5)

E também diz: *"Melhor é o pouco, havendo o temor do SENHOR, do que grande tesouro onde há inquietação."* (Pv 15:16)

E o nosso grande Mestre Jesus também disse: *"Porque a vida é mais do que o alimento, e o corpo, mais do que as vestes."* (Lc 12:23)

Mas há aqueles que distorcem a Palavra de Deus para se justificar em sua ganância. Cada vez mais isso vem acontecendo. O mal já está feito, mas não me deixarei levar por esta tendência; não permitirei que a cobiça cegue os meus olhos. Só mesmo pela graça e pela misericórdia, porque:

"O mundo inteiro jaz no Maligno." (1Jo 5:19)

A nossa vida é como a névoa que logo se dissipa; não podemos saber o que o amanhã nos trará. O dinheiro é uma falsa segurança; só Deus pode nos dar plena e verdadeira segurança — e segurança eterna. Só Deus pode nos dar o descanso eterno. *"Mas Deus lhe disse: Louco, esta noite te pedirão a tua alma, e o que tens preparado, para quem será? Assim é aquele que para si ajunta tesouros e não é rico para com Deus."* (Lc 12:20,21)

Mas eu também sou falho e cheio de defeitos; só Deus é bom e perfeito.

E, no meu caso, só mesmo pela fé e pela graça. Mas, para não falarem que é heresia, vou dizer que é apenas uma teoria. Tire você a conclusão.

CAPÍTULO 11

O TEMPLO.

"Mas, de fato, habitaria Deus na terra? Eis que os céus e até o céu dos céus não te podem conter, quanto menos esta casa que eu edifiquei. [...] Para que os teus olhos estejam abertos noite e dia sobre esta casa, sobre este lugar, do qual disseste: O meu nome estará ali; para ouvires a oração que o teu servo fizer neste lugar. [...] A glória desta última casa será maior do que a da primeira, diz o SENHOR dos Exércitos... [...] Jesus respondeu e disse: Derribai este templo, e em três dias o levantarei. [...] Mas ele falava do templo do seu corpo." (1Rs 8:27,29) (Ag 2:9) (Jo 2:19,21)

Nós vemos o Muro das Lamentações em Jerusalém, onde os judeus costumam orar, pois acreditam que aquele lugar é sagrado. Muitas pessoas colocam seus pedidos de oração, escritos em um pedaço de papel, nas brechas daquele muro. Elas acreditam que seus pedidos serão atendidos, porque o Muro das Lamentações faz parte do antigo templo que foi destruído. Como a Palavra diz que os olhos do Senhor estariam abertos sobre o templo, e que o Seu nome estaria ali, para ver e ouvir as orações feitas naquele lugar. Eles — os judeus — e muitas outras pessoas acreditam que os olhos do Senhor estão atentos para ver e ouvir as orações feitas ali, no Muro das Lamentações em Jerusalém. Mas eu pergunto:

— *Se os olhos do Senhor estão ali, então por que o templo foi destruído?*

Não acredito que o Muro das Lamentações seja um lugar santo e miraculoso. Mas acredito que Deus permitiu que o muro permanecesse para servir apenas como um símbolo histórico, um marco histórico.

Assim como também não acredito que aquela terra seja uma terra santa, nem que Jerusalém seja uma cidade santa. Eu diria que aquela terra é uma terra abençoada, e Jerusalém é uma cidade histórica e simbólica — nada mais que isso — mas não é santa. Como está escrito: *"Jerusalém, Jerusalém, que matas os profetas e apedrejas os que te foram enviados! Quantas vezes quis eu reunir os teus filhos, como a galinha ajunta os seus pintinhos debaixo das asas, e vós não o quisestes!"* (Mt 23:37)

Como pode ser santa uma cidade que fez tanto mal?

E o pior mal de todos foi ter matado o Autor da vida. (At 3:15)

Se Jerusalém fosse santa, o povo que habita ali também seria santo.

Mas a grande maioria dos judeus que moram em Jerusalém não aceita Jesus como o Messias, o Filho de Deus. Quer pecado maior do que este? Não, não há maior pecado do que este: negar o Filho de Deus. Pois todos os que negam o Filho de Deus estão debaixo de uma grande maldição, porque isso é uma blasfêmia contra o Espírito Santo, que veio ao mundo para revelar ao homem a verdade — isto é, o Senhor Jesus. Assim como os gentios precisam de Jesus para serem salvos, os judeus também precisam.

"Se alguém não ama o Senhor, seja maldito! [...] Por isso, quem crê no Filho tem a vida eterna; o que, todavia, se mantém rebelde contra o Filho não verá a vida, mas sobre ele permanece a ira de Deus." (1Co 16:22) (Jo 3:36)

Sem Jesus não há salvação, nem tampouco santidade. Como uma cidade habitada por ímpios pode ser santa? Se o Santo não é aceito em Jerusalém pelos seus moradores, como ela pode ser uma cidade santa?

Também está escrito: *"Ora, Agar é o monte Sinai, na Arábia, e corresponde à Jerusalém atual, que está em escravidão com seus filhos. Mas a Jerusalém lá de cima é livre, a qual é a nossa mãe..."* (Gl 4:25-26)

Além disso, Jerusalém é uma cidade mundana como qualquer outra; muitos que moram ali bebem, fumam, mentem, trapaceiam, usam drogas, adulteram etc. Uma vez eu vi um vídeo de uma festa rave, com muitos jovens nas ruas se divertindo e pulando dentro da cidade, ao ar livre, em plena luz do dia; e onde há festa rave, também há imoralidade, bebidas, drogas e tudo que não presta. Também já vi, em Jerusalém, passeatas do movimento gay. E, sem falar de Tel Aviv, que fica no quintal de Jerusalém, onde há muitas boates, baladas e festas mundanas; uma das maiores paradas gays do mundo acontece ali. Uma cidade que espiritualmente leva o nome de Sodoma e Egito — como pode ser santa? (Ap 11:8)

É claro que Sodoma e Egito é a 'grande cidade', isto é, a Babilônia; mas Jerusalém, assim como todas as outras cidades do mundo, faz parte da grande Babilônia, pois a Babilônia é o mundo, e o mundo é a Babilônia.

Como Jerusalém pode ser uma cidade santa, se os seus habitantes não são santos? Eu digo que Jerusalém é uma cidade histórica e simbólica, biblicamente falando, mas não é santa. Santa é a nova Jerusalém, a Jerusalém celestial que descerá do Céu. *"Nela, nunca jamais penetrará coisa alguma contaminada, nem o que pratica abominação e mentira, mas somente os inscritos no Livro da Vida do Cordeiro."* (Ap 21:27)

Mas esta Jerusalém terrena e mundana não é santa; é apenas um marco histórico e simbólico, biblicamente falando. Eu tenho, sim, vontade de conhecer Jerusalém — mas não porque é uma cidade santa e miraculosa, e sim pela sua história bíblica. Eu vejo imagens de pessoas visitando o chamado Santo Sepulcro, que não se sabe realmente se é mesmo o lugar onde Jesus foi sepultado. Mas, mesmo se fosse, Jesus não está mais lá.

Mas as pessoas beijam aquele solo e colocam as mãos sobre a tal sepultura em sinal de reverência — pura superstição. Pois, se Jesus está vivo, eu não vou encontrá-lo num sepulcro. É apenas uma questão de raciocínio, porque Jesus está mais vivo do que nunca, e bem perto de nós.

Mas essas pessoas só fazem isso porque não conhecem o Senhor Jesus.

Mas eu respeito a terra de Israel e Jerusalém, pois é uma terra sagrada por sua história e pelo testemunho que ela traz, biblicamente falando.

Tenho vontade, sim, de conhecer a terra onde aconteceram os maiores acontecimentos bíblicos — mas apenas pela história, e não porque é santa e miraculosa. Muitos pastores fazem votos aqui no Brasil para levar os pedidos do povo da igreja até Jerusalém, a fim de orar pelo povo na cidade santa. Quanta cegueira! Porque que diferença faz orar aqui no Brasil ou lá, em Jerusalém? Muitos dizem que é fé, mas eu digo que é cegueira e superstição. Será que Deus só ouvirá os meus pedidos de oração se eu estiver na terra santa, em Jerusalém? Isso, pra mim, é insensatez.

Quando esses tais pastores aceitaram Jesus, se converteram e tiveram um encontro com Deus, estavam no Brasil ou em Jerusalém? Será que faz diferença para Deus se eu orar aqui no Brasil ou lá, em Jerusalém? Porque, se fizer diferença, eu vou ter de dar um jeito de me mudar para Jerusalém o mais rápido possível, para poder ficar mais perto de Deus. Não, nada disso, irmãos. Para Deus, não faz diferença alguma. O próprio Senhor nos revelou que Jerusalém não faz nenhuma diferença: "*Nossos pais adoravam neste monte; vós, entretanto, dizeis que em Jerusalém é o lugar onde se deve adorar. Disse-lhe Jesus: Mulher, podes crer-me que a hora vem, quando nem neste monte, nem em Jerusalém adorareis o Pai.*" (Jo 4:20-21)

Pra mim, esses pastores que gostam de fazer votos e levar os pedidos do povo para Jerusalém só querem mesmo fazer turismo, gastando o dinheiro dos votos do povo em viagem de avião, hotel, comida e guias de turismo — tudo ao seu bel-prazer. Enquanto o povo fica aqui no Brasil, trabalhando para manter a obra, os tais homens de Deus vão para Jerusalém tirar um lazer, e ainda dizem que voltarão de Jerusalém com a bênção para o povo — e o povo acredita. Mas Deus honra a fé sincera do povo e os abençoa, mas não porque as orações foram feitas em Jerusalém.

Isso, pra mim, é só um pretexto para fazer turismo. Pura hipocrisia.

Porque, se não dá para levar toda a igreja para conhecer Jerusalém, então que ninguém vá. Mas eu sei que muitas ovelhas cegas dirão:

— *Heresia! Jerusalém é uma cidade santa, Israel é uma terra sagrada!*

Tá bom, se você acha isso... Mas eu não penso assim. Deus criou o mundo inteiro, e eu creio que, pra Deus, aos Seus olhos, não há partes do mundo que sejam mais especiais, ou santas, ou sagradas. Isso é pura superstição da mente humana. Somos nós que fazemos o solo onde pisamos se tornar santo, de acordo com a nossa vida santa diante de Deus.

Porque só Deus é Santo, e onde estiver a Sua presença, ali se torna um lugar santo — seja o lugar que for. Seja em Jerusalém ou seja no Brasil.

Porque é Deus quem santifica todas as coisas. Como está escrito: "*Tira as sandálias dos pés, porque o lugar em que estás é terra santa.*" (Êx 3:5)

Por acaso Moisés estava em Jerusalém quando o Senhor apareceu a ele na sarça ardente? Ou Moisés estava no deserto do Sinai?

Sim, Moisés estava no Sinai quando o Senhor lhe disse: "*Tira as sandálias dos pés, porque o lugar em que estás é terra santa.*" (Êx 3:5)

Com isso, nós vemos que só Deus é Santo; e onde estiver a Sua santa presença, ali se torna um lugar santo, seja o lugar que for. Talvez, para os judeus, Jerusalém seja uma cidade santa — assim como a cabala, que é puro esoterismo, misticismo, numerologia, ocultismo, os mistérios ocultos e místicos da Torá. É claro que, para Deus, a cabala judaica é uma abominação — assim como também a tal estrela de Davi, que está na bandeira de Israel. Estrela essa que nunca foi mencionada na Bíblia, senão a estrela do deus Renfã. Como está escrito: "*E, acaso, não levantastes o tabernáculo de Moloque e a estrela do deus Renfã, figuras que fizestes para as adorar? [...] Sim, levaste Sicute, vosso rei, Quium, vossa imagem, e o vosso deus-estrela, que fizestes para vós mesmos.*" (At 7:43) (Am 5:26)

Essa estrela que está na bandeira de Israel não é a estrela de Davi, mas é a estrela do deus Renfã (ou, se preferir, a estrela de Saturno).

"*Vosso deus-estrela, que fizestes para vós mesmos.*" (Am 5:26)

Desde o princípio, os judeus sempre erraram — e continuam errando até hoje. Porque, se eles não conseguem enxergar a luz e a verdade, que é o Senhor Jesus Cristo, eu pergunto: o que eles sabem? É como Paulo disse: o véu está posto sobre o coração deles, e esse véu só é retirado quando algum deles crê que o Senhor Jesus Cristo é o Messias. (2Co 3:14-16)

Mas reza a lenda — a lenda judaica — que diz que Davi, para economizar metal, fez essa estrela na frente dos seus escudos, e essa estrela dava vitórias a Davi. "*E não se ocupem com fábulas judaicas...*" (Tt 1:14)

Mas nós sabemos, pela Palavra de Deus, que quem dava vitórias a Davi era o Senhor — e não o símbolo de uma estrela. O Senhor era a estrela de Davi. O Senhor era o escudo de Davi. Davi se apegava ao Senhor, e não a um símbolo abominável. Além disso, essa estrela de seis pontas — também conhecida como hexagrama — é chamada também de estrela de Saturno e de estrela de Salomão. Muito usada em rituais de magia negra, bruxaria, maçonaria, umbanda, hinduísmo, Santo Daime, na própria cabala judaica, na Nova Era etc. Eu vejo muitas igrejas e muitos crentes que abraçam a bandeira de Israel, com uma cegueira espiritual sem igual, como ovelhas débeis, sem entendimento. Mas a bandeira de Israel não é um símbolo para os cristãos — nem a estrela de seis pontas (hexagrama).

Pode ser um símbolo para os judeus, que não aceitam Jesus Cristo como o Messias, o Filho de Deus. Essa bandeira de Israel, e essa estrela de Davi (que, na verdade, não é a estrela de Davi, porque a estrela de Davi era o Senhor), está mais para um símbolo anticristão do que para um símbolo cristão. Como a Palavra do nosso Messias nos revelou: "*Quem é o mentiroso, senão aquele que nega que Jesus é o Cristo? Este é o anticristo, o que nega o Pai e o Filho. Todo aquele que nega o Filho, esse não tem o Pai; aquele que confessa o Filho tem igualmente o Pai.*" (1Jo 2:22,23)

Todos sabem que os judeus negam veementemente o Senhor Jesus Cristo, porque o espírito do judaísmo, infelizmente, é o espírito do anticristo — e não o Espírito da Verdade. Porque, como eu vou abraçar a bandeira de um país que nega o meu Senhor? Mas nós sabemos que a menorá, que é o candelabro que representa os sete espíritos de Deus, está na Bíblia e pode ser usado como um símbolo cristão. Assim também como a arca da aliança, que simboliza a antiga aliança; e a cruz, que simboliza a nossa redenção e também a nova aliança. E até mesmo o peixe, porque em uma de suas parábolas, Jesus nos compara a peixes. (Mt 13:47-48)

Mas essa estrela de Davi não está na Bíblia — e sim a estrela do deus Renfã. Eu sei que muitos não vão concordar comigo, mas esta é a mais pura verdade: essa estrela de Davi (hexagrama) é uma abominação.

Falo isso sem medo de estar pecando contra o Senhor.

Os judeus continuam esperando o messias e também a construção do novo templo, que será levantado com o auxílio do seu messias. É claro que há um remanescente de judeus que creem que Jesus é o Messias, e serão salvos. (Eu não tenho nada contra os judeus). Mas a grande maioria dos judeus ainda está esperando o messias — mas o Messias já veio: o Senhor Jesus Cristo. Mas, quando vier o anticristo, eles o receberão como o seu messias. Como eu sei que o anticristo será o messias dos judeus? Eu sei porque o próprio Senhor revelou: "*Eu vim em nome de meu Pai, e não me recebeis; se outro vier em seu próprio nome, a esse recebereis.*" (Jo 5:43)

Eles esperam o templo, o novo templo, pois acreditam que o novo templo será o símbolo de um novo tempo — isto é, a vinda do messias e a glória dos judeus sobre toda a terra. Eles acreditam piamente e cegamente que esta promessa ainda irá se cumprir: "*A glória desta última casa será maior do que a da primeira, diz o Senhor dos Exércitos...*" (Ag 2:9)

Lamento decepcioná-los, mas essa promessa já se cumpriu. Mas quando ela se cumpriu? E que casa é essa de que Deus está falando?

A Palavra diz que o rei Nabucodonosor, rei da Babilônia, levou o povo judeu para o cativeiro na Babilônia. (2Rs 25:1) (2Cr 36:17) (Jr 39:1)

E também derrubou os muros de Jerusalém, e destruiu e queimou o templo que o rei Salomão havia construído. Mas, depois de setenta anos, o povo voltou do cativeiro para Jerusalém e, com o passar do tempo, voltou a trabalhar na reforma do templo — em obediência à Palavra do Senhor que veio a Zorobabel, o governador de Judá, por intermédio do profeta Ageu, que profetizou que a glória do último templo seria maior do que a do primeiro, construído pelo rei Salomão, filho de Davi.

Mas é claro que o segundo templo jamais chegou a ser como o primeiro. Pode até ter chegado perto, mas a glória do primeiro templo foi superior. Entretanto, nós sabemos que esse segundo templo foi destruído pelos romanos, que lançaram sua glória por terra: *"Não se deixará aqui pedra sobre pedra que não seja derribada."* (Mc 13:2)

É porque esse último templo, ao qual Deus se refere, não é um templo construído por mãos humanas — de concreto, madeira, pedras etc. Como está escrito: *"O Deus que fez o mundo e tudo o que nele há, sendo Senhor do céu e da terra, não habita em templos feitos por mãos de homens."* (At 17:24)

Jesus disse: *"Derribai este templo, e em três dias o levantarei."* (Jo 2:19)

Mas é claro que Jesus estava falando do templo do Seu corpo — que seria morto pelos judeus, mas ressuscitaria ao terceiro dia. Com tudo isso, eu afirmo com todas as letras que o último templo ao qual Deus se refere em Ageu 2:9 somos nós, que aceitamos o Senhor Jesus e recebemos o Espírito Santo. Como está escrito: *"No qual todo edifício, bem ajustado, cresce para ser templo santo no Senhor, no qual também vós, juntamente, sois edificados para morada de Deus no Espírito."* (Ef 2:21-22)

E a Palavra do Deus Santo e Bendito continua dizendo: *"Ou não sabeis que o nosso corpo é templo do Espírito Santo, que habita em vós, proveniente de Deus, e que não sois de vós mesmos?"* (1Co 6:19)

Sendo assim, os olhos de Deus e os Seus ouvidos estão atentos para ouvir as nossas orações — nós, que somos templo do Espírito Santo.

Os olhos de Deus não estão no Muro das Lamentações, como os judeus pensam, e como muitas outras pessoas também pensam — inclusive cristãos. Mas os olhos de Deus estão na Igreja — que somos cada um de nós, que somos templo do Espírito Santo. Você, que tem o Espírito Santo, que é templo de Deus, não precisa ir à igreja para ser ouvido por Deus.

É claro que nós temos que congregar para cultuar ao Senhor em uma igreja — para que a presença gloriosa do nosso Deus se manifeste com mais intensidade em nosso meio, e para que o nosso Deus seja exaltado.

Mas você, que é templo de Deus, pode orar no lugar em que estiver — seja na igreja ou não. Deus ouvirá a tua oração, onde quer que você esteja.

Os olhos de Deus e os Seus ouvidos estarão atentos a você, que é templo, para ouvir a tua oração. Mesmo com todas as nossas falhas e imperfeições, Deus nos ouve. Mesmo com todas as nossas falhas e imperfeições, o Espírito de Deus habita em nós — o mesmo Espírito que está em Deus, no Pai e no Filho, agora também está em nós, que somos templo do Senhor. *"E viremos para ele e faremos nele morada."* (Jo 14:23)

O que dizer de um Deus tão grandioso e maravilhoso, que desce sobre a vida de vasos tão fracos e imperfeitos, para neles fazer morada?

"Temos, porém, este tesouro em vasos de barro, para que a excelência do poder seja de Deus e não de nós." (2Co 4:7)

Mas, quem é perfeito? Só Deus é perfeito! Não dá para enumerar os meus pecados, pois são muitos, e eu já perdi a conta. É tão difícil ser bom, quando se é mau; é tão difícil ser forte, quando se é fraco; é tão difícil se manter puro, quando a impureza faz parte do seu corpo. *"Desventurado homem que sou! Quem me livrará do corpo desta morte?"* (Rm 7:24)

Por isso eu preciso do Espírito, para conduzir o meu espírito, para que eu ande no Espírito, através do Espírito, e não na carne, seguindo a minha vontade. Esta é a maravilhosa graça de Deus, que nós recebemos através do sangue da nova e eterna aliança: ser templo, santuário do Espírito Santo de Deus. Como pode o Espírito que criou o mundo inteiro habitar em nós, seres humanos pecadores, tão pequenos e tão fracos?

É como eu já disse antes: — *O Espírito Santo é um mistério maravilhoso.*

É o Pai em nós, é o Filho em nós, é Deus em nós. Esta é a Promessa — a maior de todas as promessas, a mais rica e mais relevante de todas: ser templo do Espírito Santo de Deus. Porque o Espírito Santo é a nossa fonte, nosso farol, nossa força e nossa garantia: *"Foi Ele também quem nos selou e pôs o Espírito como garantia em nosso coração."* (2Co 1:22)

É isso que eu quero: ser cheio do Espírito Santo. Todos os dias eu preciso me encher de Deus. Porque só assim, só estando cheio do Espírito Santo e do poder de Deus, eu vou conseguir fazer a vontade do Senhor. Visto que em mim não há nada de bom, e nada de bom pode proceder de mim, por isso eu preciso ser cheio do Espírito, para que eu possa fazer a vontade de Deus. Que não viva eu, mas que Cristo viva em mim.

Crucificado para o mundo, vivo para Cristo. Que Cristo seja aperfeiçoado em mim, que Ele cresça cada vez mais e que eu diminua.

"Estou crucificado com Cristo; logo, já não sou eu quem vive, mas Cristo vive em mim; e esse viver que, agora, tenho na carne, vivo pela fé no Filho de Deus, que me amou e a Si mesmo Se entregou por mim." (Gl 2:19,20)

Se é preciso morrer para o mundo para viver com Deus, então morrerei.

Mas eu sei que muitos não concordarão comigo e me chamarão de herege por ter falado de Jerusalém e da tal estrela de Davi. Mas eu repito: esta Jerusalém terrena não é santa; e a estrela de Davi, que está na bandeira de Israel, é uma abominação. Cuidado para não ser enganado!

O que vou falar agora é coisa séria: Se você é fã de Israel e abraça a sua bandeira, o que te impedirá de também abraçar o messias dos judeus?

É desta forma que muitos cristãos serão enganados pelo anticristo.

Concordo que, no passado, na época do rei Davi, Jerusalém era a filha de Sião; os judeus eram o povo que representava o Reino de Deus.

Mas hoje, a filha de Sião é a Igreja — povo que vai morar na Jerusalém celestial. Mas isso que vou dizer agora, de fato, é uma revelação de Deus:

— *Quando o templo for erguido em Jerusalém, com o auxílio do anticristo, muitos cristãos irão visitar o templo, e muitos irão se corromper, seguindo as mesmas obras dos judeus. Porque profanarão o sacrifício que Jesus fez na cruz do Calvário, pois aprovarão as obras dos judeus, que estarão sacrificando animais no altar do novo templo em Jerusalém. Essa grande abominação, de fato, acontecerá. A partir de então, a grande apostasia começará, e posteriormente a grande tribulação também virá.*

Fico triste quando vejo a bandeira de Israel em templos cristãos.

Porque, qual é o significado da bandeira de Israel para nós, cristãos?

Porque a bandeira de Israel traz em si este significado gritante:

— *Somos contra o Senhor Jesus! Somos contra a cruz de Cristo!*

É lamentável ver o quanto muitos cristãos estão cegos.

Por isso, como os apóstolos disseram, eu também digo: "*Mas Pedro e João lhes responderam: Julgai se é justo diante de Deus ouvir-vos antes a vós outros do que a Deus; pois nós não podemos deixar de falar das coisas que vimos e ouvimos. [...] Então, Pedro e os demais apóstolos afirmaram: Antes, importa obedecer a Deus do que aos homens.*" (At 4:19-20) (At 5:29)

Mas, para não falarem que é heresia, vou dizer que é apenas uma teoria. Tire você a conclusão.

CAPÍTULO 12
O REINO DE DEUS.

"Vi novo céu e nova terra, pois o primeiro céu e a primeira terra passaram, e o mar já não existe. Vi também a cidade santa, a nova Jerusalém, que descia do céu, da parte de Deus, ataviada como noiva adornada para seu esposo. Então, ouvi grande voz vinda do trono, dizendo: Eis o tabernáculo de Deus com os homens. Deus habitará com eles. Eles serão povos de Deus, e Deus mesmo estará com eles. E lhes enxugará dos olhos toda a lágrima, e a morte já não existirá, já não haverá luto, nem pranto, nem dor, porque as primeiras coisas passaram." (Ap 21:1-4)

A vida eterna e a salvação: é isso que realmente importa.

Todas as outras coisas, como bênçãos, curas, milagres, prosperidade etc. São irrelevantes, porque tudo neste mundo é passageiro.

Porque, se existem dons, curas, milagres, portas abertas, libertação, revelação, bênçãos e manifestações do Espírito e do poder de Deus, é tudo para a nossa salvação e também para a glória de Deus. Pois Deus se manifesta ao seu povo por meio de sinais e prodígios, para que as pessoas creiam, se arrependam, se convertam, sejam salvas e glorifiquem o único e verdadeiro Deus Bendito e Eterno. Porque tudo o que nós conquistamos neste mundo é irrelevante, pois tudo passa; o que realmente importa é a vida eterna. Porque tudo passa: sejam os momentos bons ou sejam os momentos maus; seja o prazer ou seja o desprazer, tudo passa.

"Vaidade de vaidades, diz o pregador; vaidade de vaidades, tudo é vaidade. Que proveito tem o homem de todo o seu trabalho, com que se afadiga debaixo do sol?" (Ec 1:2,3)

Algumas pessoas sentimentais, apegadas a esta vida dizem: — *Como Deus pôde permitir que, no passado, os cristãos primitivos fossem mortos, queimados vivos, degolados, crucificados, lançados na arena para serem mortos por leões, perseguidos, caçados e exterminados, e não os livrou?*

Mas eu digo que as perseguições que a Igreja sofreu no passado foram só uma amostra da ação do espírito do anticristo. Coisas piores ainda irão acontecer na grande tribulação, através do próprio anticristo em pessoa, e este dia está próximo. A Palavra fala da besta que foi e já não é: *"A besta que viste foi e já não é, e há de subir do abismo, e irá à perdição."* (Ap 17:8)

Eu tenho três hipóteses para isso: a besta que foi e já não é era um dos anjos que seguiu o Dragão na sua rebelião, o segundo na hierarquia do reino das trevas, isto é, do inferno. Mas também creio na hipótese de que a besta que foi e já não é era uma essência maior do espírito do anticristo, que, por um bom período, se levantou para perseguir os primeiros cristãos.

Mas também pode ser que essa besta tenha sido uma grande e notória celebridade do mal, como *Adolf Hitler* ou o profeta *Maomé*, entre outros.

E também pode ser que a besta que foi e já não é não tenha sido nenhum homem. Porém, na história, houve muitos homens que foram cheios do espírito do anticristo. Mas, entre estas três hipóteses, eu fico com a primeira. Ou seja, acredito que a besta será um demônio que subirá do inferno e que, de algum jeito, tomará a forma humana — talvez através de um ritual bem sinistro de magia negra. Assim como Cristo veio do Céu e nasceu do ventre de uma mulher, assim eu também acredito que o anticristo virá do inferno e nascerá do ventre de uma mulher. Ou seja, o anticristo será um homem com o espírito de um demônio. Ele não será um homem comum, por isso, para os sábios, não será difícil identificá-lo.

— *Mas por que Deus permitiu as perseguições e as mortes dos cristãos?*

Ora, já deveríamos saber que a visão de Deus não é como a nossa visão.

A nossa visão está nos interesses terrenos, mas a visão de Deus não está somente no plano terreno — está principalmente no plano espiritual, onde Ele vive, sim, onde o Deus eterno vive. *"Dentro em pouco o mundo não me verá mais, mas vós me vereis. Porque eu vivo, vós também vivereis."* (Jo 14:9)

E a visão dos antigos cristãos também estava além desta vida terrena; por isso, eles morriam das formas mais bárbaras, mas não negavam a fé.

Vocês pensam que, para Deus, os cristãos primitivos estavam morrendo? Mas não. Para Deus, eles não estavam morrendo. Para Deus, aqueles cristãos que estavam morrendo em nome da fé não estavam morrendo, mas estavam passando da vida terrena para a vida eterna.

"Preciosa é aos olhos do SENHOR a morte dos seus santos." (Sl 116:15)

Muita gente pensa que o plano espiritual e celestial é uma ilusão — como se estivéssemos dormindo e sonhando — mas não é. O plano celestial é tão real quanto o plano terreno, ou até mais real ainda.

Porque o que é visível veio do que é invisível, e não o que é invisível veio do visível. Pois a verdadeira vida está do lado de lá, na dimensão de Deus, e não na nossa dimensão terrestre e material. *"Eu sou a ressurreição e a vida. Quem crê em mim, ainda que morra, viverá..."* (Jo 11:25)

E Paulo, que sabia que a vida começava após a morte, também disse:

"Porquanto, para mim, o viver é Cristo, e o morrer é lucro." (Fp 1:21)

Quem está no Senhor Jesus não morre — só passa deste plano material para um outro plano celestial e espiritual, bem melhor do que este.

Diferente das pessoas que não aceitam Jesus e que não querem saber de Deus: quando essas pessoas morrerem, elas serão atormentadas no inferno. Não por vontade de Deus, mas por suas próprias escolhas. Isso porque elas preferiram as trevas, em vez da luz; escolheram o inferno, em vez do paraíso. Amaram o mundo e o pecado e odiaram a justiça de Deus.

Mas nós, não. Nós vamos para o paraíso, desfrutar o descanso de Deus e a alegria da vida eterna, na gloriosa presença de Deus. *"Agora, pois, já nenhuma condenação há para os que estão em Cristo Jesus."* (Rm 8:1)

Jesus surgiu anunciando a chegada do Reino de Deus, dizendo ao povo que se arrependesse dos seus pecados. O Reino de Deus havia chegado, mas, para tomar posse do Reino de Deus, é preciso se esforçar.

"Desde os dias de João Batista até agora, o reino dos céus é tomado por esforço, e os que se esforçam se apoderam dele." (Mt 11:12)

O Reino de Deus e o Reino dos Céus são a mesma coisa, não há diferença alguma. Eu acho que já ouvi um pregador dizer que o Reino de Deus é na terra, e o Reino dos Céus é depois, na vida eterna. Pura balela!

Esses tais pregadores gostam de procurar pelo em ovo e chifre em cabeça de cavalo. Mas o Senhor Jesus disse que o Reino de Deus está dentro de nós, ou entre nós, dependendo da versão da Bíblia. (Lc 17:21)

O Reino de Deus não vem com visível aparência; ele está em nós, entre nós, dentro de nós. O Reino de Deus está em nós pela fé e pela esperança que temos. Jesus disse: *"O meu reino não é deste mundo."* (Jo 18:36)

Alguns dizem que o Reino de Deus já está neste mundo. Dizem que, quando nós nos convertemos, já estamos no Reino de Deus. Mas Jesus disse que o seu Reino não era deste mundo. Na verdade, a obra do Reino de Deus começa aqui, neste mundo, mas só se concretiza em nossa vida depois, além deste plano terreno, quando nós passamos desta vida terrena para a vida eterna. Porque, enquanto estamos neste mundo, estamos sujeitos a cair e nos desviar de Deus, perdendo assim a nossa salvação.

Como no caso de Himeneu e Alexandre (Fileto). (1Tm 1:20; 2Tm 2:17)

Mas, quando morremos fisicamente estando em Cristo, passando para a vida eterna, então sim, não iremos mais correr o risco de perder a nossa salvação. Logo, estaremos seguros no Reino de Deus para sempre.

E isso será maravilhoso! Não podemos saber o que nos espera do outro lado, mas sei que é coisa boa. Como a Santa Palavra nos revela: *"Nem olhos viram, nem ouvidos ouviram, nem jamais penetrou em coração humano o que Deus tem preparado para aqueles que o amam."* (1Co 2:9)

Nós, a Igreja, estamos como o povo de Israel estava no deserto, rumo a Canaã, a terra prometida; estamos indo rumo à Nova Jerusalém.

Mas é claro que vemos flashes e sinais do Reino de Deus entre nós.

Porque Deus se manifesta ao seu povo, revelando o seu braço forte.

Podemos sentir a sua maravilhosa presença. Sim, podemos contemplar com os nossos olhos revelações, libertações, maravilhas, curas, milagres.

Várias pessoas dão testemunhos acerca do agir de Deus em suas vidas.

Nós, cristãos, temos vida, temos paz, temos esperança, temos descanso, temos alegria e temos amor. O Reino de Deus não é deste mundo, mas a obra do Reino de Deus começa aqui e se concretiza na vida eterna, além deste mundo. Assim como Israel, quando saiu do Egito, passando pelo Mar Vermelho e seguindo para o deserto, assim nós também estamos no deserto, como a Palavra revela: *"A mulher, porém, fugiu para o deserto, onde Deus lhe havia preparado lugar para que nele a sustentem durante mil duzentos e sessenta dias. [...] e foram dadas à mulher as duas asas da grande águia, para que voasse até ao deserto, ao seu lugar, aí onde é sustentada durante um tempo, tempos e metade de um tempo..."* (Ap 12:6,14)

(Este "um tempo, tempos e metade de um tempo", creio eu, será o período da grande tribulação, que será abreviado — mais ou menos mil duzentos e sessenta dias, cerca de três anos e meio). (Dn 7:25) (Dn 12:7)

Assim como o povo de Israel estava sendo preparado por Deus no deserto para poder entrar na terra prometida, assim também a Igreja está no deserto, sendo preparada por Deus para entrar na vida eterna, no Reino de Deus e na Glória de Deus. *"Pois tudo quanto, outrora, foi escrito para o nosso ensino foi escrito, a fim de que, pela paciência e pela consolação das Escrituras, tenhamos esperança."* (Rm 15:4)

E também diz: *"Ora, irmãos, não quero que ignoreis que nossos pais estiveram todos sob a nuvem, e todos passaram pelo mar, tendo sido todos batizados, assim na nuvem como no mar, com respeito a Moisés. Todos eles comeram de um só manjar espiritual e beberam da mesma fonte espiritual; porque bebiam de uma pedra espiritual que os seguia. E a pedra era Cristo. Entretanto, Deus não se agradou da maioria deles, razão por que ficaram prostrados no deserto. Ora, estas coisas se tornaram exemplos para nós, a fim de que não cobicemos as coisas más, como eles cobiçaram."* (1Co 10:1–6)

Muitas ovelhas, quando estão passando por alguma tribulação ou situação difícil, dizem que estão passando por um deserto. Mas, na verdade, elas já estão no deserto desde o dia em que saíram do Egito, desde o dia em que aceitaram Jesus e deixaram o mundo — isto é, o Egito.

Estamos sendo preparados, estamos sendo provados, estamos sendo moldados — para que, assim como Calebe e Josué perseveraram em seguir ao SENHOR e entraram no descanso de Deus e na terra prometida, assim também nós venhamos a perseverar em seguir ao SENHOR e, deste modo, possamos entrar no descanso de Deus, isto é, na vida eterna e no descanso eterno. Eu já ouvi alguém dizer que, quando aceitamos Jesus, voltamos a viver o plano original de Deus para o homem, que é o jardim do Éden.

Isso por causa da tal doutrina da prosperidade.

Mas eu não creio que a Igreja esteja no jardim do Éden, e sim no deserto. Por isso, nós passamos por tantas aflições, lutas e tribulações.

Como disse o próprio Senhor de toda consolação, Jesus Cristo:

"Estas coisas vos tenho dito para que tenhais paz em mim. No mundo, passais por aflições; mas tende bom ânimo; eu venci o mundo." (Jo 16:33)

Porque a promessa de Deus para a nossa vida é a vida eterna.

"E esta é a promessa que ele mesmo nos fez: a vida eterna." (1Jo 2:25)

A árvore da vida está no paraíso de Deus, como a Palavra diz: *"Quem tem ouvidos, ouça o que o Espírito diz às igrejas: Ao vencedor, dar-lhe-ei que se alimente da árvore da vida que se encontra no paraíso de Deus."* (Ap 2:7)

Se a árvore da vida está no paraíso de Deus, então o jardim do Éden não está mais neste plano terreno, e sim no plano celestial e espiritual.

"Então, disse o Senhor Deus: Eis que o homem se tornou como um de nós, conhecedor do bem e do mal; assim, que não estenda a mão, e tome também da árvore da vida, e coma, e viva eternamente. O Senhor Deus, por isso, o lançou fora do jardim do Éden, a fim de lavrar a terra..." (Gn 3:22–23)

Nós vimos que o jardim do Éden não está mais neste plano terreno, mas sim no paraíso de Deus, onde também se encontra a árvore da vida.

Sendo assim, quem quiser voltar ao plano original de Deus, no jardim do Éden, vai ter que perseverar para alcançar a vida eterna, além deste plano terreno. E quanto aos pregadores de rosas, materialistas e gananciosos: não preguem somente as rosas, mas preguem também os espinhos. Por isso, na Grande Tribulação, haverá apostasia nas igrejas.

Porque grande parte do povo da igreja de hoje é formado por almas mundanas e materialistas, e por isso não vão suportar as perseguições da besta. Depois de três anos e meio em que a besta estiver no poder, começará a Grande Tribulação, até que se completem sete anos. (Dn 9:27)

A grande apostasia começará com a ascensão do anticristo e com os enganos do falso profeta, que, segundo a minha visão, será o sumo sacerdote do novo templo em Jerusalém. Mas, quando chegar o tempo da Grande Tribulação, então a apostasia será ainda maior. Na verdade, já temos muitos casos de apostasia nos dias de hoje. Isso nos mostra que o dia da besta está próximo — e a volta de Jesus também. É claro que, nos dias de hoje, a apostasia não é tão intensa como será naquele dia.

Está escrito: *"Ninguém, de nenhum modo, vos engane, porque isto não acontecerá sem que primeiro venha a apostasia e seja revelado o homem da iniquidade, o filho da perdição, o qual se opõe e se levanta contra tudo que se chama Deus ou é objeto de culto, a ponto de assentar-se no santuário de Deus, ostentando-se como se fosse o próprio Deus."* (2Ts 2:3,4)

(Este santuário no qual a besta irá se assentar não será o novo templo; será o corpo humano que a besta irá receber). Cristo não voltará sem que primeiro venha a apostasia, com os enganos da besta e do falso profeta.

Mas a apostasia aumentará com as perseguições na Grande Tribulação.

"A todos, os pequenos e os grandes, os ricos e os pobres, os livres e os escravos, faz que lhes seja dada certa marca sobre a mão direita ou sobre a fronte, para que ninguém possa comprar ou vender, senão aquele que tem a marca, o nome da besta ou o número do seu nome." (Ap 13:16–17)

Muitos crentes mundanos e materialistas não vão resistir e negarão a sua fé em Cristo, aceitando a marca da besta e se rendendo aos enganos do anticristo, que estará proferindo blasfêmias contra Deus, como também estará perseguindo a Igreja. *"Porque nesse tempo haverá grande tribulação, como desde o princípio do mundo até agora não tem havido e nem haverá jamais. Não tivessem aqueles dias sido abreviados, ninguém seria salvo; mas, por causa dos escolhidos, tais dias serão abreviados."* (Mt 24:21–22)

E a Palavra de Deus continua dizendo e revelando à igreja:

"Logo em seguida à tribulação daqueles dias, o sol escurecerá, a luz não dará a sua claridade, as estrelas cairão do firmamento, e os poderes dos céus serão abalados. Então, aparecerá no céu o sinal do Filho do Homem; todos os povos da terra se lamentarão e verão o Filho do Homem vindo sobre as nuvens do céu, com poder e muita glória. E ele enviará os seus anjos, com grande clangor de trombeta, os quais reunirão os seus escolhidos, dos quatro ventos, de uma a outra extremidade dos céus." (Mt 24:29–31)

E isso acontecerá quando o sexto selo for aberto. (Ap 6:12–17)

Está claro, nítido como água cristalina: a Palavra diz que Cristo voltará depois da Grande Tribulação. *"Os quais reunirão os seus escolhidos, dos quatro ventos, de uma a outra extremidade dos céus."* (Mt 24:31)

De uma a outra extremidade dos céus — ou seja, os mortos serão ressuscitados, e os que estiverem vivos serão arrebatados. Isso quer dizer que a Igreja passará por uma grande prova. E todos os olhos verão, e todos os povos se lamentarão, quando Cristo vier sobre as nuvens do céu.

Não existe arrebatamento secreto, porque todos verão Jesus vindo sobre as nuvens do céu. E nós seremos arrebatados, e todos os povos e nações também verão isso. (O arrebatamento secreto é uma grande farsa.)

Como está escrito: *"Porque, assim como o relâmpago sai do oriente e se mostra até no ocidente, assim há de ser a vinda do Filho do Homem. Onde estiver o cadáver, aí se ajuntarão os abutres."* (Mt 24:27–28)

Quando vem a chuva, todos veem os relâmpagos e todos ouvem a voz do trovão. Assim também todos verão a vinda do Senhor Jesus Cristo.

Eu já assisti filmes e até uma certa novela mostrando as pessoas sendo arrebatadas, tipo sumindo, desaparecendo totalmente no ar.

Mas a Palavra diz que nós seremos arrebatados vivos, mas o corpo terrestre, que é pó, ficará — como se estivesse morto. Está escrito:

"Onde estiver o cadáver, aí se ajuntarão os abutres." (Mt 24:28)

Que cadáver, e que abutres são esses? E a Palavra continua dizendo:

"Duas mulheres estarão juntas moendo; uma será tomada, e deixada a outra. Dois estarão no campo; um será tomado, e o outro, deixado. Então lhe perguntaram: Onde será isso, Senhor? Respondeu-lhes Jesus: Onde estiver o corpo, aí se ajuntarão também os abutres." (Lc 17:35–37)

Mais uma vez eu pergunto: — O que quer dizer isso: *"Onde estiver o corpo, aí se ajuntarão também os abutres."* (Lc 17:37)

Esta passagem tem duplo sentido.

Ela está apontando para as perseguições na Grande Tribulação, mas ao mesmo tempo está falando sobre o arrebatamento dos fiéis, porque nós somos pó, e ao pó nós iremos retornar. Como também está escrito:

"Isto afirmo, irmãos, que a carne e o sangue não podem herdar o reino de Deus, nem a corrupção herdar a incorrupção." (1Co 15:50)

Então, os corpos ficarão como mortos por todo o mundo — e haja cadáveres. E esses corpos não serão corpos de acidentados, que sofreram acidentes devido ao arrebatamento, como muitos acreditam; mas serão os corpos dos que foram arrebatados e transformados. Não sumiremos no ar como mostram os filmes e como a maioria das pessoas pensa; mas seremos arrebatados e transformados nos ares, indo ao encontro do Senhor, que estará sobre as nuvens — mas o corpo do pecado fica. E todos verão os corpos sem vida no chão, e os corpos espirituais subindo, indo ao encontro do Senhor nas nuvens; e se lamentarão, e verão o quanto a carne é fraca e passageira — é pura ilusão e pura vaidade, apodrece e cheira mal.

"O espírito é o que vivifica; a carne para nada aproveita; as palavras que eu vos tenho dito são espírito e são vida." (Jo 6:63)

Há muito tempo que as pessoas fantasiam isso — de que vamos desaparecer, causando um grande tumulto e perplexidade no mundo inteiro. Desaparecendo de repente, estilo Mandrake, deixando um grande mistério de desaparecidos pairando no ar; mas não será assim. Não iremos desaparecer — seremos transformados no momento em que deixarmos o corpo carnal; isso mesmo, o corpo terreno ficará, assim como os corpos dos que já estavam mortos também continuarão nos sepulcros. Porque somos pó, e ao pó retornaremos. *"Porque és pó, e ao pó tornarás. [...] A carne e o sangue não podem herdar o reino de Deus..."* (Gn 3:19; 1Co 15:50)

Ou vocês pensam que as ossadas dos mortos que serão ressuscitados na vinda do Senhor serão refeitas e sairão dos túmulos? Não mesmo — os cadáveres decompostos dos santos continuarão nos túmulos. Mas os corpos espirituais e glorificados, estes sim sairão do paraíso e irão ao encontro do Senhor nas nuvens. *"Semeia-se corpo natural, ressuscita corpo espiritual. Se há corpo natural, há também corpo espiritual."* (1Co 15:44)

Mas isso é irrelevante; o que realmente importa é que Cristo voltará.

E nós, os santos, estaremos para sempre com o nosso Rei.

O que importa é que Deus fará novas todas as coisas; e haverá um novo céu e uma nova terra, e o Reino de Deus será estabelecido para sempre.

E, como disse o apóstolo, eu também digo: *"Se alguém não ama o Senhor, seja anátema. Maranata!"* (1Co 16:22)

Mais uma vez eu repito: tudo neste mundo passa — seja a riqueza ou a pobreza; seja a saúde ou a doença; seja a alegria ou a tristeza — tudo passa. *"Ora, o mundo passa, bem como a sua concupiscência; aquele, porém, que faz a vontade de Deus permanece eternamente."* (1Jo 2:17)

Na verdade, a vida é muito mais do que os nossos olhos podem ver.

A vida neste mundo é só um sonho passageiro; logo nós iremos acordar do sono, sair desse sonho e despertar no Reino de Deus e na vida eterna.

Mas, para aqueles que vivem sonhando neste mundo, distraídos e despreocupados, e que não querem buscar o Senhor, eu fico imaginando quão triste será para eles. Pois, quando o sonho acabar e eles acordarem do sono da morte, irão despertar nas trevas, em um lugar de sofrimento e tormento; e os seus sonhos se tornarão em pesadelo — um pesadelo terrível e sem fim. Mas eu sei que Deus é fiel e suprirá todas as nossas necessidades — tanto terrenas quanto espirituais. Como Ele supria as necessidades do povo no deserto, assim também suprirá as nossas necessidades — nós, a Igreja, que estamos no deserto. Pão não faltou para o povo, nem água, nem carne; uma nuvem os cobria durante o dia e os protegia do calor do sol; uma coluna de fogo os aquecia e os guiava durante a noite; seus calçados e suas vestes não envelheceram durante o tempo de suas peregrinações. De fato, nada lhes faltou — e nada nos faltará. Se preciso for, beberemos da água que brota da Rocha, como eles beberam; e comeremos do maná que desceu do céu, como eles comeram.

E nada faltará à Igreja que está no deserto, porque o nosso Deus é forte, e nos dará a vitória. Porque o nosso Redentor vive, e Ele é Fiel.

Mas, para aqueles que querem rasgar as vestes e gritar: — *Heresia!*

Vou dizer o que venho dizendo desde o começo: para não falarem que é heresia, vou dizer que é apenas uma teoria. Tire você a conclusão.

CAPÍTULO 13

O MUNDO VINDOURO.

"Em verdade vos digo que ninguém há que tenha deixado casa, ou irmãos, ou irmãs, ou mãe, ou pai, ou filhos, ou campos, por causa de mim e do evangelho, que não receba cem vezes mais, agora no presente, em casas, irmãos, irmãs, mães, filhos e campos, com perseguições, e no mundo vindouro, a vida eterna. [...] Porque não foi aos anjos que Deus sujeitou o mundo vindouro, de que falamos." (Mc 10:29,30) (Hb 2:5)

"Nós, porém, segundo a sua promessa, esperamos novos céus e nova terra, nos quais habita justiça. [...] Grande é o SENHOR e mui digno de ser louvado, na cidade do nosso Deus. Seu santo monte, belo e sobranceiro, é a alegria de toda a terra; o monte Sião, para os lados do norte, a cidade do grande Rei." (2Pe 3:13) (Sl 48:1,2)

Sei o quanto sou fraco e falho; também sei que tenho um coração de pedra. Mas o que faço, faço pela graça e pela misericórdia de Deus, confiando em Deus e não no meu próprio entendimento. Não acredito em mim mesmo, nem no meu conhecimento, mas creio na fidelidade de Deus.

E a minha simples, pequena e limitada visão é esta: depois da abertura do quinto selo, o anticristo será revelado e, posteriormente, com ele também virá a grande tribulação, que atingirá o mundo inteiro.

O anticristo começará a perseguir a igreja, começará a expor o seu grande ódio por Deus e pelo seu povo, e grande será a perseguição aos cristãos e aos judeus. Depois daqueles dias de tribulação e perseguição, o sexto selo será aberto, e Cristo virá para buscar o seu povo, os sobreviventes. Os mortos serão ressuscitados, e os sobreviventes da grande tribulação serão arrebatados. Todas as nações verão a glória do Senhor Jesus vindo sobre as nuvens do céu e se lamentarão. Depois da abertura do sétimo selo, Deus começará a punir as nações — aqueles que receberam a marca da besta. Enquanto o mundo governado pelo anticristo estiver sendo assolado, e a Babilônia começar a cair pelas sete trombetas e pelas sete taças da ira de Deus — que são os flagelos da justa vingança de Deus — nós, a igreja que fomos arrebatados pelo nosso Deus, estaremos na Casa do Pai, nos congratulando e nos alegrando no Céu dos céus. Creio que, depois do Armagedom, haverá as bodas do Cordeiro. (Ap 19:7-9)

(Porém, não sei dizer se o tribunal de Cristo acontecerá antes ou depois do arrebatamento da igreja. Mas uma coisa é certa: antes ou depois, todos nós iremos comparecer perante o tribunal de Cristo — falo para os salvos.)

Enfim, depois das bodas do Cordeiro, a Cidade Santa descerá do céu, e haverá um novo Céu e uma nova Terra. Mas, antes disso, os reis do mundo governado pelo anticristo reunirão os seus exércitos dentre todas as nações, a fim de guerrear contra o Rei dos reis e o Senhor dos senhores, em um lugar que, em hebraico, se chama Armagedom. (Ap 16:12-16)

Essa será a última ação desesperada e desvairada do anticristo.

A Palavra diz: *"Vi o céu aberto, e eis um cavalo branco. O seu cavaleiro se chama Fiel e Verdadeiro, e julga e peleja com justiça."* (Ap 19:11)

E continuando, a Palavra da revelação também diz: "*Sai da sua boca uma espada afiada, para com ela ferir as nações; e ele mesmo as regerá com cetro de ferro e, pessoalmente, pisa o lagar do vinho do furor da ira do Deus Todo-Poderoso. Tem no seu manto e na sua coxa um nome escrito: REI DOS REIS E SENHOR DOS SENHORES.*" (Ap 19:15,16)

O Senhor Jesus virá batalhar contra os exércitos do anticristo; mas será que ele virá com toda a sua glória divina? Eu creio que não.

Creio que Jesus virá com o mesmo corpo que ressuscitou dentre os mortos; claro que na força do poder e da glória de Deus. Porque Deus acima de tudo é justo; ele não pelejará contra os homens como Deus, mas ele virá como o Filho do Homem, pra que seja uma batalha justa.

O mesmo corpo que ressuscitou ao terceiro dia, está sendo guardado para o dia do Armagedom. Porque Deus se fez carne por dois motivos:

Para salvar o seu povo através do seu sacrifício, e para batalhar contra os homens na batalha final; e assim tomar o reino dos homens para Deus.

Para que, desse modo, se estabeleça um novo céu e uma nova terra.

Isso porque os caminhos do Senhor são alicerçados na verdade e na justiça. A Santa Palavra do Deus Fiel e Verdadeiro diz: "*Então, vi um anjo posto em pé no sol, e clamou com grande voz, falando a todas as aves que voam pelo meio do céu: Vinde, reuni-vos para a grande ceia de Deus, para que comais carne de reis, carne de comandantes, carne de poderosos, carne de cavalos e seus cavaleiros, carne de todos, quer livres quer escravos, tanto pequenos como grandes. E vi a besta e os reis da terra, com os seus exércitos, congregados para pelejarem contra aquele que estava montado no cavalo e contra o seu exército. Mas a besta foi aprisionada, e com ela o falso profeta que, com os sinais feitos diante dela, seduziu aqueles que receberam a marca da besta e eram adoradores da sua imagem. Os dois foram lançados vivos dentro do lago de fogo que arde com enxofre. Os restantes foram mortos com a espada que sai da boca daquele que estava montado no cavalo. E todas as aves se fartaram das suas carnes.*" (Ap 19:17-21)

E também está escrito no livro da Revelação:

"*Então, vi descer do céu um anjo; tinha na mão a chave do abismo e uma grande corrente. Ele segurou o dragão, a antiga serpente, que é o diabo, Satanás, e o prendeu por mil anos; lançou-o no abismo, fechou-o e pôs selo sobre ele, para que não mais enganasse as nações até se completarem os mil anos. Depois disto, é necessário que ele seja solto pouco tempo.*" (Ap 20:1-3)

E depois que o Senhor vencer a besta e prender o diabo, haverá um novo céu e uma nova terra. E a cidade santa, a nova Jerusalém, descerá do céu ataviada como noiva adornada para o seu esposo. (Ap 21:1,2)

E Cristo reinará mil anos na terra, grande será a sua glória. (Is 60:1-22)

Se esses mil anos são segundo o calendário dos homens ou de Deus, isso eu não sei dizer. Mas nós estaremos no monte Sião, em um novo corpo glorificado e incorruptível, como habitantes da nova Jerusalém, a Cidade do grande Rei, e viveremos para sempre juntamente com o nosso Deus.

"Fundada por Ele sobre os montes santos, o SENHOR ama as portas de Sião mais do que todas as habitações de Jacó. Gloriosas coisas se têm dito de ti, ó cidade de Deus! [...] E, com respeito a Sião, se dirá: Este e aquele nasceram nela; e o próprio Altíssimo a estabelecerá. O SENHOR, ao registrar os povos, dirá: Este nasceu lá." (Sl 87:1,2,3,5,6)

E o remanescente da humanidade que foi preservado por Deus, que, creio eu, através dos cento e quarenta e quatro mil selados. (Ap 7:1-4)

E que não recebeu a marca da besta, e que, de alguma forma, sobreviveu aos flagelos e à batalha do Armagedom. Esses serão os povos e as nações que se multiplicarão durante o reinado de mil anos de Cristo, o Grande Rei, que de Sião reinará, julgará e governará os povos com justiça e equidade. *"O SENHOR reina. Regozije-se a terra..."* (Sl 97:1)

Eles não serão como nós, não terão um novo corpo glorificado e incorruptível — isto é, um corpo espiritual, como Deus e como os anjos —; serão humanos de carne e osso, feitos do pó da terra, como nós somos hoje. Este é o remanescente de Jacó, que está espalhado pelos confins da terra e que o Senhor trará de volta do exílio para Jerusalém. (Jr 30:1-24)

E não haverá mais a Babilônia para influenciar o novo mundo, nem Satanás para enganar os povos. Porque a Babilônia caiu, e Satanás foi preso. Por isso a vida será bem mais fácil para o pó. (Ap 18:2) (Ap 20:1,2)

Pois Deus habitará com eles: *"Então, ouvi grande voz vinda do trono, dizendo: Eis o tabernáculo de Deus com os homens. Deus habitará com eles. Eles serão povos de Deus, e Deus mesmo estará com eles."* (Ap 21:3)

Sim, durante os mil anos, os povos se multiplicarão sob o domínio total do Reino de Deus. Será um novo mundo, haverá paz e justiça, e as pessoas não mais morrerão; como a Palavra nos revela: *"E a morte já não existirá, já não haverá luto, nem pranto, nem dor, porque as primeiras coisas passaram. [...] No meio da sua praça, de uma à outra margem do rio, está a árvore da vida, que produz doze frutos, dando o seu fruto de mês em mês, e as folhas da árvore são para a cura dos povos."* (Ap 21:4) (Ap 22:2)

Assim os homens viverão como no princípio, por muitos e longos anos.

Porque, se o fruto da árvore da vida faz com que o homem viva para sempre, as suas folhas, no mínimo, darão saúde e longevidade aos povos.

"Eis que o homem se tornou como um de nós [...] assim, que não estenda a mão, e tome também da árvore da vida, e coma, e viva eternamente. [...] E as folhas da árvore são para a cura dos povos." (Gn 3:22) (Ap 22:2)

Os animais não serão mais selvagens:

"O lobo habitará com o cordeiro, e o leopardo se deitará junto ao cabrito; o bezerro, o leão novo e o animal cevado andarão juntos, e um pequenino os guiará. A vaca e a ursa pastarão juntas, e as suas crias juntas se deitarão; o leão comerá palha como o boi. A criança de peito brincará sobre a toca da áspide, e o já desmamado meterá a mão na cova do basilisco." (Is 11:6-8)

E nós estaremos no monte Sião: *"E me transportou, em espírito, até uma grande e elevada montanha, e me mostrou a santa cidade, Jerusalém, que descia do céu da parte de Deus, a qual tem a glória de Deus."* (Ap 21:10)

Esta é a nossa esperança e a nossa alegria: a nova Jerusalém, que descerá do céu da parte de Deus. *"Alegra-te, ó estéril, que não dás à luz; exulta e clama, tu que não estás de parto, porque são mais numerosos os filhos da abandonada que os da que tem marido."* (Gl 4:27)

Sim, esta é a nossa pátria, com a qual sonhamos e esperamos habitar um dia — nesta santa e gloriosa Cidade, juntamente com o nosso Deus e o nosso Rei amado; esse dia será como um sonho realizado. *"Quando o SENHOR restaurou a sorte de Sião, ficamos como quem sonha."* (Sl 126:1)

E a Palavra da Revelação continua aumentando as nossas perspectivas:

"Nela, não vi santuário, porque o seu santuário é o Senhor, o Deus Todo-Poderoso, e o Cordeiro. A cidade não precisa nem de sol, nem de lua, para lhe darem claridade, pois a glória de Deus a iluminou, e o Cordeiro é a sua lâmpada. As nações andarão mediante a sua luz, e os reis da terra lhe trazem a sua glória. As suas portas nunca jamais se fecharão de dia, porque, nela, não haverá noite. E lhe trarão a glória e a honra das nações." (Ap 21:22-26)

Sim, isso será maravilhoso — maravilhoso demais para que possamos imaginar. Pois este mistério vai muito além da nossa pequena imaginação.

Mas, depois de mil anos, as nações invejosas e ingratas da terra se levantarão contra o acampamento dos santos e contra Jerusalém, a Cidade do grande Rei, a santa morada de Deus, onde também habitam os deuses.

"Gogue, terra de Magogue, príncipe e chefe de Meseque e Tubal [...] Eis que sou contra ti, ó Gogue..." (Ez 38:2-3)

Quando o diabo for solto, devido a rebeldia de muitas nações — que serão instigadas por um tal de Gogue —, depois dos mil anos do reinado de Cristo, os povos serão seduzidos por ele e se rebelarão contra Deus.

Como o livro das Revelações nos revela: *"Quando se completarem os mil anos, Satanás será solto da prisão e sairá para enganar as nações que estão nos quatro cantos da terra, Gogue e Magogue, cujo número é como a areia do mar, a fim de ajuntá-las para a guerra. Elas subiram por toda a extensão da terra e cercaram o acampamento dos santos e a cidade amada, mas desceu fogo do céu e as devorou. E o Diabo, que as enganava, foi lançado no lago de fogo e enxofre, onde estão a besta e o falso profeta. Eles serão atormentados dia e noite, pelos séculos dos séculos."* (Ap 20:7-10)

Não podemos dizer que Deus não deu oportunidade aos homens. Deus deu oportunidade aos homens desde o princípio até o fim; Deus sempre estendeu a mão para o homem, e o homem não valorizou a sua bondade.

Não deu valor no passado, não dá valor no presente, e não dará valor no mundo vindouro. Mas que Deus deu chance ao homem, isso Ele deu.

— *Mas será que todos morrerão com o fogo que descerá do céu?*

Não. Apenas os aliados de Gogue, da terra de Magogue. (Ez 38/39)

Porque os fiéis — isto é, Israel — não serão influenciados por Satanás.

"E serão separados homens que incessantemente passarão pela terra, para que sepultem os que tiverem ficado sobre a face da terra, para a purificarem; durará sete meses este trabalho." (Ez 39:14)

Alguns dizem que Meseque e Tubal são a atual Rússia e seus aliados comunistas, que exaltam a matéria e proíbem o culto a Deus. Pode até ser — mas isso, simbolicamente. Ou seja, a Rússia simboliza um povo que ainda surgirá durante o reinado milenar de Cristo, o grande Rei da terra. (Mas eles pensam assim porque lhes falta uma visão 3D das Escrituras — coisa que só Deus pode dar, coisas que os estudos teológicos não revelam.)

E aqueles que se mantiverem fiéis a Deus, que não aderirem à rebelião de Gogue, o grande tolo — eu cogito que também serão transformados como nós e herdarão um novo corpo glorificado. Ou, talvez, Deus lhes dê o fruto da árvore da vida, para que vivam para sempre na terra que o Senhor lhes deu. (Mas é claro que isso é só uma hipótese.)

Sei que eu nada sei, entretanto, disto eu sei: *"Ainda não se manifestou o que havemos de ser. Mas sabemos que, quando Ele se manifestar, seremos semelhantes a Ele, pois o veremos como Ele é."* (1Jo 3:2)

E depois de tudo isso, virá o juízo final. *"Os restantes dos mortos não reviveram até que se completassem os mil anos."* (Ap 20:5)

Estes são os mortos que morreram sem salvação. Haverá um julgamento — o juízo final. E, depois desse julgamento, Deus dará a sentença a cada alma. Como Deus é justo, mas também misericordioso, creio que poderá haver muitas situações atenuantes no Dia do Juízo Final.

E acontecerá que os que não forem registrados no Livro da Vida, depois do julgamento, passarão pela segunda morte — o lago de fogo.

Eu acredito que o juízo será justo, e não um extermínio. Pode ser que muitos sejam absolvidos nesse julgamento e se livrem do lago de fogo.

Mas é claro que só Deus sabe de todas as coisas — isso é apenas uma hipótese. Mas a Palavra nos revela que pode sim haver misericórdia no Dia do Juízo Final: *"Porque o juízo é sem misericórdia para com aquele que não usou de misericórdia. A misericórdia triunfa sobre o juízo."* (Tg 2:13)

E também diz: *"Se alguém proferir alguma palavra contra o Filho do Homem, isso será perdoado; mas, se alguém falar contra o Espírito Santo, não lhe será isso perdoado, nem neste mundo nem no porvir. [...] Quando fores com o teu adversário ao magistrado, esforça-te para te livrares desse adversário no caminho; para que não suceda que ele te arraste ao juiz, o juiz te entregue ao meirinho e o meirinho te recolha à prisão. Digo-te que não sairás dali enquanto não pagares o último centavo."* (Mt 12:32)(Lc 12:58,59)

E também: *"Digo-vos que de toda palavra frívola que proferirem os homens, dela darão conta no Dia do Juízo; porque, pelas tuas palavras, serás justificado e, pelas tuas palavras, serás condenado."* (Mt 12:36-37)

Isso me dá uma esperança — esta esperança: que muitos que serão julgados poderão receber uma absolvição do Grande Juiz no Dia do Juízo Final. Assim diz a Palavra acerca do juízo final: *"Vi um grande trono branco e aquele que nele se assenta, de cuja presença fugiram a terra e o céu, e não se achou lugar para eles. Vi também os mortos, os grandes e os pequenos, postos de pé diante do trono. Então, se abriram livros. Ainda outro livro, o Livro da Vida, foi aberto. E os mortos foram julgados segundo as suas obras, conforme o que se achava escrito nos livros. Deu o mar os mortos que nele estavam. A morte e o além entregaram os mortos que neles havia. E foram julgados, um por um, segundo as suas obras. Então, a morte e o inferno foram lançados para dentro do lago de fogo. Esta é a segunda morte — o lago de fogo. E, se alguém não foi achado inscrito no Livro da Vida, esse foi lançado para dentro do lago de fogo."* (Ap 20:11-15)

Por acaso é heresia cogitar que nem todos serão condenados? Não podemos nos esquecer da misericórdia, da bondade e do amor de Deus.

Mas também não podemos nos esquecer de que Deus é justiça. É claro que isso é apenas uma hipótese — só Deus sabe de todas as coisas.

E o que é o lago de fogo, senão a segunda morte? Quando passamos pela primeira morte — a morte terrena e física — deixamos de existir no plano físico, neste mundo. Então, por que não podemos cogitar que a segunda morte também poderá ser a morte da nossa alma e espírito?

Pode ser que a segunda morte, que é o lago de fogo, também seja a morte espiritual — onde as almas deixarão de existir no plano celestial.

Ou seja, a morte da alma. Segunda morte? Por acaso a expressão "segunda morte" não está indicando que, de fato, haverá mesmo uma segunda morte? *"Embriagarei os seus príncipes, os seus sábios, os seus governadores, os seus vice-reis e os seus valentes; dormirão sono eterno e não acordarão, diz o Rei, cujo nome é SENHOR dos Exércitos."* (Jr 51:57)

Segunda morte quer dizer que vai morrer uma segunda vez.

Porém, estou certo de que algum superteólogo irá dizer: — *Está escrito que a besta, o falso profeta e o diabo serão atormentados eternamente.*

Concordo que o diabo, o anticristo, o falso profeta e os que receberam a marca da besta — estes, com certeza, serão atormentados para sempre.

Como está escrito na Palavra do Deus verdadeiro que não pode mentir:

"O diabo, o sedutor deles, foi lançado para dentro do lago de fogo e enxofre, onde já se encontram não só a besta como também o falso profeta; e serão atormentados de dia e de noite, pelos séculos dos séculos." (Ap 20:10)

Entretanto, também está escrito: *"Seguiu-se a estes outro anjo, o terceiro, dizendo, em grande voz: Se alguém adora a besta e a sua imagem e recebe a sua marca na fronte ou sobre a mão, também esse beberá do vinho da cólera de Deus, preparado, sem mistura, do cálice da sua ira, e será atormentado com fogo e enxofre, diante dos santos anjos e na presença do Cordeiro. A fumaça do seu tormento sobe pelos séculos dos séculos, e não têm descanso algum, nem de dia nem de noite, os adoradores da besta e da sua imagem e quem quer que receba a marca do seu nome."* (Ap 14:9-11)

Vejam que a besta, o falso profeta, o diabo e todos os que receberam a marca da besta e adoraram a sua imagem serão atormentados no lago de fogo e enxofre, do vinho da cólera de Deus, preparado, sem mistura, do cálice da sua ira. Vejam que o lago de fogo, que é a segunda morte, é um.

Porém, o lago de fogo e enxofre, do vinho da cólera de Deus, "preparado, sem mistura", do cálice da sua ira — me parece ser outro.

"Esse beberá do vinho da cólera de Deus, preparado, sem mistura, do cálice da sua ira..." (Ap 14:10)

Esse "preparado, sem mistura" dá a entender que possa haver algum tipo de mistura no lago de fogo, que é a segunda morte, para aniquilar as almas ali lançadas, fazendo com que elas morram, isto é, deixem de existir.

"Preparado, sem mistura, do cálice da sua ira..." (Ap 14:10)

Pode ser que a segunda morte seja a morte espiritual, na qual a alma deixará de existir — e não o tormento eterno. Porque há muita diferença: tormento eterno é tormento eterno; e segunda morte é segunda morte.

Porque também está escrito: *"Quanto, porém, aos covardes, aos incrédulos, aos abomináveis, aos assassinos, aos impuros, aos feiticeiros, aos idólatras e a todos os mentirosos, a parte que lhes cabe será no lago que arde com fogo e enxofre, a saber, a segunda morte."* (Ap 21:8)

Vejam que, no lago de fogo — que é a segunda morte — não está falando nada acerca de: "Preparado, sem mistura, do cálice da sua ira."

"Também esse beberá do vinho da cólera de Deus, preparado, sem mistura, do cálice da sua ira..." (Ap 14:10)

Pra mim, parece que muitos sentem prazer no tal do tormento eterno.

Entretanto, somente Deus tem todas as respostas; isso é só mais uma suposição. Mas será que é errado ser otimista quanto aos que irão sofrer o dano da segunda morte? Porque essa segunda morte pode ser, sim, literal: a morte espiritual, o fim do ciclo da alma — e não o tormento eterno.

Porque muitas pessoas, sim, irão merecer o tormento eterno — como no caso da besta, do falso profeta, do diabo, e todos os que adoraram a imagem da besta e receberam a sua marca. E tantos outros, como por exemplo: *Adolf Hitler*, o reverendo *Moon*, o pastor *Jim Jones*, o serial killer *John Wayne Gacy*, entre muitas outras "celebridades do mal."

Mas outras almas que não causaram tanto mal — eu não creio que irão merecer tamanho castigo eterno. E eu cogito que essas pessoas morrerão eternamente, deixando de existir. Pois creio que o juízo de Deus será justo.

Porque "segunda morte" quer dizer que vai morrer uma segunda vez.

Será mesmo que o lago de fogo e o lago de fogo e enxofre do vinho da cólera de Deus, "preparado sem mistura", do cálice da ira de Deus, são os mesmos? Pode ser que sim, como também pode ser que não.

Na verdade, eu não sei. Não há homem que consiga ver o quadro todo — só mesmo Deus pode saber. Porque eu não quero ultrapassar o que está escrito; e até agora, eu acho que não ultrapassei. Só apresentei algumas possibilidades, mas nada afirmei. Porque, na verdade, o homem não pode afirmar nada — só Deus pode afirmar alguma coisa. *"Pelo contrário, rejeitamos as coisas ocultas, que são vergonhosas, não procedendo com astúcia, nem distorcendo a palavra de Deus."* (2Co 4:2)

Muitos mestres e teólogos graduados certamente acharão tudo isso uma loucura. Pode até ser uma loucura — uma santa loucura.

Mas eu acredito nessa loucura. Pra mim, essa loucura tem lógica.

Porque eu quis falar do mundo vindouro de uma forma resumida, segundo o que está escrito — sem usar minha imaginação para fantasiar.

Mas eu não imagino nada, pois não tenho capacidade para isso. Mas muitos imaginam e fantasiam coisas, e dizem que é revelação de Deus.

São os tais falsos profetas, que gostam de ser considerados pelos homens como "super-homens de Deus". Mas Deus sabe quem é quem.

Muitos acreditam que o livro do Apocalipse está escrito de forma cronológica. Algumas coisas, eu creio que sim; outras, não. Mas o livro do Apocalipse ainda é — e sempre será — um mistério. Isso, porém, não quer dizer que ele não seja literal, embora haja muita simbologia e alegorias.

Sei que não sou grande coisa. Na verdade, eu nada sou e nada sei.

Mas sigo pela fé e pela graça — confiando em Deus, e não em mim mesmo. Nunca estudei escatologia — melhor assim, e melhor para mim; pois, dessa forma, não corro o risco de ser influenciado pelos homens.

Como muitos teólogos, que precisam seguir a cartilha de suas escolas de teologia — isto é, interpretam a Bíblia com base na teologia de outros homens, que foram grandes mestres, porém não perfeitos. *"pela artimanha dos homens, pela astúcia com que induzem ao erro."* (Ef 4:14)

Nada contra os que estudam — cada um pensa de um modo.

Mas eu penso que, se não for pela revelação, pelo poder e pelo agir de Deus na minha vida, então é melhor que eu me cale. Porque Cristo é o meu Mestre — e isso é uma questão de fé. Tudo o que eu preciso é do Espírito Santo e da Palavra de Deus, e de mais nada. *"Eis que Deus se mostra grande em seu poder! Quem é mestre como Ele?"* (Jó 36:22)

O Senhor Jesus é o meu Mestre — Ele me exorta, me ensina e me aconselha. *"Cuidado que ninguém vos venha a enredar com sua filosofia e vãs sutilezas, conforme a tradição dos homens, conforme os rudimentos do mundo e não segundo Cristo; porquanto, nele, habita, corporalmente, toda a plenitude da Divindade. Também, nele, estais aperfeiçoados."* (Cl 2:8-10)

É o que eu penso. Se alguém quiser discordar, fique à vontade.

Porque, na verdade, ninguém sabe de todas as coisas e de todos os mistérios. Como está escrito: *"Porque, em parte, conhecemos e, em parte, profetizamos. [...] Eis que Deus é grande, e não o podemos compreender... [...] Então, contemplei toda a obra de Deus e vi que o homem não pode compreender a obra que se faz debaixo do sol; por mais que trabalhe o homem para descobrir, não a entenderá; e, ainda que diga o sábio que a virá a conhecer, nem por isso poderá achar."* (1Co 13:9) (Jó 36:26) (Ec 8:17)

Eu só sei que só posso conhecer até o ponto que Deus permitir que eu conheça. Porque eu não posso ultrapassar a linha que Deus demarcou para mim. Grande é a minha limitação, e grande é a minha dependência de Deus; de fato, grande é a minha fraqueza. *"E disse: até aqui virás e não mais adiante, e aqui se quebrará o orgulho das tuas ondas."* (Jó 38:11)

Nesta passagem bíblica, o autor está falando acerca do mar.

Se Deus determina limites para o mar, e o mar lhe obedece — quanto mais um verme como eu. Jamais poderei ultrapassar os limites que Deus me impôs. Porque, sem Deus, eu nada sou e nada posso fazer, de fato.

Deus é Esplêndido e Magnífico!

— Não sei se foi uma revelação, não sei se foi verdade, não sei se foi uma imaginação da minha mente... Mas me lembro de que estava orando com as mãos erguidas para o alto. De repente, me veio um entendimento; num vislumbre, pude contemplar o universo, com tudo o que nele há: as estrelas, os planetas, o sol, a lua, a terra etc. Tudo isso, dentro da pupila de apenas um dos olhos de Deus. Então, num vislumbre, pude contemplar e ter uma noção da grandeza de Deus. Sim — vi o quanto Deus é grandioso.

Antes de Jesus, não houve muita evolução no mundo: não houve avanço tecnológico, não houve avanço na ciência, não houve avanço na medicina. Mas, depois de Cristo, tudo mudou — o mundo nunca mais foi o mesmo. Isso tudo é apenas uma prévia da chegada do Reino de Deus.

É claro que o mundo precisou passar pela Idade das Trevas, pois o sangue inocente dos primeiros cristãos que foram mortos clamava por justiça. E Deus não pôde deixar de executar justiça sobre a face da terra.

Mas o mundo vindouro será algo maravilhoso.

Não — eu não posso imaginar isso. Está muito além do meu alcance.

Mas mortifico a minha carne, para que o Espírito vivifique o meu espírito, e me faça andar no espírito, guiado pelo Espírito, segundo a vontade do Espírito, que habita no meu espírito, junto com o meu espírito, que habita no meu corpo físico. *"Disto também falamos, não em palavras ensinadas pela sabedoria humana, mas ensinadas pelo Espírito, conferindo coisas espirituais com espirituais."* (1Co 2:13)

Todas as profecias nos apontam para o tempo do fim.

Todas as profecias nos apontam para o mundo vindouro.

Quase todas as profecias têm amplos e múltiplos sentidos — sim, isso é mais do que certo. Tão certo como Deus é verdadeiro; tão certo como a estrela de Davi (hexagrama) é uma abominação para Deus; tão certo como eu nada sou e nada sei. Mas sei que Deus não fala aos nossos ouvidos, nem à nossa mente, nem ao nosso coração. Deus é Espírito e fala somente ao nosso espírito. Quem tem ouvidos espirituais para ouvir a voz de Deus, ouça; mas, se você não ouve, não diga que Deus está falando com você.

Pois Deus não tem prazer nos mentirosos, nem deixará de condená-los.

Mas, para não falarem que é heresia, vou dizer que é apenas uma teoria. Tire você a conclusão.

CAPÍTULO 14

APOCALIPSE.

"Estas palavras são fiéis e verdadeiras. O Senhor, o Deus dos espíritos dos profetas, enviou seu anjo para mostrar aos seus servos as coisas que em breve devem acontecer. Eis que venho sem demora. [...] Eu, João, irmão vosso e companheiro na tribulação, no reino e na perseverança, em Jesus, achei-me na ilha chamada Patmos, por causa da palavra de Deus e do testemunho de Jesus." (Ap 22:6,7) (Ap 1:9)

João, servo e apóstolo do Senhor Jesus Cristo, já avançado em idade, o último dos doze apóstolos que andaram com Cristo e que ainda estava vivo, viu-se exilado em uma ilha chamada Patmos. Que, na verdade, não era uma ilha paradisíaca, mas sim uma prisão. Como a ilha de Alcatraz, só que muito mais tenebrosa e terrível. Porque, na ilha de Patmos, não havia comissão de direitos humanos; não havia kit de sobrevivência, nem kit de primeiros socorros. A expectativa de sair vivo daquela prisão de trabalhos forçados era mínima, pois ele foi lançado naquela ilha para morrer.

Mas, antes de João ser exilado na ilha de Patmos, dizem os historiadores que o imperador Domiciano já o havia condenado à morte em um tacho com óleo fervente. E, segundo os historiadores, João foi lançado no tacho com óleo fervente, mas não lhe aconteceu absolutamente nada. Ele entrou vivo e saiu vivo. Semelhante à história de Sadraque, Mesaque e Abede-Nego, que foram lançados na fornalha ardente de fogo pelo rei da Babilônia, Nabucodonosor. (Dn 3:1-30)

Vendo o imperador que o óleo fervente não matou João, suponho que a única saída para ele foi exilar João na ilha de Patmos, para que, por lá mesmo, ele morresse. E foi na ilha de Patmos que João teve a revelação das coisas que iriam acontecer no fim dos tempos. João viu e ouviu coisas grandiosas e maravilhosas que lhe foram reveladas naquele lugar inóspito, onde ele estava exilado. E como a Palavra do Senhor Jesus diz: *"A minha graça te basta, porque o poder se aperfeiçoa na fraqueza."* (2Co 12:9)

Exilado e lançado naquela ilha como um trapo humano, passando por privações, fome, sede, frio e demais necessidades. Já idoso, cansado e maltratado, creio que a sua maior vontade era partir daquela vida para a vida eterna. E como também diz a Palavra do Deus vivo e eterno:

"Porque, quando sou fraco, então, é que sou forte." (2Co 12:10)

João, já no limite da sua fraqueza física como homem carnal, pôde receber a gloriosa revelação e a maravilhosa visão celestial vinda da parte de Deus. Revelação essa que um crente comum, cheio de ambição e de sonhos mundanos, egoísta, com o ego inflado e repleto de preocupações com as coisas deste mundo e desta vida, jamais poderia receber.

Porque para estar perto de Deus, é preciso estar longe do mundo.

Porque, quem era maior para Deus? Aquele maltrapilho exilado ou o imperador Domiciano, rico e poderoso? Um homem que se achava um deus, que fez esculturas de sua imagem para serem adoradas e que também perseguiu, prendeu e matou muitos cristãos. Um prenúncio de coisas piores que ainda irão acontecer futuramente na Grande Tribulação.

Porque, se o espírito do anticristo causou tanto mal aos cristãos do passado, imagina o anticristo em pessoa, na Grande Tribulação.

De fato, o espírito do anticristo anda de mãos dadas com a Babilônia.

Mas a vida daquele imperador que se achava tão poderoso passou como a flor do campo, e seus dias de glória acabaram quando ele morreu, o pó retornou ao pó, e há muito tempo sua alma jaz no calor do inferno.

Ao contrário de João, que há muito tempo goza a vida eterna na glória de Deus, no paraíso, descansando no Éden, aguardando Jesus voltar.

Bom, mais uma vez eu vou falar resumidamente acerca do livro do Apocalipse. Como muitos o interpretam, cada um à sua forma, eu também vou "enlouquecer" mais uma vez e dar a minha interpretação acerca de algumas coisas — que poderão parecer loucura. *"Também eu responderei pela minha parte; também eu declararei a minha opinião."* (Jó 32:17)

Se bem que eu já falei um pouco acerca do livro do Apocalipse nos capítulos anteriores, mas mesmo assim, vou falar um pouco mais.

Quem são os vinte e quatro anciãos? (Ap 4:4)

Há muitas teorias sobre este assunto. Eu, porém, vejo os vinte e quatro anciãos como um grande mistério, porque não há como saber.

Acho que nem João sabia quem eram. Mas que diferença faria se eu soubesse? O que isso iria acrescentar à minha fé?

Mas posso afirmar que os vinte e quatro anciãos não são uma representação dos judeus e da igreja, da antiga aliança e da nova aliança, do Antigo Testamento e do Novo Testamento, de todos os salvos em geral. Como muitos afirmam que os vinte e quatro anciãos simbolizam os santos, ou seja, todas as almas que foram salvas durante toda a história.

Mas a Palavra de Deus nos revela outra coisa: nos revela que os vinte e quatro anciãos eram vinte e quatro seres distintos. Está escrito: *"Então um dos anciãos me disse: Não chores, pois o Leão da tribo de Judá, a raiz de Davi, venceu para abrir o livro e romper os sete selos."* (Ap 5:5)

E também diz: *"Então, um dos anciãos me perguntou: Quem são e de onde vieram estes que estão vestidos com túnicas brancas?"* (Ap 7:13)

Para o bom entendedor está bem claro. Quando um dos anciãos se aproxima de João e lhe diz algo, entendemos que o ancião era uma pessoa — isto é, um ser vivo — e não uma representação da igreja e dos judeus.

Porque ele chega até João e fala com João como uma pessoa.

Mas isso é irrelevante. O que realmente importa são as revelações dos últimos dias: que surgirá o anticristo e o falso profeta, e haverá uma grande tribulação no mundo inteiro; e o mundo passará por maus bocados. Também haverá a volta de Cristo e o arrebatamento dos santos.

E também haverá as pragas e os flagelos das sete trombetas e das sete taças da ira de Deus, que punirá aqueles que adoraram a imagem da besta e receberam o número do seu nome, a saber, seiscentos e sessenta e seis.

Todos serão punidos com o anticristo. Depois que Jesus voltar e levar o seu povo, ai dos habitantes da Terra que receberam a marca da besta.

O que mais importa é que o Senhor, nosso Deus, vencerá todos os seus inimigos e punirá todos os seus inimigos; e fará resplandecer a sua justiça e a sua glória como o único e verdadeiro Deus. E nós, os salvos, de geração em geração e pelos séculos dos séculos, estaremos com o nosso Deus para sempre. Sabemos que haverá uma Grande Tribulação, e o mundo passará por maus bocados, e a humanidade será provada. E a igreja e os judeus, os israelitas que aceitaram Jesus como o Messias, o povo de Deus em geral, serão perseguidos pelo anticristo. Não sou eu que estou falando, é a Palavra de Deus que nos revela isso. Como está escrito nas Escrituras:

"E abriu a boca em blasfêmias contra Deus, para lhe difamar o nome e difamar o tabernáculo, a saber, os que habitam no céu. Foi-lhe dado, também, que pelejasse contra os santos e os vencesse." (Ap 13:6,7)

E continuando, a Palavra verdadeira de Deus também nos revela isto:

"Eu olhava, e eis que este chifre fazia guerra contra os santos e prevalecia contra eles, até que veio o Ancião de Dias e fez justiça aos santos do Altíssimo; e veio o tempo em que os santos possuíram o reino." (Dn 7:21,22)

E também, segundo a visão do profeta Daniel, isto foi revelado:

"Proferirá palavras contra o Altíssimo, magoará os santos do Altíssimo e cuidará em mudar os tempos e a lei; e os santos lhe serão entregues nas mãos por um tempo, dois tempos e metade de um tempo." (Dn 7:25)

E também diz: *"Mas, no fim do seu reinado, quando os prevaricadores acabarem, levantar-se-á um rei de feroz catadura e especialista em intrigas. Grande é o seu poder, mas não por sua própria força; causará estupendas destruições, prosperará e fará o que lhe aprouver; destruirá os poderosos e o povo santo. Por sua astúcia, nos seus empreendimentos, fará prosperar o engano; no seu coração se engrandecerá e destruirá a muitos que vivem despreocupadamente; levantar-se-á contra o Príncipe dos príncipes, mas será quebrado sem esforço de mãos humanas."* (Dn 8:23,24,25)

E a Palavra verdadeira do Santo Deus continua revelando:

"Ouvi o homem vestido de linho, que estava sobre as águas do rio, quando levantou a mão direita e a esquerda ao céu e jurou, por aquele que vive eternamente, que isso seria depois de um tempo, dois tempos e metade de um tempo. E, quando se acabar a destruição do poder do povo santo, estas coisas todas se cumprirão." (Dn 12:7)

E continuando: *"Nesse tempo, se levantará Miguel, o grande príncipe, o defensor dos filhos do teu povo, e haverá tempo de angústia, qual nunca houve, desde que houve nação até àquele tempo; mas, naquele tempo, será salvo o teu povo, todo aquele que for achado inscrito no livro."* (Dn 12:1)

No tempo da Grande Tribulação, Deus enviará o arcanjo Miguel com o seu exército para guardar o seu povo, aqueles que não se contaminaram e permaneceram fiéis. Mas, naquele tempo, também haverá apostasia; muitos negarão a Cristo por causa das perseguições. Muitos morrerão, mas não negarão a fé. Porque vemos o quanto a igreja está crescendo e, ao mesmo tempo, se corrompendo. E, quando chegar o tempo da grande tribulação, quando o anticristo se levantar para blasfemar contra Deus e para perseguir os santos, então a igreja passará por uma grande peneira, e muitos negarão a fé. E também, nesse tempo, Deus se voltará para salvar os judeus (porque os judeus estarão decepcionados com o seu Messias, que será o anticristo). Mas olha o que o Senhor Jesus disse acerca de Elias:

"De fato, Elias virá e restaurará todas as coisas." (Mt 17:11)

O Senhor não revelou tudo aos seus apóstolos, por isso eles entenderam que Jesus estava falando de João Batista. E, de fato, ele também estava falando de João Batista, que veio no espírito de Elias, mas não era o Elias.

Porque Elias virá no tempo do fim e restaurará todas as coisas; ele será uma das duas testemunhas que restaurará os judeus para o Reino de Deus.

Porque acredito que Deus nada faz sem um propósito — como no caso de Enoque e Elias, que foram levados vivos para o Céu. Acredito que Enoque e Elias são as duas testemunhas que estarão profetizando durante mil duzentos e sessenta dias, e isso durante a Grande Tribulação. Elias virá como João Batista veio no passado, para preparar o caminho para o Senhor. Do mesmo modo, Elias e Enoque virão no tempo do fim para preparar a volta do Senhor Jesus, que será depois da Grande Tribulação.

A Palavra diz: *"Foi-me dado um caniço semelhante a uma vara, e também me foi dito: Dispõe-te e mede o santuário de Deus, o seu altar e os que nele adoram; mas deixa de parte o átrio exterior do santuário e não o meças, porque foi ele dado aos gentios; estes, por quarenta e dois meses, calcarão aos pés a cidade santa. Darei às minhas duas testemunhas que profetizem por mil duzentos e sessenta dias, vestidas de pano de saco."* (Ap 11:1-3)

Esta é a minha pergunta: Quem é o átrio exterior do santuário e a cidade santa, que será pisada pelos gentios, senão os santos, a igreja e os judeus, que estarão sendo perseguidos durante a Grande Tribulação?

Porque será através das duas testemunhas que os judeus se consertarão com Deus, aceitando Cristo como o Messias. E muitos da igreja, como os judeus, se consertarão com Deus naqueles dias. Porque, nos dias de hoje, a igreja clama por um avivamento; mas como haverá um avivamento, se a igreja não coopera, nem se santifica, e está cada vez mais voltada para as coisas do mundo? A igreja terá o seu avivamento na Grande Tribulação.

Será o conserto da igreja corrompida. Porque, naquele tempo da Grande Tribulação, a igreja contemporânea já não terá mais os traços da boa igreja de Filadélfia, que simboliza um tipo de caráter cristão.

Como está escrito: "*Porque guardaste a palavra da minha perseverança, também eu te guardarei da hora da provação que há de vir sobre o mundo inteiro, para experimentar os que habitam sobre a terra.*" (Ap 3:10)

Lembra que o arcanjo Miguel será enviado para livrar os fiéis?

"*Naquele tempo, se levantará Miguel, o grande príncipe...*" (Dn 12:1)

Na verdade, a igreja já está começando a perder os traços da boa igreja de Filadélfia, nos dias de hoje. Essa boa essência cristã está se desvanecendo, e a causa disso é a ganância, o apego material e os cuidados desta vida neste mundo. Porque a mentalidade do mundo está entrando cada vez mais dentro das igrejas, e a tendência é piorar cada vez mais.

Muitos estão se corrompendo — tanto os líderes como também o povo — e, como uma bola de neve, a prevaricação irá crescer ainda mais.

Mas é claro que restará um remanescente fiel. Nem toda a igreja estará corrompida; mas a maioria dos líderes e do povo, sim, estará corrompida.

Por isso, será necessário que essa igreja contemporânea passe pelo fogo da Grande Tribulação, para que haja um conserto do povo — tanto da igreja como dos judeus. As profecias de Daniel nos revelam esse tempo.

Como está escrito: "*Cresceu até atingir o exército dos céus; a alguns do exército e das estrelas lançou por terra e os pisou. [...] O exército lhe foi entregue, com o sacrifício diário, por causa das transgressões; e deitou por terra a verdade; e o que fez prosperou. Depois, ouvi um santo que falava; e disse outro santo àquele que falava: Até quando durará a visão do sacrifício diário e da transgressão assoladora, visão na qual é entregue o santuário e o exército, a fim de serem pisados? Ele me disse: Até duas mil e trezentas tardes e manhãs; e o santuário será purificado.*" (Dn 8:10,12,13,14)

Vou passar a minha visão sobre essas coisas. Não a visão de um mestre em escatologia, mas a visão de um semianalfabeto guiado por Deus.

O sacrifício diário é o culto; o exército dos céus e as estrelas que serão lançadas por terra são a igreja e os líderes do povo — isso por causa das transgressões. Por isso, Deus permitirá que a igreja seja perseguida pelo anticristo na Grande Tribulação, para ser purificada de suas transgressões.

"O exército lhe foi entregue, com o sacrifício diário, por causa das transgressões; e deitou por terra a verdade; e o que fez prosperou." (Dn 8:12)

A igreja estará, em sua maior parte, corrompida; por isso, será necessário que o santuário — que representa a igreja — seja purificado.

Essas duas mil e trezentas tardes e manhãs correspondem, mais ou menos, ao tempo da Grande Tribulação. A tarde e a manhã duram apenas doze horas, e não vinte e quatro; dois mil e trezentos dias divididos ao meio dão mil cento e cinquenta dias — mais ou menos o tempo em que a cidade santa estará sendo pisada durante quarenta e dois meses. (Ap 11:2) Mais ou menos o tempo em que as duas testemunhas, vestidas de pano de saco, estarão profetizando durante mil duzentos e sessenta dias. (Ap 11:3)

Mais ou menos o tempo dado para o anticristo agir durante quarenta e dois meses (Ap 13:5). Mais ou menos por volta de três anos e meio.

Depois que a besta tiver governado por três anos e meio, por meio da dissimulação, virão mais três anos e meio de Grande Tribulação; esse será, mais ou menos, o tempo para que o santuário seja purificado. (Dn 8:13,14)

Como a Palavra de Deus nos revela: *"E ele fará um pacto firme com muitos por uma semana; e, na metade da semana, fará cessar o sacrifício e a oblação; e sobre a asa das abominações virá o assolador; e até a destruição determinada, a qual será derramada sobre o assolador."* (Dn 9:27)

Ora, essa semana simboliza sete anos; nos primeiros três anos e meio tudo irá aparentemente bem, mas depois virá a Grande Tribulação, por mais ou menos três anos e meio. Deus nos mostra um tempo aproximado; não nos dá o tempo com precisão, para que ninguém venha a saber o dia nem a hora do Senhor. *"Eis que venho como vem o ladrão."* (Ap 16:15)

(Estejamos, pois, atentos aos sinais do fim dos tempos.)

Vamos ver o significado da abertura dos sete selos. (Ap 6:1)

O primeiro selo: — O cavalo branco e o seu cavaleiro; simboliza o Senhor Jesus, o Rei dos reis e o Senhor dos senhores. (Ap 6:2)

O segundo selo: — O cavalo vermelho e o seu cavaleiro; simboliza a violência e as guerras que haveriam na terra. (Ap 6:3)

O terceiro selo: — O cavalo preto e o seu cavaleiro; simboliza o avanço da civilização, o comércio, os negócios, a injustiça social, a fome, as mazelas e também as dificuldades que haveriam na terra. (Ap 6:5)

O quarto selo:

— O cavalo amarelo e o seu cavaleiro, que se chamava Morte, e o Inferno o seguia, simboliza toda desgraça e calamidade: doenças, homicídios, suicídios, ataques de animais, pragas, epidemias, enfim, todas as mortes precoces que haveriam na terra (Ap 6:7). O quinto selo:

— Quando o quinto selo for tirado, o anticristo será revelado; a besta que emerge do mar se levantará para perseguir e matar os santos, e blasfemar contra o Deus Santo, no tempo da Grande Tribulação. (Ap 6:9)

O sexto selo: — Simboliza a volta gloriosa do Senhor Jesus Cristo, que virá buscar o seu povo, ressuscitando os que estiverem mortos e arrebatando os que estiverem vivos; e todos os olhos o verão. (Ap 6:12)

O sétimo selo: — Simboliza o juízo e a vingança do Deus Todo-Poderoso, que punirá todas as nações através das sete trombetas e das sete taças da ira de Deus, e todos os seus flagelos. (Ap 8:1)

Resumindo: o segundo, o terceiro e o quarto selo simbolizam o princípio das dores, coisas que já aconteceram. Agora só faltam três selos.

Depois de todos os flagelos da ira de Deus, o mundo estará arruinado e desolado; e isso nos leva à queda da grande Babilônia, que é a influência mundana, o espírito que rege a civilização, montada sobre o espírito do anticristo (Ap 17:3). *"Caiu! Caiu a grande Babilônia..."* (Ap 18:2)

Sim, a queda da Babilônia representa o fim do mundo como nós o conhecemos. Como está escrito: *"E a grande cidade se dividiu em três partes, e caíram as cidades das nações."* (Ap 16:19)

Essa grande cidade é a Babilônia. (Ap 17:18)

Depois, o anticristo reunirá os exércitos de todas as nações para a peleja do Grande Dia do Deus Todo-Poderoso. Jesus, o Rei dos reis e o Senhor dos senhores, vencerá o anticristo e todo o seu exército, e também prenderá o diabo durante mil anos. Então virá um novo céu e uma nova terra, e o domínio do Reino de Deus será estabelecido na terra durante mil anos. Se esses mil anos são segundo o calendário de Deus ou dos homens, isso eu não sei dizer. Mas está claro como água limpa e transparente.

Mas, depois dos mil anos, Satanás será solto e voltará a enganar as nações, que subirão contra o acampamento dos santos e contra a Cidade Amada — a Nova Jerusalém, a Cidade do grande Rei, a santa morada de Deus e da igreja dos primogênitos, os deuses. (Sl 82:1,6) (Jo 10:34,35)

Mas descerá fogo do céu e consumirá a todos, e o diabo será lançado no lago de fogo e enxofre. Então virá o Juízo Final. Está claro e nítido.

— *Mas, e quanto aos cento e quarenta e quatro mil que serão selados?*

A Palavra do nosso Deus diz: "*Não danifiqueis nem a terra, nem o mar, nem as árvores, até selarmos na fronte os servos do nosso Deus.*" (Ap 7:3)

Depois da Grande Tribulação, serão selados cento e quarenta e quatro mil homens, de todas as tribos dos filhos de Israel — doze mil de cada tribo, exceto a tribo de Dã. Não me pergunte o porquê. (Ap 7:3-8)

— *Com que propósito Deus irá selar esses cento e quarenta e quatro mil?*

Creio eu: para que eles sirvam ao Senhor, resgatando e preservando o remanescente de Israel, que está espalhado pelos confins do mundo. Pois o Senhor prometeu trazer Jacó de volta do exílio para Sião. (Jr 33:1-26)

Porque será necessário que haja alguns sobreviventes, para que a humanidade volte a se multiplicar sob o domínio do Reino de Deus.

"*Vi novo céu e nova terra, pois o primeiro céu e a primeira terra passaram, e o mar já não existe.*" (Ap 21:1)

Esse mar não são os oceanos, mas sim as multidões dos povos.

Porque as nações cairão, e não restarão muitas pessoas — apenas um remanescente, que será preservado pelos cento e quarenta e quatro mil.

Quem foi que disse que o mundo não irá acabar? Este mundo irá acabar, sim; mas haverá um novo mundo, segundo a vontade de Deus.

Haverá um novo céu e uma nova terra, e a justiça de Deus será feita.

"*O reino de Deus está próximo; arrependei-vos...*" (Mc 1:15)

— *Mas e quanto à mulher vestida do sol, com a lua debaixo dos pés, e que tinha uma coroa de doze estrelas na cabeça?* (Ap 12:1)

Posso afirmar que não é Maria, como pensam alguns católicos romanos, e nem uma tal de apóstola Sol, que diz que essa passagem se refere a ela (quanta pretensão e quanta loucura dessa mulher).

Essa mulher simboliza a igreja, que é a noiva de Cristo.

— *E quanto à batalha que houve no céu?*

A Palavra diz: "*Houve peleja no céu. Miguel e seus anjos pelejaram contra o dragão. Também pelejaram o dragão e seus anjos; todavia, não prevaleceram, nem mais se achou no céu o lugar deles. E foi expulso o grande dragão, a antiga serpente, que se chama Diabo e Satanás, o sedutor de todo o mundo — sim, foi atirado para a terra, e com ele os seus anjos. Então, ouvi grande voz do céu, proclamando: Agora veio a salvação, o poder, o reino do nosso Deus e a autoridade do seu Cristo, pois foi expulso o acusador de nossos irmãos, o mesmo que os acusa de dia e de noite diante do nosso Deus. Eles, porém, o venceram por causa do sangue do Cordeiro e por causa da palavra do testemunho que deram, e, mesmo em face da morte, não amaram a própria vida. Por isso, festejai, ó céus, e vós, os que neles habitais. Ai da terra e do mar, pois o Diabo desceu até vós, cheio de grande cólera, sabendo que pouco tempo lhe resta.*" (Ap 12:7-12)

Essa batalha, de fato, tem sido alvo de muitas disputas escatológicas.

Pois muitos dizem: — *Quando foi que aconteceu essa batalha?*

Na verdade, essa batalha tem triplo sentido. Ela revela o começo, o meio e o fim da luta entre o bem e o mal; ou seja, revela a rebelião do diabo desde o princípio, a revolta do diabo com a vitória de Cristo na cruz, e a fúria do diabo no fim dos tempos, na Grande Tribulação.

Ou seja, essa batalha vislumbra a rebelião de Satanás desde o começo até o fim. *"Eu via Satanás, como um raio, cair do céu."* (Lc 10:18)

Essa batalha também aconteceu quando Cristo triunfou na cruz do Calvário, pagando o preço dos nossos pecados e vencendo o acusador, que nos acusava de dia e de noite diante de Deus. Como o próprio Senhor Jesus, nosso Senhor e Salvador, disse: *"Chegou o momento de ser julgado este mundo, e agora o seu príncipe será expulso."* (Jo 12:31)

— *Como assim, o príncipe deste mundo será expulso?*

Pela vitória de Cristo na cruz, o diabo — que é o príncipe deste mundo — perdeu o seu lugar de acusação no Céu e foi expulso para sempre.

"Todavia, não prevaleceram; nem mais se achou no céu o lugar deles. E foi expulso o grande dragão..." (Ap 12:8,9)

Mas essa batalha voltará a acontecer no tempo da Grande Tribulação, quando Miguel, enviado por Deus, se levantar para guardar os santos — isto é, o remanescente fiel, que não se corrompeu. *"A mulher fugiu para o deserto, onde já havia um lugar preparado por Deus, para que ali fosse alimentada durante mil duzentos e sessenta dias. Então, houve guerra no céu: Miguel e seus anjos batalhavam contra o dragão."* (Ap 12:6,7)

A mulher é a igreja, e esses mil duzentos e sessenta dias correspondem, mais ou menos, ao tempo da Grande Tribulação. Como está escrito:

"As duas asas da grande águia foram dadas à mulher, para que voasse para o seu lugar, o deserto, onde é sustentada por um tempo, tempos e metade de um tempo, fora da vista da serpente." (Ap 12:14)

Deus preservará o remanescente fiel para o arrebatamento; pelo seu poder, Ele os livrará das perseguições da besta. Contudo, muitos do povo que não andavam com fidelidade diante de Deus — que faziam parte da igreja corrompida — conseguirão alcançar a salvação, mas isso lhes custará um alto preço. Aquele que perseverar em negar a besta será salvo.

Entretanto, o que realmente importa é isto: *"Eis que venho como vem o ladrão. Bem-aventurado aquele que vigia e guarda as suas vestes, para que não ande nu, e não se veja a sua vergonha."* (Ap 16:15)

E a Palavra do Espírito Santo também diz: *"Bem-aventurados os mortos que, desde agora, morrem no Senhor. Sim, diz o Espírito Santo, para que descansem das suas fatigas, pois as suas obras o acompanham."* (Ap 14:13)

Ainda diz: "*Feliz e santo é aquele que tem parte na primeira ressurreição; sobre esses a segunda morte não tem autoridade; pelo contrário, serão sacerdotes de Deus e de Cristo e reinarão com Ele os mil anos.*" (Ap 20:6)

Haverá apenas duas ressurreições: a primeira, na vinda de Cristo; e a segunda, depois dos mil anos do reinado de Cristo na Terra. (Ap 20:5,6)

Por isso, eu digo que Jesus só voltará depois da Grande Tribulação.

Assim, os que já estavam mortos em Cristo e os que ainda irão morrer durante a Grande Tribulação serão ressuscitados juntos na primeira ressurreição. A Palavra também diz, no livro de Daniel, acerca de um sonho que o rei Nabucodonosor teve, de uma grande estátua. (Dn 2:1-45)

Daniel revelou o mistério desse sonho ao rei e o significado da grande estátua, que tinha: a cabeça de ouro; o peito e os braços de prata; o ventre e o quadril de bronze; as pernas de ferro; e os pés, em parte de ferro e em parte de barro. Daniel disse ao rei Nabucodonosor:

"*Tu és a cabeça de ouro. Depois de ti, se levantará outro reino, inferior ao teu; e um terceiro reino, de bronze, o qual terá domínio sobre toda a terra. E haverá um quarto reino, forte como o ferro, pois o ferro esmigalha e quebra tudo; assim como o ferro quebra todas as coisas, ele quebrará e destruirá. Quanto ao que vistes dos pés e dos dedos, em parte de barro de oleiro e em parte de ferro, esse será um reino dividido; mas haverá nele alguma coisa da firmeza do ferro, como viste o ferro misturado com o barro. E como os dedos dos pés eram em parte de ferro e em parte de barro, assim uma parte do reino será forte e a outra será frágil. Quanto ao que viste do ferro misturado com barro, haverá mistura por casamento, mas não se ligarão um ao outro, como o ferro não se mistura com o barro.*" (Dn 2:38-43)

Vou dizer no que eu creio. A minha simples visão é esta: A cabeça de ouro da estátua simbolizava o rei Nabucodonosor e a Babilônia. O peito e os braços de prata — creio eu — foram os medos e os persas, o segundo império depois da Babilônia. O ventre e o quadril de bronze — creio eu — foi a Grécia antiga. As pernas de ferro, que representam o quarto reino — creio eu — foi o Império Romano. As pernas de ferro se estendem até os pés, que são parte de ferro e parte de barro; ou seja, representam os reinos que vieram depois do Império Romano e se estenderam até o futuro.

O quarto reino também simboliza o quarto animal, que tinha dez chifres — os quais representam dez reis ou reinos que se levantariam na terra após o Império Romano — de onde também surgirá o chifre pequeno: o anticristo (Dn 7:1-28). O quarto reino começou com o Império Romano, e esse mesmo reino se estendeu até os dias de hoje e continuará se estendendo até o fim dos tempos através dos dez reis ou reinos.

E quanto aos pés — que são em parte ferro e em parte barro — a Palavra diz que esse será um reino dividido: o último reino antes do fim.

Creio eu que esse último reino dividido será a nova ordem mundial, que virá com o anticristo; esta é a parte dos pés que é de ferro. E o outro reino, que é a parte dos pés de barro — mais fraco do que o ferro — creio eu que serão aqueles que irão resistir à nova ordem mundial. Um tipo de governo de oposição, talvez mediado pela ONU (não sei, só Deus sabe); mas será um reino fraco. E haverá um falso acordo de paz entre os dois governos, mas a paz não prevalecerá naqueles dias. (Dn 11:27-45)

Como está escrito: "*Também estes dois reis se empenharão em fazer o mal e, a uma só mesa, falarão mentiras; porém isso não prosperará, porque o fim virá no tempo determinado.*" (Dn 11:27)

Creio que a besta só tolerará esse segundo reino no princípio do seu governo. Acredito que ela se levantará para tomar o domínio total — e conseguirá fazê-lo — e esse tempo será um tempo de guerras e de resistência. Será que isso não é o princípio da Grande Tribulação?

Mas os santos e a igreja são os que irão sofrer muito mais.

Porque, além dessas possíveis guerras estimuladas por esses dois governos, o anticristo — inspirado pelo diabo — estará focado em blasfemar contra Deus e também em perseguir a igreja e os santos.

Mas, felizmente, a Palavra diz: "*Enquanto estavas vendo isso, uma pedra soltou-se sem auxílio de mãos e feriu a estátua nos pés de ferro e de barro, e os esmigalhou. Então o ferro, o barro, o bronze, a prata e o ouro foram despedaçados e viraram pó, como a palha das eiras no verão. O vento os levou sem deixar nenhum vestígio; porém a pedra que feriu a estátua se tornou uma grande montanha e encheu toda a terra.*" (Dn 2:34,35)

Pra mim, está claro como água cristalina.

A pedra que se soltou e feriu a estátua simboliza o Senhor Jesus, que, na sua vinda montado sobre o cavalo branco, acabará com o reino dos homens; e a montanha que encheu toda a terra simboliza o monte Sião.

Assim será o fim do reino dos homens e a chegada do Reino de Deus.

Também está escrito acerca da imagem da besta que ganhou fôlego para falar, para obrigar a todos a aceitar a marca da besta. (Ap 13:14-16)

— Mas que imagem é essa que fala?

Ora, o que pode ser, senão a transmissão da própria besta através das telas da TV, do computador e do celular; através do avanço da tecnologia, do tal do metaverso. Nas notícias da televisão e nas plataformas digitais, blasfemando contra Deus e disseminando as suas mensagens abomináveis, ditando suas regras e ordens como um ditador tirano e dominador.

E muitos irão adorar suas mensagens e sua imagem, que estará sendo divulgada por todos os meios tecnológicos da mídia e da comunicação.

— *Mas, e quanto àquela passagem que fala da ceifa?* (Ap 14:14)

Quanto a passagem da ceifa, ela não se encaixa com o fim dos tempos:

"Olhei e vi uma nuvem branca diante de mim, e sobre a nuvem estava assentado alguém semelhante a um filho de homem, com uma coroa de ouro sobre a cabeça e uma foice afiada na mão. Então, outro anjo saiu do santuário e clamava em alta voz ao que estava assentado sobre a nuvem: Passa a tua foice e ceifa, porque o tempo de ceifar chegou, pois a terra já está madura para a colheita. Assim, aquele que estava assentado sobre a nuvem passou sua foice pela terra, e a terra foi ceifada. Ainda outro anjo saiu do santuário no céu, também com uma foice afiada. E do altar saiu outro anjo, com poder sobre o fogo, e clamou em alta voz ao que estava com a foice afiada: Passa a tua foice afiada e colhe os cachos da vinha da terra, pois as uvas já estão maduras. O anjo passou sua foice pela terra, colheu as uvas da vinha e lançou-as no grande lagar da ira de Deus. O lagar foi pisado fora da cidade, e dele saiu sangue até a altura dos freios dos cavalos, numa extensão de mil e seiscentos estádios." (Ap 14:14-20)

Quanto a esta passagem, eu não acredito que seja para o tempo do fim; creio que essa ceifa já aconteceu, quando as águas cobriram a face da terra — isto é, no dilúvio —, quando a humanidade foi dizimada pela primeira vez, e só Noé e sua família sobreviveram por meio da arca.

— *Mas, e quanto ao livrinho que foi dado para João comer?* (Ap 10:8-10)

Vamos ver o que a Palavra de Deus diz: "*A voz que eu do céu tinha ouvido tornou a falar comigo, e disse: Vai, e toma o livro que está aberto na mão do anjo que se acha em pé sobre o mar e sobre a terra. E fui ter com o anjo e lhe pedi que me desse o livrinho. Disse-me ele: Toma-o, e come-o; ele fará amargo o teu ventre, mas na tua boca será doce como mel. Tomei o livrinho da mão do anjo, e o comi; e na minha boca era doce como mel; mas, depois que o comi, o meu ventre ficou amargo.*" (Ap 10:8-10)

Eu creio que neste livrinho está escrito tudo o que é contrário à vontade de Deus — todo tipo de pecado e de imundícia da carne — pois o pecado é assim: doce no começo, mas amargo no fim. Assim também, uma vida mundana de pecados pode parecer prazerosa no momento, enquanto estamos vivos; mas, depois da morte, tudo se torna amargo na eternidade.

"*Mas tu lhes dirás as minhas palavras, quer ouçam, quer deixem de ouvir, pois são rebeldes. Mas tu, ó filho do homem, ouve o que te digo; não sejas rebelde como a casa rebelde; abre a tua boca e come o que eu te dou. Quando olhei, eis que uma mão se estendia para mim, e nela estava um rolo de livro.*

E abriu-o diante de mim; e o rolo estava escrito por dentro e por fora; e nele se achavam escritas lamentações, suspiros e ais." (Ez 2:7-10)

O que nos leva às lamentações, aos suspiros e aos ais?

Senão os nossos próprios pecados!

Pronto! Como disse o governador Pôncio Pilatos, eu também digo:

"O que escrevi, escrevi." (Jo 19:22)

Sei que muitos superteólogos e doutores graduados certamente dirão:

— *Qual é a sua formação teológica para falar essas coisas? Qual é a sua patente? Onde você se graduou? Com que autoridade você fala essas coisas? Quem o consagrou? Quem é o seu líder? A qual instituição você serve?*

Minha resposta é a mesma que Jesus deu aos religiosos de sua época:

"Donde era o batismo de João, do céu ou dos homens?" (Mt 21:25)

Mas digo a verdade: Deus abriu a minha visão para entender um pouco as profecias. Ele abriu as cortinas diante dos meus olhos e me mostrou que a maioria das profecias tem múltiplos sentidos; isto é, uma mesma profecia mostra coisas que já aconteceram, estão acontecendo e ainda irão acontecer. Porque a maioria das profecias nos leva para o tempo do fim e para um mundo vindouro. Deus me mostrou que as profecias de Daniel são uma prévia do livro do Apocalipse. O próprio Senhor Jesus, quando estava na terra, disse: *"Quando virdes no lugar santo a abominação assoladora, da qual falou o profeta Daniel, quem lê, entenda..."* (Mt 24:15)

Enfim, se o Senhor não me levantar e me enviar, eu não poderei ir a lugar algum; se o Senhor não abrir a minha boca, então eu nada poderei falar. Nada sou e nada posso fazer sem o auxílio do meu Mestre Jesus.

Entenda e perceba, tenha discernimento para compreender a verdade.

Não seja um tolo movido pelas emoções e pelos enganos do seu próprio coração. Pois nem tudo que parece ser verdade é, de fato, verdade; e nem tudo que parece ser loucura é, de fato, loucura. Isto é, nem tudo que reluz é ouro. Os judeus esperavam um Messias nascido num berço judaico, um Messias rico e cheio de influência política e religiosa; porém, o Messias veio como um homem simples e pobre, que nasceu em Belém, na região da Judéia, mas cresceu em Nazaré, que ficava na Galileia. Deus fez isso para testar os maiorais da religião; porém, eles não passaram no teste de Deus.

Mas, para não falarem que é heresia, vou dizer que é apenas uma teoria. Tire você a conclusão.

CAPÍTULO 15

O EVANGELHO.

"O tempo está cumprido, e o reino de Deus está próximo; arrependei-vos e crede no evangelho. [...] Pois não me envergonho do evangelho, porque é o poder de Deus para a salvação de todo aquele que crê, primeiro do judeu e também do grego; visto que a justiça de Deus se revela no evangelho, de fé em fé, como está escrito: O justo viverá por fé." (Mc 1:15) (Rm 1:16,17)

O evangelho é o poder de Deus para a salvação de todo aquele que crê.

O evangelho são as boas-novas, as boas notícias da chegada do Reino de Deus a todos os homens. Deus enviou o seu Filho ao mundo, a fim de que Ele anunciasse o evangelho e também fosse morto pelos nossos pecados. Ele, Jesus, foi perfeito, cumpriu toda a lei e não tropeçou em um só ponto; Ele não cometeu nenhum pecado, foi justo, puro, santo e irrepreensível até o fim. Ele era inocente e não merecia ser morto; nós é que merecíamos o castigo e a morte na cruz do Calvário. Mas Jesus foi morto em nosso lugar, foi o nosso substituto e pagou o preço do nosso resgate, fazendo propiciação pelos nossos pecados através do seu próprio sangue. Assim, quando nós o aceitamos como nosso Senhor e Salvador, os nossos pecados são lançados sobre Ele. E a justiça Dele — a vida reta e íntegra, justa e pura que Ele levou diante de Deus, cumprindo toda a lei — é lançada sobre nós. E somos justificados pelo seu precioso sangue e voltamos a ter paz com Deus através do seu sacrifício por nós.

Esta é a nova aliança que Deus fez com os homens: pela fé no Senhor Jesus Cristo, o Filho de Deus, nós somos justificados e salvos. *"Porque Deus amou ao mundo de tal maneira que deu o seu Filho unigênito, para que todo o que nele crê não pereça, mas tenha a vida eterna."* (Jo 3:16)

E a Palavra da salvação continua dizendo:

"Nisto se manifestou o amor de Deus em nós: em haver Deus enviado o seu Filho unigênito ao mundo, para vivermos por meio dele." (1Jo 4:9)

Não há outro caminho: só o Senhor Jesus Cristo é o caminho, a verdade e a vida. O único Mediador entre Deus e os homens. Como está escrito: *"Porquanto há um só Deus e um só Mediador entre Deus e os homens, Cristo Jesus, homem, o qual a si mesmo se deu em resgate por todos: testemunho que se deve prestar em tempos oportunos."* (1Tm 2:5-6)

— *Como assim, Cristo Jesus, homem?*

É que nós temos que crer no testemunho de Jesus, que se fez carne e esteve entre nós como homem; e, como homem, também foi morto por nós, isto é, pelos nossos pecados. Porque, quando Cristo morreu e ressuscitou ao terceiro dia, depois de ter passado um tempo com seus discípulos, lhes passando as últimas instruções para a formação e para a edificação da Igreja, Ele foi elevado ao céu e retomou a sua glória divina.

Mas Ele levou consigo o seu lado humano, e é esse lado humano que há em Cristo que faz mediação entre Deus e os homens, através do seu sangue. Por isso, a Palavra do Senhor diz: "Cristo Jesus, homem."

Ele foi o Filho do Homem e se fez semelhante a nós; entretanto, nós não devemos considerá-lo como um simples homem, porque o homem é pó, é apenas uma das muitas criações de Deus. Por isso, nós devemos considerá-lo como Senhor e Deus. Porque de fato Ele é Deus: "*Porquanto, nele habita, corporalmente, toda a plenitude da Divindade.*" (Cl 2:9)

O evangelho é o poder de Deus para a salvação de todo aquele que crê. Está escrito: "*Eu sou o SENHOR, este é o meu nome; a minha glória, pois, não darei a outrem, nem a minha honra às imagens de escultura.*" (Is 42:8)

A Palavra diz que Deus não divide a sua glória com os outros, nem a sua honra com as imagens de escultura. Porque há atributos que pertencem somente a Deus: como a glória, o louvor, a adoração, a honra, o domínio, o poder, a majestade, a soberania, o direito de julgar, a vingança etc. Só Deus é digno; e Ele não divide a sua glória com ninguém, porque só Deus é Deus — o Criador de todas as coisas, e de onde procede toda a vida, todo bem, toda justiça e todo amor que há na terra.

Por isso, só Ele é digno, pois é aquele que supre nossas necessidades.

Só Deus é onisciente, onipresente e onipotente; ninguém mais pode ouvir e responder às nossas orações, senão Deus: o Pai, o Filho e o Espírito Santo — o único e verdadeiro Deus vivo. Não vai adiantar nada a pessoa dobrar os joelhos diante de uma imagem de Nossa Senhora Aparecida, ou de Fátima, ou de qualquer outro santo católico romano.

Será uma grande perda de tempo, porque ela estará apenas falando com as paredes, se enganando e se iludindo, porque ninguém, santo nenhum estará ouvindo ela. (Mas isso abre brechas aos demônios.)

Pois os mortos não podem ouvir os vivos, nem responder às orações de ninguém. Por mais que Maria tenha sido uma mulher de Deus e recebido a graça de ter dado à luz ao Filho de Deus, que foi gerado pelo Espírito Santo, ela — Maria — não é a mãe de Deus. Porque, como pode a criatura se tornar mãe do Criador? Isso é uma loucura, uma grande insanidade!

Maria foi tão somente um instrumento usado por Deus, para que o seu Filho pudesse vir ao mundo, para que Ele pudesse realizar o seu propósito.

Maria foi somente uma serva de Deus, e nada mais.

Nem ela, nem nenhum outro santo pode nos ouvir e nos responder.

É uma grande ilusão, uma grande perda de tempo — e isso é muito triste. É triste a pessoa viver uma vida inteira sendo iludida e enganada, acreditando em algo que não é a verdade. Sim, é muito triste, de fato.

Deus não precisa de intercessor, porque Jesus é o único Mediador entre Deus e os homens. Por isso, Deus enviou o seu Filho para ser morto pelos nossos pecados, para que os nossos olhos estejam voltados somente para Jesus, que é Deus. Isso porque Deus não divide a sua glória com ninguém.

Se Deus quisesse nos salvar através de Maria, Ele a teria mandado morrer na cruz por nós, pelos nossos pecados, no lugar do seu Filho.

Mas não foi assim, não é? Foi Cristo quem pagou o preço dos nossos pecados, para que a nossa fé esteja somente n'Ele e em mais ninguém.

E, como Deus não divide a sua glória com ninguém, Ele teve que vir pessoalmente. Também porque ninguém conseguiria cumprir a lei e levar a vida santa e justa que Jesus levou, pois Ele foi perfeito do início ao fim. Ele não falhou em sua missão, mas uma pessoa comum certamente falharia.

Ele foi o Cordeiro de Deus: santo, perfeito, sem mancha, imaculado.

O dever do homem é buscar e adorar o seu Criador; não cabe aos homens glorificar outros homens e mulheres que serviram a Deus — deixe que Deus lhes dará a recompensa no Dia do Tribunal de Cristo.

É uma ofensa para Deus as pessoas confiarem mais nos santos do que n'Ele. Porque os santos não são melhores do que Deus em amor, bondade e misericórdia, e tampouco têm poder para livrar alguém. Só Deus é bom e justo; a bondade e a justiça de Maria e dos outros santos não se comparam à bondade e à justiça de Deus. Na verdade, não chegam nem perto.

Isso, para Deus, é uma grande ofensa.

Só Deus é verdadeiro, só Deus é bom, só Deus é justo, só Deus é amor, só Deus é fiel e misericordioso; só Deus sabe de todas as coisas, por isso só Ele pode nos ouvir e nos responder. É verdade: Deus odeia a idolatria.

A idolatria é uma abominação e um grande pecado — esta é a verdade.

Sim, Deus se aborrece muito com isso. Como a Palavra nos revela:

"Não farás para ti imagem de escultura, nem semelhança alguma do que há em cima nos céus, nem embaixo na terra, nem nas águas debaixo da terra. Não as adorarás, nem lhes darás culto..." (Êx 20:4-5)

E também está escrito: *"O que temos visto e ouvido anunciamos também a vós outros, para que vós, igualmente, mantenhais comunhão conosco. Ora, a nossa comunhão é com o Pai e com seu Filho, Jesus Cristo."* (1Jo 1:3)

A nossa comunhão é somente com Deus — o Pai e o Filho — através do Espírito Santo. O que passa disso é diabólico e detestável para o Senhor, o Deus que criou o céu e a terra, e tudo quanto existe e se move.

Porque Deus é o Autor da vida; n'Ele nós nos movemos, respiramos e vivemos, nos alegramos e amamos, desfrutamos e gozamos. Por isso, só Ele é digno de toda honra, toda glória, todo louvor e toda adoração.

A Palavra do Senhor diz: *"Segundo a graça de Deus que me foi dada, lancei o fundamento como prudente construtor; e outro edifica sobre ele. Porém, cada um veja como edifica. Porque ninguém pode lançar outro fundamento, além do que foi posto, o qual é Jesus Cristo."* (1Co 3:10-11)

Só o Senhor Jesus Cristo salva. Esta é a verdadeira mensagem do evangelho, que traz a luz que dissipa todas as trevas, para que possamos enxergar a verdade que vem de Deus, através do evangelho — que é o poder de Deus para a salvação de todo aquele que crê.

Esta é a verdade que salva: *"E acontecerá que todo aquele que invocar o nome do Senhor será salvo. [...] Porque todo aquele que invocar o nome do Senhor será salvo."* (At 2:21) (Rm 10:13)

Invoquemos, pois, o nome do Senhor — e não o nome da senhora.

E a Palavra do Senhor Jesus Cristo continua nos alertando:

"Quem não me ama não guarda as minhas palavras; e a palavra que estais ouvindo não é minha, mas do Pai, que me enviou." (Jo 14:24)

O evangelho é o poder de Deus para a salvação de todo aquele que crê.

Não adianta fazer festas e baladas gospel para ganhar as almas dos jovens, porque é o poder do evangelho que salva. Essas estratégias mundanas e carnais são apenas desculpas de homens já corrompidos, sob o pretexto de evangelizar. Na verdade, eles só querem extravasar suas vontades carnais; e, para se justificar, dizem que é para ganhar almas.

Mas, para mim, os que participam dessas festas não têm entendimento de Deus — são crentes imaturos e débeis na fé. E também existe o tal do carnaval gospel: crentes imitando as obras infrutíferas do mundo, com o pretexto de evangelizar (Rm 12:2). *"E não sejais cúmplices nas obras infrutíferas das trevas; antes, porém, reprovai-as."* (Ef 5:11)

Porque, se as pessoas que estão no carnaval não aceitaram Jesus antes, agora, em meio ao carnaval, muito menos irão aceitá-lo. No carnaval, elas querem farra, bebidas, drogas, sexo etc. Ninguém vai ouvir o evangelho em pleno carnaval. Porque, veja bem, quando uma igreja sai para fazer o carnaval gospel, as pessoas mundanas certamente irão pensar: — *Tá vendo? O carnaval não é tão mau assim, até os crentes estão caindo na folia.*

Pegou a visão? É um mau exemplo e um mau testemunho que não agrada ao Senhor. A igreja está cada vez mais antenada nas obras do mundo. É melhor evangelizar as pessoas depois do carnaval, quando a ressaca passar e elas perceberem o quanto o carnaval destruiu suas vidas.

Mas há pastores que defendem esse tipo de evangelização inútil.

Porém, pra mim, anunciar o evangelho durante o carnaval, é dar aos cães o que é santo, e lançar pérolas aos porcos. (Mt 7:6)

Mas existem pessoas que não têm bom senso e estão tomando a frente do Espírito Santo de Deus, antecipando-se em realizar a obra na carne.

O evangelho é o poder de Deus para a salvação de todo aquele que crê.

Não adianta lançar sementes entre os espinhos, com promessas de riquezas e prosperidade. Está escrito: "*Outra parte caiu entre os espinhos; e os espinhos cresceram e a sufocaram, e não deu fruto. [...] Os outros, os semeados entre os espinhos, são os que ouvem a palavra, mas os cuidados do mundo, a fascinação da riqueza e as demais ambições, concorrendo, sufocam a palavra, ficando ela infrutífera.*" (Mc 4:7) (Mc 4:18-19)

O evangelho é o poder de Deus para a salvação de todo aquele que crê.

Voltemos à genuína mensagem da cruz, voltemos à simplicidade: "*Mas nós pregamos a Cristo crucificado, escândalo para os judeus, loucura para os gentios; mas para os que foram chamados, tanto judeus como gregos, pregamos a Cristo, poder de Deus e sabedoria de Deus.*" (1Co 1:23-24)

E a Palavra continua alertando: "*Mas receio que, assim como a serpente enganou Eva com a sua astúcia, assim também seja corrompida a vossa mente e se aparte da simplicidade e pureza devidas a Cristo.*" (2Co 11:3)

O evangelho é o poder de Deus para a salvação de todo aquele que crê.

O Senhor Jesus disse: "*Vinde a mim, todos os que estais cansados e sobrecarregados, e eu vos aliviarei. Tomai sobre vós o meu jugo e aprendei de mim, porque sou manso e humilde de coração, e achareis descanso para vossa alma. Porque o meu jugo é suave, e o meu fardo é leve.*" (Mt 11:28-30)

Esse convite é fiel e verdadeiro.

Existe uma casta de inimigos do evangelho que ensinam que o nome de Jesus não é o nome verdadeiro do Filho de Deus. Eles dizem que o correto é chamá-lo de Yeshua ou Yehoshua, porque o nome não pode ser traduzido. Mas quem disse que o nome não pode ser traduzido?

Vamos ver um pequeno exemplo bíblico, está escrito:

"*E tinham sobre eles, como o seu rei, o anjo do abismo, cujo nome em hebraico é Abadom, e em grego, Apoliom. [...] Então, os ajuntaram no lugar que, em hebraico, se chama Armagedom.*" (Ap 9:11) (Ap 16:16)

Abadom em hebraico, e em grego, Apoliom.

E Armagedom, que também é conhecido como Monte do Megido.

Também temos o exemplo do nome de João, que em hebraico é Yochanan, e em inglês, João é John; e Paulo, que em inglês é Paul.

Com isso, vemos que o nome pode, sim, ser traduzido.

Mas esses perturbadores querem mesmo complicar as coisas; querem colocar obstáculos à obra de Deus e confundir a mente do povo de Deus.

"Quem dera se castrassem aqueles que vos estão perturbando!" (Gl 5:12)

E muitos crentes ficam perturbados com isso, porque eles aprenderam, através do evangelho aqui no Brasil, o nome de Jesus, e não de Yeshua.

Na verdade, Jesus e Yeshua são os mesmos; Yeshua é o significado do nome de Jesus em hebraico. Mas esses perturbadores querem perverter o evangelho e destruir o que já foi construído há mais de dois mil anos.

O Novo Testamento foi escrito em grego, e não em hebraico. Portanto, o evangelho foi anunciado aos gentios, no começo, em nome de Iesous, e não de Yeshua. E os que criam eram salvos assim mesmo. Do grego para o latim, e do latim para o nosso idioma, que é o português, chamamos de Jesus. Deus sabe que Jesus e Yeshua significam a mesma coisa.

Acha que Deus não sabia que o evangelho seria escrito em grego, com o nome do seu Filho sendo chamado de Iesous, e não de Yeshua?

E também temos a Septuaginta, que foi a tradução das Escrituras do hebraico para o grego, do Antigo Testamento. Para Deus, não faz diferença alguma a pronúncia do nome do seu Filho; tanto faz se é Jesus, Iesous ou Yeshua. Deus sabe que é o nome do seu Filho, traduzido em outros idiomas. Porque o nome do Filho de Deus representa o próprio Filho de Deus; ou seja, Ele é o Filho de Deus, este é o seu nome — o que importa é a pessoa. Porque, quando eu invoco o nome do Senhor, eu estou invocando o próprio Senhor. O que importa é a pessoa, o que importa é crer no Filho de Deus, que foi morto na cruz do Gólgota, mas ressuscitou ao terceiro dia e agora está assentado à direita do Pai. Mas a verdade é que esses perturbadores estimam mais a pronúncia do nome em hebraico do que o próprio Filho de Deus. Mas, para calar a boca desses perturbadores do evangelho, eu digo que o nome Yeshua, Iesous, e para nós Jesus, é um nome intermediário e provisório. Como está escrito: *"Eis que conceberás e darás à luz um filho, a quem chamarás pelo nome de Jesus."* (Lc 1:31)

Este foi o nome terreno que foi dado ao Filho de Deus, enquanto Ele estava entre nós como homem, como o Filho do Homem. Ou vocês acham que Deus, o Pai, revelaria o nome santíssimo do seu Filho a nós?

Homens carnais, falhos, imperfeitos, maus, fracos e pecadores.

(Como o nome de Jeová, que na verdade também não é o verdadeiro nome de Deus. Porque foi o próprio Deus que fez a pronúncia do seu santo nome "YHVH" desaparecer da memória dos homens. Isso porque o homem é mau e indigno de pronunciar o verdadeiro nome de Deus.)

Veja o que nos revela a Palavra de Deus: *"Ao vencedor, fá-lo-ei coluna no santuário do meu Deus, e daí jamais sairá; gravarei também sobre ele o nome do meu Deus, o nome da cidade do meu Deus, a nova Jerusalém que desce do céu, vinda da parte do meu Deus, e o meu novo nome."* (Ap 3:12)

O que Jesus quis dizer quando disse: "o meu novo nome"? Que, na verdade, não é o novo nome do Filho de Deus, e sim o verdadeiro. Será novo para nós, que o conhecemos como Jesus, Iesous, Yeshua e tantos outros idiomas e pronúncias. Mas, na verdade, é o verdadeiro nome do Filho de Deus, que nós ainda não conhecemos, mas vamos conhecer um dia. — *Então, Jesus não é o verdadeiro nome do Filho de Deus?*

Sim, Jesus é o nome do Filho de Deus, mas é um nome intermediário e provisório. O nome que foi dado ao Filho de Deus enquanto Ele estava entre nós como homem, como o Filho do Homem; contudo é um nome intermediário e provisório. *"Cristo Jesus, homem..."* (1Tm 2:5)

Mas pode ficar tranquilo, porque Jesus é o nome do Filho de Deus.

Jesus é o nome do Filho de Deus? Sim.

É o nome que tem toda autoridade e poder? Sim.

É o nome que está sobre todos os nomes? Sim.

É o nome em que nós podemos confiar? Sim.

É o nome que nós podemos invocar? Sim.

Mas é um nome intermediário e provisório.

Nós ainda iremos conhecer o seu verdadeiro nome, que, por enquanto, ainda não conhecemos, mas iremos conhecer lá na glória de Deus.

Por isso, Deus não se importa se o nome de Yeshua, em hebraico, é traduzido para outros idiomas, povos e línguas, porque o evangelho é para todos. Falo isso para calar a boca desses perturbadores que são inimigos do evangelho. Assim como há muitos outros inimigos do evangelho: são homens que colocam obstáculos para tentar impedir o crescimento da obra de Deus. Por exemplo, aqueles que pregam contra o dízimo.

Eles dizem que não é obrigatório ser dizimista — e, de fato, não é.

Nada é obrigatório se eu estou debaixo da graça de Deus; Deus não obriga ninguém a fazer nada. Mas é uma questão de consciência e de uma fé sincera para com Deus. Porque o dízimo é uma questão de obediência, de fé, de amor e de gratidão para com Deus, nosso Criador, que nos proporciona todas as coisas gratuitamente. Mas eles dizem que o dízimo é coisa da Lei, e que deve ser levado somente aos levitas, que ministravam no antigo templo. Mas eu não sou dizimista por causa da Lei.

Eu sou dizimista porque Abraão deu o dízimo a Melquisedeque, sacerdote do Deus Altíssimo (Gn 14:20). E, a exemplo de Abraão, o nosso pai da fé, eu também dou o meu dízimo na igreja. Para o meu Sumo Sacerdote, segundo a ordem de Melquisedeque, que é o Senhor Jesus Cristo, o Sumo Sacerdote da igreja. (Hb 5:6) (Hb 7:17)

(Porque sou filho de Abraão e pratico as obras de Abraão.)

Ser dizimista em uma igreja não tem nada a ver com a Lei de Moisés e os levitas. Nós trazemos os nossos dízimos à igreja para o nosso Sumo Sacerdote, segundo a ordem de Melquisedeque, que é o Senhor Jesus Cristo; não trazemos os dízimos segundo a ordem de Arão, que são os levitas que ministravam no antigo templo, que ficava em Jerusalém.

E a Palavra também diz: *"Trazei todos os dízimos à casa do tesouro, para que haja mantimento na minha casa..."* (Ml 3:10)

Se, no passado, o templo — que era um só —, vendo Deus a sua necessidade, ordenou ao povo que levasse o dízimo para o mantimento da sua casa, isto é, seu templo, muito mais hoje a igreja precisa do dízimo.

Porque a igreja é a casa de Deus. (1Tm 3:15) (Hb 10:21)

Mas esses que pregam contra o dízimo não amam o crescimento da obra de Deus, nem tampouco se preocupam com os que estão se perdendo e precisam ouvir a mensagem do evangelho. Eles só pensam em si mesmos; mas Deus irá cobrar as suas impiedades, disso eu tenho certeza. Porque o povo de Deus precisa aprender a dar frutos; mas esses perturbadores, ao invés de ensinar ao povo o que é útil para sua edificação, ficam ensinando coisas inúteis, incentivando o povo a não dar o dízimo, tornando muitos cada vez mais infrutíferos. *"Porque, assim como o corpo sem o espírito está morto, assim também a fé sem obras é morta."* (Tg 2:26)

São inimigos do evangelho. O próprio Senhor Jesus disse:

"Ai de vós, escribas e fariseus, hipócritas, porque dais o dízimo da hortelã, do endro e do cominho e tendes negligenciado os preceitos mais importantes da lei: a justiça, a misericórdia e a fé; devíeis, porém, fazer estas coisas, sem omitir aquelas!" (Mt 23:23)

O próprio Senhor Jesus nos ensina a ser dizimistas, e também temos o exemplo de Abraão. Então, não vamos tapar os olhos e os ouvidos, nem endurecer o nosso coração, tornando-nos avarentos, deixando de suprir as necessidades da igreja e da obra de Deus. Está escrito: *"Portanto, aquele que sabe que deve fazer o bem e não o faz, nisso está pecando."* (Tg 4:17)

E também diz: *"Amado, não sigas o mal, mas o bem."* (3Jo 1:11)

Sempre houve, e sempre haverá, inimigos do evangelho; foi assim desde o princípio. Sempre haverá falsos mestres, falsos pastores, falsos profetas, falsas ovelhas, enfim, porque a própria Palavra de Deus nos revela isso.

Mas esta é a verdadeira mensagem do evangelho: o Senhor Jesus Cristo é o Filho de Deus, o nosso Senhor e Salvador. Ele é o nosso Redentor, que nos remirá de todas as nossas maldades. Em breve, Ele voltará para buscar os seus eleitos, a sua igreja, que é o seu povo — aqueles que amam a Deus.

Não sejamos superficiais como alguns, que pregam a Palavra em português, mas, na hora de invocar o nome de Jesus, dizem Yeshua.

Se eu estivesse pregando em hebraico, então sim, eu poderia invocar o nome de Yeshua, em vez de Jesus. Mas, se estou pregando em português, o correto é invocar o nome de Jesus; do contrário, estarei sendo superficial.

São os tais cristãos judaizantes. Mas os judeus não representam mais o povo de Deus, e sim a igreja, como a própria Palavra de Deus nos revela:

"Porque não é judeu quem o é apenas exteriormente... [...] Porém judeu é aquele que o é interiormente..." (Rm 2:28,29)

E a Palavra do Senhor continua dizendo:

"E, a todos quantos andarem de conformidade com esta regra, paz e misericórdia sejam sobre eles e sobre o Israel de Deus." (Gl 6:16)

Ora, o apóstolo Paulo não estava falando dos judeus, e sim da igreja.

Não tenho nada contra os judeus, porque existe um remanescente de judeus que creem no Senhor Jesus e fazem parte da igreja, que é o Israel de Deus. A igreja começou em Israel, na Judeia, com os apóstolos do Senhor.

Com isso, vemos que Deus não tirou o direito dos judeus de fazerem parte da igreja; pelo contrário, Jesus deu prioridade aos judeus para fazerem parte da igreja. Mas a maioria dos judeus não quis aceitar a igreja.

Por isso, Deus se voltou para nós, os gentios; porque os verdadeiros israelitas são aqueles que seguem as mesmas obras de Abraão e creem no seu Descendente, que é o Senhor Jesus Cristo, o Filho de Deus. (Gl 3:16)

Mas eu sou contra o judaísmo. E também sou contra os pensamentos de muitos cristãos que pensam que os judeus são especiais para Deus.

Porque, como posso ser a favor de uma religião que é contra o meu Senhor? Se eu fosse um simpatizante do judaísmo, estaria concordando com os seus erros e traindo o meu Senhor Jesus. Porque eles, os judeus ortodoxos, são inimigos do evangelho; o espírito do judaísmo, assim como o do islã e do comunismo, é o espírito do anticristo, e não o Espírito Santo. A verdade é que o judaísmo não se encaixa com a igreja, assim como a igreja não se encaixa com o judaísmo. *"Ninguém põe remendo de pano novo em veste velha; porque o remendo tira parte da veste, e fica maior a rotura. Nem se põe vinho novo em odres velhos; do contrário, rompem-se os odres, derrama-se o vinho, e os odres se perdem. Mas põe-se vinho novo em odres novos, e ambos se conservam."* (Mt 9:16,17)

A Palavra do Deus eterno, justo e fiel também diz: *"Mas agora, em Cristo Jesus, vós, que antes estáveis longe, viestes para perto pelo sangue de Cristo, pois Ele é a nossa paz. De ambos os povos fez um só e, derrubando a parede de separação, em seu corpo desfez a inimizade..."* (Ef 2:13,14)

Cristo derrubou a parede que fazia separação entre os judeus e nós, os gentios; e, de ambos, fez um só povo, através da igreja. Deus é Deus de todos, não é mais somente o Deus dos israelitas. O evangelho é para todos, tanto para o judeu como para o grego — que somos nós, os gentios.

Quem quiser ser salvo, creia no evangelho, porque Deus não faz mais distinção entre os povos, como no passado, em que somente o povo de Israel era o povo de Deus. Na verdade, no passado, Deus levantou uma nação para ser o Deus daquela nação — Israel — para que Israel servisse de testemunho às outras nações que estavam ao seu redor. Mas Israel deu um mau testemunho, abandonando o seu Deus e seguindo os deuses das outras nações. Não era isso que o Senhor queria; o Senhor queria o contrário. O Senhor queria que as outras nações vissem a prosperidade de Israel e a bondade do Deus de Israel, e abandonassem os seus deuses, voltando-se ao Deus de Israel, o único e verdadeiro Deus de toda terra.

Mas não foi isso que aconteceu. Ao invés das nações se voltarem para o Deus de Israel, foi o povo de Israel que se voltou para os deuses das nações vizinhas. Os judeus sempre foram rebeldes; até hoje continuam se rebelando contra Deus, resistindo ao Testemunho dado pelo Espírito do Senhor Jesus. Mas o tempo está próximo — sim, o tempo em que Deus se voltará para salvá-los. Porque a plenitude dos gentios está quase chegando. Como está escrito: *"Porque não quero, irmãos, que ignoreis este mistério (para que não sejais presumidos em vós mesmos): que veio o endurecimento, em parte, a Israel, até que haja entrado a plenitude dos gentios. E, assim, todo Israel será salvo..."* (Rm 11:25,26)

O anticristo virá, e os judeus o receberão como o messias — no começo da semana, que acredito ser de sete anos. Mas, na metade da semana, três anos e meio depois, começará a Grande Tribulação. Nesse período, Deus se voltará para salvar os judeus. *"Ele fará firme aliança com muitos, por uma semana; na metade da semana, fará cessar o sacrifício e a oferta de manjares; sobre a asa das abominações virá o assolador, até que a destruição, que está determinada, se derrame sobre ele."* (Dn 9:27)

Nesse tempo, a maioria dos judeus reconhecerá que Jesus é o Messias.

"Por um tempo, e tempos, e metade de um tempo." (Dn 7:25)

Depois da Grande Tribulação, Cristo voltará para buscar o seu povo — os que estiverem mortos e os que estiverem vivos. Está escrito: *"Porque, se o fato de terem sido eles rejeitados trouxe reconciliação ao mundo, que será o seu restabelecimento, senão vida dentre os mortos?"* (Rm 11:15)

O Espírito nos deu uma grande revelação através dessa passagem; e pode até ser que o apóstolo Paulo nem sabia do que estava falando.

Assim como os antigos profetas não compreendiam plenamente os mistérios de suas próprias profecias, mas apenas em parte. *"Foi essa salvação que os profetas examinaram e dela procuraram saber com cuidado, profetizando sobre a graça destinada a vós, indagando qual o tempo ou ocasião que o Espírito de Cristo, que estava neles, indicava..."* (1Pe 1:10,11)

Paulo estava falando dos judeus. Se a rejeição dos judeus, por um tempo, trouxe salvação para o resto do mundo, o que acontecerá quando chegar a plenitude dos gentios, e Deus se voltar novamente para salvar os judeus? Senão vida dentre os mortos — ou seja, a volta de Cristo.

Porque a plenitude dos gentios chegará nos últimos dias.

Chegando a plenitude dos gentios, Deus se voltará para salvar os judeus, no tempo da Grande Tribulação. Por esse tempo, Cristo voltará.

E haverá vida dentre os mortos. Mas agora é tempo de graça; tempo de salvação; tempo de anunciar o evangelho; tempo de lançar a rede ao mar.

"Mas, apesar de maltratados e ultrajados em Filipos, como é do vosso conhecimento, tivemos ousada confiança em nosso Deus, para vos anunciar o evangelho de Deus, em meio a muita luta." (1Ts 2:2)

E Deus também diz: *"Tão certo como eu vivo, diz o SENHOR Deus, não tenho prazer na morte do perverso, mas em que o perverso se converta do seu caminho e viva. Convertei-vos, convertei-vos dos vossos maus caminhos; pois por que haveis de morrer, ó casa de Israel?"* (Ez 33:11)

O convite está feito: o evangelho é para todos.

E a Palavra do Senhor continua dizendo: *"A justiça do justo não o livrará no dia da sua transgressão; quanto à perversidade do perverso, não cairá por ela no dia em que se converter da sua perversidade; nem o justo, pela justiça, poderá viver no dia em que pecar."* (Ez 33:12)

Já pensou se fosse mesmo verdade isso que eles dizem:

— *"Uma vez salvo, sempre salvo."*

Seria uma maravilha não ter mais que me preocupar em vigiar, para não cair em tentação e me perder. Mas Jesus nos adverte, dizendo:

"O que vos digo, digo a todos: Vigiai!" (Mc 13:37)

Se Cristo nos manda vigiar, é porque nós temos o livre-arbítrio. Mas eu falo assim porque os cinco pontos do calvinismo de fato me incomodam.

Para mim, os cinco pontos da doutrina calvinista são indigeríveis. Pois o nosso livre-arbítrio é o que nos torna falhos e imperfeitos. Se nós não tivéssemos o livre-arbítrio, seríamos perfeitos como Cristo foi perfeito.

Cristo morreu por todos, para que a redenção alcançasse a todos. Mas ela não alcançou a todos — apenas os que creram no evangelho. Porque, se todos morreram em Adão, todos também deveriam viver em Cristo.

Mas, por causa do livre-arbítrio do homem, nem todos vivem em Cristo. E, por causa do livre-arbítrio do homem, nem todos morreram em Adão — porque Noé era justo. Mas nós sabemos que não somos perfeitos.

Ou será que esses tais calvinistas se acham perfeitos? Na verdade, muitos se acham a última Coca-Cola no deserto, porque pensam que são os queridinhos de Deus, por serem os predestinados para a vida eterna.

E os que não são predestinados, já estão condenados? Sem direito nenhum de escolher? Isso é arrogância. Será que eles não sabem que o Senhor é bom? *"Se é que já provastes que o Senhor é bom."* (1Pe 2:3)

Pois, como podem amar, se acreditam em um Deus que não ama?

Como podem ser justos, se acreditam em um Deus injusto?

Não estou generalizando, porque existem protestantes calvinistas que têm uma fé sincera diante de Deus e são bons cristãos. Mas os tais hiper-calvinistas — esses me deixam com a pulga atrás da orelha.

Na minha opinião, essa doutrina calvinista é tóxica. Sei lá, há coisas que eu não consigo entender. Só sei que o evangelho é o poder de Deus para a salvação de todo aquele que crê (Rm 1:16). Só Jesus salva, de fato.

O homem não pode ser salvo sem o auxílio da graça. Mas o homem precisa fazer a sua parte: o justo precisa permanecer em sua justiça, e o ímpio precisa se arrepender dos seus pecados e se converter dos seus maus caminhos. *"A justiça do justo não o livrará no dia da sua transgressão; quanto à perversidade do perverso, não cairá por ela no dia em que se converter da sua perversidade..."* (Ez 33:12)

Não existe salvação incondicional, porque há, sim, condições para que o homem seja salvo. E uma das condições é crer no evangelho. *"Quem crer e for batizado será salvo; mas quem não crer será condenado."* (Mc 16:16)

Que a graça de Deus alcance todas as nações, e que o evangelho continue sendo anunciado — para a glória do nosso Deus e Pai, em nome do Senhor Jesus Cristo. Graças a Deus pelo evangelho!

Maravilhoso Deus, maravilhosa graça. *"O povo que jazia em trevas viu grande luz, e aos que viviam na região e sombra da morte resplandeceu-lhes a luz. Daí por diante, passou Jesus a pregar e a dizer: Arrependei-vos, porque está próximo o reino dos céus."* (Mt 4:16,17)

Para os calvinistas, certamente eu sou um herege.

E, se João Calvino estivesse vivo, certamente estaria buscando a minha morte (ou melhor dizendo, só se eu fosse alguém importante e relevante).

Miguel Servet que o diga. Mas, para não dizerem que é heresia, vou dizer que é apenas uma teoria. Tire você a conclusão.

CAPÍTULO 16

EBENÉZER.

"Tomou, então, Samuel uma pedra, e a pôs entre Mispa e Sem, e lhe chamou Ebenézer, e disse: Até aqui nos ajudou o SENHOR." (1Sm 7:12)

Até aqui o SENHOR me ajudou, de fato. Pela sua boa mão sobre a minha vida e pela sua maravilhosa graça e misericórdia. Buscarei o meu auxílio na Pedra principal, Ebenézer. Ebenézer significa pedra de ajuda ou pedra de socorro. E esta pedra de ajuda é o Senhor Jesus, a principal pedra angular. *"Perguntou-lhes Jesus: Nunca lestes nas Escrituras: A pedra que os construtores rejeitaram, essa veio a ser a principal pedra angular; isto procede do SENHOR e é maravilhoso aos nossos olhos? Portanto, vos digo que o reino de Deus vos será tirado e será entregue a um povo que lhe produza os respectivos frutos. Todo o que cair sobre esta pedra ficará em pedaços; e aquele sobre quem ela cair ficará reduzido a pó."* (Mt 21:42-44)

Jesus era a pedra que Jacó usou como travesseiro. (Gn 28:11)

Jesus foi a rocha que saciou a sede do povo no deserto. (1Co 10:4)

Jesus era a pedra que estava na funda de Davi, quando este derrotou o gigante Golias (1Sm 17:49). Jesus é a minha Rocha, em quem me refugio, a minha Pedra salvadora. Até aqui o Senhor me ajudou e se compadeceu de mim, que sou o maior dos pecadores, e o mais inútil; sou fraco, falho, pequeno, pobre, lento, atrasado, limitado, necessitado e incapacitado.

Como eu poderia me esquecer do meu Deus, que me criou e que me salvou? Como eu poderia me esquecer das misericórdias do meu Deus?

Longe de mim, Senhor, longe de mim toda maldade e perversidade; longe de mim me esquecer do meu Redentor e do meu Salvador.

O Senhor é a minha vida; somente no meu Deus eu confio e espero.

Sou grato ao Senhor e não me canso de agradecer ao Senhor; serei eternamente grato ao Senhor, pois Ele tem se compadecido de mim.

Porque decidi, em meu coração, me aplicar em buscar a presença do Senhor, e eu busquei e O encontrei; e agora não posso mais viver longe do meu Deus. Sou escravo de Cristo, e totalmente dependente do Senhor.

As grandes mentes da humanidade buscam por respostas, procuram meios e métodos para explicar a origem da vida e do mundo. Mas o que eles não conseguem entender é que Deus é a origem e o sentido de tudo.

"Assim diz o SENHOR, que te redime, o mesmo que te formou desde o ventre materno: Eu sou o SENHOR, que faço todas as coisas, que sozinho estendi os céus e sozinho espraiei a terra..." (Is 44:24)

Muitos se iludem com falsas ideologias e religiões. Outros não querem saber de nada, não querem saber de onde vêm nem para onde vão; estão presos a esta vida passageira, estão iludidos pelos fascínios da Babilônia, isto é, do mundo. Estão perdidos, andando pelo vale da sombra da morte.

São almas vazias, vasos vazios, que vagam no vazio; que têm um espaço vago e profundo dentro de si, que tentam preencher com hobbies, Netflix, músicas, teatro, cinema, artes e culturas, filosofias, esportes, viagens, profissões e trabalhos, religiões, mitos, festas, baladas, romances, sexo, jogos, entretenimentos, bebidas, drogas etc. Eles buscam e se ocupam de qualquer coisa que possa lhes servir de passatempo, mas não procuram conhecer a verdade. Porque só a verdade, que é o Senhor Jesus Cristo, pode preencher de verdade as suas vidas superficiais e vazias.

Pois este espaço vazio que o ser humano tem dentro de si só pode ser preenchido por Deus, nosso Criador, porque Deus é o único e o verdadeiro fundamento original disto que nós chamamos de vida.

Porque, como poderemos ter vida sem o Autor da vida em nossa vida?

As pessoas que não conhecem a Deus sempre estarão buscando novas formas e maneiras de preencher o vazio que há dentro delas. Mas só Deus pode preencher, verdadeiramente e completamente, este espaço vazio e profundo; profundo como o mar e extenso como o universo.

É uma grande ilusão se alimentar de vento, de fantasia e de mentira.

Mas o Grande Mestre, Jesus Cristo, disse: "*Eu sou o caminho, e a verdade, e a vida; ninguém vem ao Pai senão por mim.*" (Jo 14:6)

Jesus, o Filho de Deus, é o que realmente importa; o resto é tudo ilusão.

Nós, que estamos em Cristo Jesus, somos bem-aventurados; somos os mais ricos e felizes entre todos os homens, porque temos sempre o auxílio de Deus, que nos ajuda, nos guarda e supre as nossas necessidades. E o melhor: estamos do lado da verdade, que é o Senhor Jesus Cristo, a única e verdadeira Fonte da vida e da salvação. Nunca estaremos sozinhos, porque Deus é fiel e sempre estará conosco. Não nos desamparará jamais, porque Fiel é o seu nome. Temos uma viva esperança, que é a esperança da vida eterna. Somos o povo de Deus e estaremos para sempre com o nosso Deus. O Senhor Jesus de Nazaré disse: "*Ainda tenho outras ovelhas, não deste aprisco; a mim me convém conduzi-las...*" (Jo 10:16)

E a Palavra do Deus Salvador que tudo sabe, também diz: "*Porque, quanto ao SENHOR, seus olhos passam por toda a terra, para mostrar-se forte para com aqueles cujo coração é totalmente dele...*" (2Cr 16:9)

A Porta da salvação está aberta, e essa Porta é o Senhor Jesus Cristo.

Muitos crentes pensam que, na época de Abraão, ele era o único que acreditava no verdadeiro Deus; mas eu creio que também havia outras pessoas que a Bíblia não menciona — o remanescente de Sem, filho de Noé, que foi pai de todos os filhos de Éber, por exemplo. E também vemos o caso de Melquisedeque, rei de Salém, sacerdote do Deus Altíssimo.

Mas Deus escolheu Abraão para fazer dele um legado, para representar e simbolizar o seu povo, e, da sua descendência, enviar o seu Filho para ser morto pelos pecados da humanidade. Jesus, é o Descendente de Abraão.

Os que estão em Cristo são os verdadeiros filhos de Abraão, os filhos da promessa que vivem pela fé, o verdadeiro povo de Israel. (Gl 3:16)

E como Abraão não negou o seu único e mui amado filho a Deus, por este ato de fé e de amor da parte de Abraão para com Deus. (Gn 22:9)

Deus também não negou o seu Filho Unigênito, mas o entregou pelos pecados da humanidade. Embora a maioria da humanidade não tenha aceitado este sacrifício de Deus, muitas outras pessoas aceitaram, continuam aceitando até hoje e ainda continuarão aceitando futuramente.

Até que haja uma multidão de pessoas tão numerosa como as estrelas do céu e as areias da praia. Porque o propósito de Deus é ter um povo exclusivo seu, que o ame, que o busque, que o louve, que o adore e que exalte o seu Santo Nome com reverência. Acham que o sacrifício de Jesus não valeu a pena? Acham que Deus está perdendo? Não, não mesmo.

Deus não está frustrado, porque o seu plano segue triunfando; quem está perdendo são aqueles que não aceitam o Salvador. Pois o convite de Deus para todos é este: *"Buscai o SENHOR enquanto se pode achar, invocai-o enquanto está perto. Deixe o perverso o seu caminho, o iníquo, os seus pensamentos; converta-se ao SENHOR, que se compadecerá dele, e volte-se para o nosso Deus, porque é rico em perdoar."* (Is 55:6,7)

E há quem diga que o homem não tem o livre-arbítrio.

Se o homem não tem o livre-arbítrio, então Deus seria muito sádico.

São homens que deturpam a santa Imagem e o santo Caráter de Deus, que é bom e justo, e não faz acepção de pessoas. (Dt 10:17) (At 10:34)

Uma vez eu vi na web um calvinista arrogante dizendo que o homem não tem livre-arbítrio, que o livre-arbítrio era uma ilusão da cabeça do homem. Mas eu pergunto: — *Se nós não temos o poder de escolha, então por que Deus insiste tanto em nos convidar ao arrependimento?*

Se muitos já estão destinados ao matadouro e não podem fazer nada para mudar o seu triste destino, visto que não têm escolha, então, se o homem não tem livre-arbítrio, Deus seria injusto ao condená-lo; o juízo de Deus não seria justo. Porque, se o homem não tem livre-arbítrio, ele também não tem poder de decisão para escolher entre o bem e o mal; logo, ele seria uma alma inocente, livre de qualquer culpa. E onde foi parar o conhecimento do bem e do mal que herdamos de Adão e Eva?

A queda do homem deu a ele o conhecimento do bem e do mal, e não a depravação total; pois a Palavra nunca falou de uma depravação total.

Isso quer dizer que o homem pode escolher o bem e fazer o bem, se quiser, tanto quanto também pode escolher o mal e fazer o mal.

Antes da queda, o homem conhecia apenas o bem; depois que pecou, passou a ter conhecimento também do mal — e o mal se aproveitou disso.

Mas isso não quer dizer que o bem que havia no homem deixou de existir. Não — ele simplesmente passou a ter o conhecimento do bem e do mal, mas isso abriu uma porta que deu ocasião para o mal entrar e agir.

Quem disse que o homem não pode escolher entre o bem e o mal, entre a luz e as trevas, entre Deus e o diabo, se ele tem o conhecimento e a ciência do bem e do mal para escolher o seu caminho? Ora, se o homem não tem o livre-arbítrio, nós somos o quê? Robôs, fantoches, máquinas pré-programadas, ciborgues com inteligência artificial, sem direito de escolha? Será que só eu enxergo que esta doutrina é pura esquizofrenia?

Porque, se eu posso escolher o sabor da pizza que quero comer, o filme que quero assistir e a mulher com quem quero me casar, eu também posso muito bem escolher entre a luz e as trevas, entre o bem e o mal, entre Deus e o diabo. Aliás, se nós não temos o livre-arbítrio, não somos almas viventes; somos piores do que os animais irracionais, sem sentimentos e sem emoções, incapazes de amar ou odiar. Na verdade, essa doutrina coloca em dúvida a integridade, a justiça, a bondade, o amor, a fidelidade, a misericórdia e todos os atributos e virtudes do santo caráter de Deus.

Porque, se é assim, nem o meu amor por Deus é verdadeiro.

E eu poderia até pensar que sou melhor do que Deus, que a minha justiça é mais justa do que a justiça de Deus, e que o diabo não estava errado quando se rebelou contra Deus, arrastando a terça parte dos anjos.

Porque, quem poderia amar um Deus tão louco e sádico como esse?!

Se tirarmos o livre-arbítrio do homem, transformamos Deus em um tirano, injusto, perverso, hipócrita e mentiroso. Mas não, meus irmãos, Deus é bom e justo, e deu o direito de escolha aos homens, para que escolham entre o bem e o mal, entre a luz e as trevas, entre Deus e o diabo.

Porque, se o homem não tivesse escolha — isto é, o livre-arbítrio —, Deus seria o principal e o único culpado de todo o mal que há na terra.

Pra mim, isso é um pensamento perturbador. Eu me recuso a crer nisso.

Caim e Abel nos mostram que o homem tem o livre-arbítrio, o direito de escolha. Porque Abel escolheu ser justo e fazer a vontade de Deus; mas Caim, que era mau, escolheu o caminho da maldade. Não houve uma depravação total quando o homem pecou. O que houve foi o seguinte: ao pecar, o homem adquiriu o conhecimento do bem e do mal, perdendo assim a sua inocência. E, com isso, abriu as portas para o tentador, que influenciou o homem para os caminhos do mal — isto é, das trevas.

Como a Palavra de Deus nos revela: *"Eis o que tão somente achei: que Deus fez o homem reto, mas ele se meteu em muitas astúcias."* (Ec 7:29)

Porque, se houve a depravação total do homem, Abel não seria justo, nem Sete, nem Enoque, nem Noé, nem Abraão, nem qualquer outro homem. Acho meio exagerado dizer que houve uma depravação total.

E quanto à destruição de Sodoma e Gomorra? Por que, então, Deus os castigou daquela forma, com fogo e enxofre, se eles não tinham o livre-arbítrio para poder fazer a escolha entre o bem e o mal? (Gn 19:24)

Não, eu me recuso a crer num Deus tão sádico e tão desequilibrado!

Não mesmo, a verdade é esta: *"Não vos enganeis: as más conversações corrompem os bons costumes. Tornai-vos à sobriedade, como é justo, e não pequeis; porque alguns ainda não têm conhecimento de Deus; isto digo para vergonha vossa. [...] Não é boa a vossa jactância. Não sabeis que um pouco de fermento leveda a massa toda?"* (1Co 15:33-34) (1Co 5:6)

Predestinado é aquele que aceita esta graça de Deus. Porque, antes de criar o mundo, Deus predestinou a Igreja, e já sabia os que iriam crer e os que não iriam crer; e, de antemão, nos conheceu — por isso também nos predestinou (Rm 8:29-30). A graça é para todos, e não é irresistível.

A pessoa aceita — ou não — esta graça que Deus oferece a todos, porque isso é justo. Pelo menos é isso que eu vejo na Palavra de Deus.

Ou estou lendo a Bíblia de maneira errônea?

Porque o livre-arbítrio do homem não tira a soberania de Deus; pelo contrário, só confirma que Deus é Soberano — e não um tirano.

É claro que a Igreja precisava passar por uma reforma no passado, e sei que isso foi obra de Deus, e não dos homens. João Calvino foi um homem usado por Deus em sua época, mas ele não era um homem perfeito, incapaz de cometer erros. E, como homem, cometeu vários erros.

Quem conhece a história sabe que Lutero, Calvino e Ulrico Zuínglio foram ditadores religiosos tiranos. Assim como a Igreja Romana mandava matar os que iam contra a doutrina da Igreja, também Martinho Lutero, Ulrico Zuínglio e João Calvino consentiram com a morte de muitas almas inocentes que iam contra suas doutrinas e teologias; isso não parece justo.

Isso, para mim, não parece obra do Espírito Santo de Deus, e sim a intervenção falha do homem, que quis tomar o controle da obra de Deus.

Mas como isso poderia dar certo? A justiça do homem é falha; o homem, por si mesmo, sempre cometerá erros. Pois, sem o Espírito Santo de Deus, o homem comete um monte de besteiras. Porque o homem não pode fazer o bem por sua própria justiça. Ele pode até escolher querer fazer o bem, mas não pode fazê-lo sem o auxílio do Deus Todo-Poderoso.

E, quando o homem tenta fazer a obra sem a direção de Deus, o resultado é trágico. A Igreja já tem a Palavra de Deus e não precisa de normas, regras e estatutos de homens e de instituições; porque a Igreja pertence a Cristo, e a Igreja é o corpo de Cristo, formado pelo seu povo.

O povo de Deus são os membros do corpo, e Cristo é a cabeça.

A religião criada pelo homem só serve para aprisionar a Igreja.

Mas essas prisões humanas não me prendem, porque a Palavra de Deus me liberta e me dá plena liberdade para andar com Deus pela fé.

Porque Deus não pensa como os homens pensam.

Esta obra é do Espírito Santo; o homem não consegue reformar nada.

Há muitos homens que engrandecem outros homens, dizendo:

— *Se não fosse por eles, os pais da Igreja e os reformadores protestantes, a Igreja e o evangelho jamais teriam chegado onde chegaram.*

Me poupe! É claro que isso não é verdade. A Igreja e o evangelho só chegaram onde chegaram porque esta obra é de Deus, e não dos homens.

Porque, se dependesse do homem, não haveria mais Igreja. Na verdade, muitos se gabam do seu conhecimento teológico e do seu conhecimento acerca da história da Igreja; e muitos acabam se tornando arrogantes.

"O saber ensoberbece, mas o amor edifica. Se alguém julga saber alguma coisa, com efeito, não aprendeu ainda como convém saber." (1Co 8:1-2)

Mas eu sei que muitos, principalmente os teólogos, dirão: — *Quem é você pra falar dos pais da Igreja e dos reformadores protestantes?*

Eu nada sou. Sou apenas um servo imperfeito, assim como eles também eram. Porque só Deus é digno de reconhecimento, glória e honra.

(Não sou um idólatra, nem espero nada dos homens.)

A Igreja e o evangelho só chegaram onde chegaram porque esta obra é de Deus, e não dos homens. Todos nós somos falhos, e os reformadores protestantes também foram falhos; os chamados pais da Igreja também foram falhos. Homens como Martinho Lutero, Ulrico Zuínglio, João Calvino, entre outros, também foram falhos. E a Reforma também foi falha — não foi perfeita. Homem nenhum é digno de méritos, porque foi pela graça de Deus que os homens do passado foram usados por Deus e fizeram algo pela obra de Deus. Não sou grato a nenhum homem, e não dou méritos a nenhum homem, porque só Deus é digno de todos os méritos e de toda a honra. (Lamento, mas não sou um idólatra.)

Alguns se apegam tanto aos ensinos desses homens do passado que chega até a ser idolatria. Eu já disse uma vez e repito: não cabe ao homem glorificar outros homens, reverenciando e canonizando os seus ensinos.

É preciso saber discernir o que serve e o que não serve.

Para não acabar caindo em mais uma prisão literária feita pelos homens — e isto eu digo sem receio: aquele que bate no peito e diz:

— *Eu sou calvinista!*

É idólatra. Ele pode até dizer que não é, mas lá no fundo, ele é.

Porque, se eu falo contra alguns ensinos de João Calvino, os calvinistas sentem ódio de mim. Ora, isso não caracteriza idolatria? Assim como os católicos romanos batem no peito e dizem: — *Maria é a nossa mãe!*

Colocar os ensinos dos homens acima dos ensinos de Deus é idolatria.

Porque o homem é falho, e eu não posso criar raízes em legados e doutrinas de homens; minhas raízes devem estar firmadas na Palavra de Deus, somente. Não posso viver pela fé me baseando na teologia de Calvino, ou de Lutero, ou de Armínio, ou de Santo Agostinho, entre outros; porque isso iria me prender e me tornar tão limitado e falho quanto eles foram. Mas o correto é ler a Palavra sob a direção do Espírito.

Porque só a Palavra de Deus me dará plena liberdade.

(Falo estas coisas para os que já são maduros, não para os pequeninos.)

Mas é claro que falo assim porque esta é a minha fé. Ninguém precisa seguir os meus pensamentos, nem acreditar do jeito que eu acredito.

Porque cada um tem a sua fé, e cada um sabe o que é melhor para si mesmo. Mas quem está totalmente certo? Tenho certeza que ninguém está.

Na verdade, Deus é o único que está totalmente certo.

Porque o homem mais atrapalha o Espírito Santo do que ajuda.

É só pela justiça e pela misericórdia de Deus que Ele ainda conta com o auxílio do homem — que mais atrapalha do que ajuda, verdadeiramente.

Mas eu não vou debater teologia com ninguém, até porque, se eu fosse entrar num debate, levaria uma grande surra; pois sou pouco instruído e tenho um Q.I. limitadíssimo. Só estou dando a minha humilde opinião, pois sou livre para expressar a minha fé, a minha crença e as minhas ideias.

E dou graças a Deus, porque até aqui o Senhor me ajudou.

Ebenézer — a Pedra que me ajuda e que me socorre.

Para muitos, é pedra de tropeço; mas, para mim, é a Pedra da salvação.

E nela colocarei a minha confiança, em Jesus Cristo — hoje, amanhã e para sempre. Graças a Deus por sua maravilhosa graça e misericórdia.

"E a graça de Deus estava sobre ele." (Lc 1:40)

Quando eu estava desviado dos caminhos do Senhor Jesus, procurava várias formas de preencher o vazio e a tristeza que havia em mim.

Tudo era tão vazio e tão triste, que eu procurava me drogar e me embriagar para amenizar a dor que sentia. Porque, longe de Deus — a única e verdadeira Fonte da vida — não há vida nem paz; só há morte.

Eu — e só eu — sei o quanto sofri longe do Senhor, o quanto sofri por causa da minha rebeldia e da minha insensatez. Nunca mais quero passar por esse sofrimento. Nunca mais quero me distanciar do meu Deus.

Eu sei que há muitas pessoas sofrendo neste mundo, mas Jesus está de braços abertos para receber todos os que o buscam com um coração sincero. Ele não faz acepção de pessoas; para Ele, não faz diferença se você é um mendigo ou um milionário — Ele te aceita do jeito que você é.

Na verdade, Deus ama a todos e faz o convite a todos. Como está escrito: *"Eis que estou à porta e bato; se alguém ouvir a minha voz e abrir a porta, entrarei em sua casa e cearei com ele, e ele comigo."* (Ap 3:20)

Mas a Palavra fiel e verdadeira do santo Deus fiel também diz:

"Porque muitos são chamados, mas poucos, escolhidos." (Mt 22:14)

Isso porque muitos começam a andar com Jesus, mas não perseveram, e acabam se desviando do caminho da luz e da vida, voltando para o caminho das trevas e da morte. É como o próprio Senhor Jesus disse:

"Se alguém não permanecer em mim, será lançado fora, à semelhança do ramo, e secará; e o apanham, lançam no fogo e o queimam." (Jo 15:6)

E outra vez Ele diz: *"Todo aquele que o Pai me dá, esse virá a mim; e o que vem a mim, de modo nenhum o lançarei fora."* (Jo 6:37)

Deus não rejeita ninguém — somos nós que nos afastamos d'Ele.

Que Deus me ajude a perseverar até o fim; e que Deus também te ajude a perseverar até o fim. Porque não há outro Caminho. Ebenézer — minha pedra de ajuda e de socorro. Nesta pedra, sim, eu me firmarei e me gloriarei: em Jesus Cristo. Sou grato a Deus, e dou a Ele todos os méritos, toda honra e toda glória — a Ele somente, e a mais ninguém.

"Aquele, porém, que se gloria, glorie-se no Senhor." (2Co 10:17)

Mas, como eu sei que o espírito dos fariseus sobreviveu por mais de dois milênios, atravessando épocas e mais épocas... Para não falarem que é heresia, vou dizer que é apenas uma teoria. Tire você a conclusão.

CAPÍTULO 17

ESPERANÇA.

"Pois tu és a minha esperança, SENHOR Deus, a minha confiança desde a minha mocidade. [...] Dali passou Davi a Mispa de Moabe e disse ao seu rei: Deixa estar meu pai e minha mãe convosco, até que eu saiba o que Deus há de fazer de mim." (Sl 71:5) (1Sm 22:3)

Davi, que já tinha sido ungido rei por Samuel e que, no seu coração, já sabia que o propósito da sua vida era ser rei em Israel, pela unção que ele tinha da parte de Deus, não obstante, estava sem saber o que fazer.

Com as perseguições do rei Saul — que também já sabia, em seu coração, que Davi seria o futuro rei de Israel, mas não queria abrir mão do reino — Davi, em meio às muitas tribulações e perseguições, se viu em um impasse e disse ao rei de Moabe: *"Deixa estar meu pai e minha mãe convosco, até que eu saiba o que Deus há de fazer de mim."* (1Sm 22:3)

Até que eu saiba o que Deus há de fazer de mim. Davi não sabia o que fazer, mas a sua esperança estava em Deus; sim, no Senhor ele estava esperando e descansando. Às vezes, eu também me sinto assim: sem saber o que fazer, sem saber o que o Senhor irá fazer de mim. É como aquele salmo que diz: *"De manhã, Senhor, ouves a minha voz; de manhã te apresento a minha oração e fico esperando."* (Sl 5:3)

Eu tenho sonhos, tenho vontades, mas eu sei que os meus sonhos e as minhas vontades podem não estar de acordo com a vontade de Deus.

Contudo a Palavra do Pai, do Filho e do Espírito Santo diz: *"Agrada-te do SENHOR, e ele satisfará os desejos do teu coração. Entrega o teu caminho ao SENHOR, confia nele, e o mais ele fará."* (Sl 37:4-5)

O que é o desejo do meu coração, senão os meus sonhos?

Então, por que o Senhor não realizou os meus sonhos até hoje?

Será que a Palavra de Deus pode falhar? Será que Deus pode mentir?

Não, Deus não pode mentir: *"Deus não é homem, para que minta; nem filho de homem, para que se arrependa."* (Nm 23:19)

E a Palavra também diz: *"...para que, mediante duas coisas imutáveis, nas quais é impossível que Deus minta..."* (Hb 6:18)

A verdade é que Deus satisfará os desejos do nosso coração, que são os nossos sonhos, mas só se os nossos sonhos estiverem de acordo com a sua boa e perfeita vontade. Então, a melhor coisa para mim é deixar de sonhar, deixar de pensar em como satisfazer as minhas vontades, e entregar o meu caminho ao Senhor, confiar nele e deixar que a sua vontade seja feita em minha vida. Mas isso é uma tarefa difícil para um ser humano, que é tão ambicioso e egoísta, e que não quer abrir mão dos seus objetivos e sonhos terrenos. Mas assim Jesus nos ensinou a orar: *"Venha o teu reino; faça-se a tua vontade, assim na terra como no céu..."* (Mt 6:10)

Será que estamos observando este ensinamento?

E a Palavra também diz: *"Porque Deus é quem efetua em vós tanto o querer como o realizar, segundo a sua boa vontade."* (Fp 2:13)

Sim, Deus opera segundo a sua vontade em nosso coração; Ele coloca em nós o desejo de servi-lo e fazer a sua vontade. Estes são os sonhos de Deus. Os sonhos de Deus não batem com os nossos sonhos egoístas.

"Vossos velhos sonharão, e vossos jovens terão visões..." (Jl 2:28)

Sonharão os sonhos de Deus e terão visões segundo a visão de Deus, segundo o plano e o propósito que Deus tem para nós, segundo a sua vontade. Mas como vou confiar em meu coração? Como vou confiar em mim mesmo? Como vou saber se os meus sonhos são os sonhos de Deus ou os meus próprios sonhos? Como vou discernir os meus muitos sonhos?

Por isso, é necessário negar a nossa vontade, tomar a nossa cruz, esperar em Deus, andar no Espírito — ou seja, na direção do Espírito — e não na nossa vontade carnal. Porque muitos se precipitam por falta de paciência e, depois, acabam colocando a culpa em Deus. Mas Deus age no seu tempo, e não no nosso. Porque há uma grande diferença entre o tempo de Deus e o nosso tempo. *"Mas, amados, não ignoreis uma coisa: que um dia para o Senhor é como mil anos, e mil anos, como um dia."* (2Pe 3:8)

É necessário saber qual é a vontade de Deus para a nossa vida; precisamos ter sintonia com Deus, ter comunhão com Deus, ter uma vida com Deus. Mas nós somos tão vaidosos e tão egoístas que depositamos a nossa esperança apenas naquilo que desejamos — e ainda temos a cara de pau de dizer que esses são os sonhos de Deus para nossa vida.

Mas não são os sonhos de Deus, e sim os nossos próprios sonhos.

E quando as nossas expectativas são frustradas e os nossos sonhos não se realizam, muitos de nós colocamos a culpa em Deus, como se Deus fosse o culpado pelos nossos erros. É verdade: muitos culpam a Deus pelos seus fracassos. Existem muitas pessoas dentro das igrejas, aborrecidas e magoadas com Deus — e isso não é bom. Porque muitos sonham em alcançar a glória do mundo, ao invés de sonharem em alcançar a glória de Deus. Porque é isso que Deus quer: que nós busquemos a sua glória.

— *O que quer dizer "sonhos de Deus"? Por acaso Deus sonha como nós?*

Não, Deus não sonha como nós, até porque nada é impossível para Ele, e tudo está ao seu alcance. E Ele mesmo já conhece o final da história. Mas Deus efetua em nós a sua vontade, para que nós venhamos a sonhar em fazer a sua vontade — isto é, em estar dentro do seu plano. Sonhar com a nossa salvação, e não somente com a nossa salvação, mas também com a salvação das almas que estão perdidas. Estes são os sonhos de Deus.

Mas, como eu já disse antes, nós somos maus, vaidosos, ambiciosos e egoístas, e não nos sujeitamos a Deus como deveríamos nos sujeitar.

E, como consequência do nosso grande ego, acabamos sendo frustrados. *"Porque sem mim nada podeis fazer."* (Jo 15:5)

Eu tenho a esperança de me tornar uma pessoa melhor para Deus; mas sou tão falho e tão fraco, tão cheio de erros e defeitos, tão imperfeito, que às vezes até desanimo comigo mesmo. Porque, quando nós tropeçamos e falhamos, tomamos um baque na nossa fé, na nossa confiança e na nossa esperança. O inimigo fica à espreita, aguardando nosso tropeço, nossa falha, nosso erro e nosso pecado, a fim de nos acusar — e isso nos enfraquece muito. Por isso, é preciso vigiar, orar e vigiar; vigiar e orar sem cessar. Não podemos desistir, não podemos nos deixar levar pelas acusações do inimigo. Porque, se os nossos pecados são grandes, maiores são as misericórdias de Deus. Mas é claro que temos que nos esforçar para não pecar, pois quanto mais pecamos e erramos, maiores serão as consequências; e mais amarga será a nossa vida. *"Gasta-se a minha vida na tristeza, e os meus anos, em gemidos; debilita-se a minha força, por causa da minha iniquidade, os meus ossos se consomem."* (Sl 31:10)

Porque todo pecado deixa as suas sequelas. Sendo assim, eu vou vigiar e me esforçar em fazer sempre o bem, para que eu possa colher os frutos da minha justiça. Mas não sabemos o dia de amanhã. *"Não te vanglories do dia de amanhã, porque não sabes o que ele trará."* (Pv 27:1)

Eu posso estar bem com Deus hoje, mas amanhã o inimigo pode criar uma situação para que eu venha a tropeçar e fazer o que é mau aos olhos do Senhor. Por isso, é preciso vigiar o tempo todo, todos os dias, para que não venhamos a pecar e nos enfraquecer na fé, na confiança e na esperança; pois o tentador não brinca em serviço. *"Não há homem justo sobre a terra que faça o bem e que não peque."* (Ec 7:20)

Mas, se acaso tropeçarmos e fizermos o que é mau diante dos olhos do Senhor, não vamos desanimar com isso. Porque o sangue do Senhor Jesus Cristo é a nossa justiça; a nossa própria justiça não pode nos salvar.

Eu vou manter a minha esperança no Senhor, mesmo sabendo que sou mau e pecador. Não vou desistir, mas vou perseverar, vou pedir perdão, vou me humilhar, vou esperar na sua bondade e na sua compaixão.

Vou manter firme a minha esperança — e esta é a minha esperança: a glória de Deus e a vida eterna em Sião. *"E a si mesmo se purifica todo o que nele tem esta esperança, assim como ele é puro."* (1Jo 3:3)

Porque, de que me adiantaria ter esperança em coisas passageiras e mundanas, sendo que tudo vai passar um dia, mais cedo ou mais tarde?

A minha esperança está no Senhor; é no Senhor que eu espero e confio. Que a vontade d'Ele seja feita em minha vida, e não a minha.

Esperarei na sua bondade, na sua fidelidade, na sua misericórdia e no seu grande e perfeito amor. Porque, em quem mais eu esperaria?

"Espera, ó Israel, no SENHOR, desde agora e para sempre." (Sl 131:3)

Como Davi estava esperando no Senhor para saber o que o Senhor faria de sua vida — e nós sabemos o que Deus fez na vida de Davi, por sua confiança e esperança em Deus — assim eu também estou esperando, para saber o que o Senhor irá fazer de mim — isto é, da minha vida. *"Aguardo o SENHOR, a minha alma o aguarda; eu espero na sua palavra."* (Sl 130:5)

Sei que não posso confiar em mim mesmo, nas minhas percepções, porque o meu próprio coração muitas vezes já me passou a perna e me fez cair. Já pensou? Traído pelo próprio coração! É muita loucura mesmo!

Porque sei que a minha vontade é pura vaidade, e grande é o meu egoísmo; pois os meus pensamentos não são como os pensamentos de Deus. *"Mas esmurro o meu corpo e o reduzo à escravidão, para que, tendo pregado a outros, não venha eu mesmo a ser desqualificado."* (1Co 9:27)

Não posso me esquecer de que preciso negar a mim mesmo e tomar a minha cruz. Porque, se eu pertenço a Cristo, logo, os meus sonhos não me pertencem mais; sendo assim, todas as minhas expectativas devem estar em Deus. Sabemos que Abraão manteve a sua fé e a sua esperança no SENHOR para se tornar pai de uma numerosa nação. (Gn 17:5)

Porque a fé gera a esperança. Mas a promessa de Deus a Abraão foi muito além deste plano terreno; isso porque Abraão creu, mesmo que humanamente não houvesse nenhuma esperança para ele. (Rm 4:18)

Porém, mesmo que os olhos de Abraão não tenham podido ver essa numerosa nação enquanto ele estava vivo neste mundo, hoje, no plano celestial, Abraão contempla essa numerosa nação com seus próprios olhos — que cresce cada vez mais, todos os dias. Porque todos os que estão sendo salvos estão indo para o seio de Abraão, como vemos na parábola do rico e Lázaro. Abraão se tornou o pai da fé de todos os que estão sendo salvos até hoje, e esse número não para de crescer. Até hoje, os olhos de Abraão contemplam o crescimento dessa numerosa nação, que durará eternamente, segundo a promessa do Deus Fiel e digno de toda confiança.

"E, quanto à ressurreição dos mortos, não tendes lido o que Deus vos declarou: Eu sou o Deus de Abraão, o Deus de Isaque e o Deus de Jacó? Ele não é Deus de mortos, e sim de vivos." (Mt 22:31-32)

"O Senhor, o Deus dos espíritos dos profetas..." (Ap 22:6)

Abraão não está morto, como o nosso Senhor Jesus nos revelou.

Então, podemos dizer que, metaforicamente, ele é uma espécie de prefeito no paraíso — ou alguém que tem bastante prestígio entre os que são salvos, em meio ao povo do Senhor, em Sião. *"Depois destes acontecimentos, veio a palavra do SENHOR a Abrão, numa visão, e disse: Não temas, Abrão, eu sou o teu escudo, e teu galardão será muito grande. [...] Digo-vos que muitos virão do Oriente e do Ocidente e tomarão lugares à mesa com Abraão, Isaque e Jacó no reino dos céus."* (Gn 15:1) (Mt 8:11)

Além do fato de que o nome de Abraão é lembrado até hoje entre nós, os cristãos, entre os judeus, e até mesmo entre os muçulmanos. Isso nos mostra que as promessas de Deus vão muito além das nossas expectativas.

Sendo assim, vale a pena confiar e esperar no Senhor, porque Ele é poderoso para fazer infinitamente mais do que tudo quanto pedimos ou pensamos (Ef 3:20). Porque, para o nosso Deus, tudo é possível.

"Bendito o Deus e Pai de nosso Senhor Jesus Cristo, que, segundo a sua muita misericórdia, nos regenerou para uma viva esperança..." (1Pe 1:3)

E como diz certo ditado — que não é bíblico, mas é verdadeiro:

— *A esperança é a última que morre.*

Mantenhamos firme a nossa esperança naquele que é Fiel, porque Deus não costuma decepcionar aqueles que n'Ele confiam e n'Ele esperam.

Estou esperando no Senhor e na palavra que procede da sua boca.

O que será de mim? Não sei, só Deus sabe.

"De manhã, SENHOR, ouves a minha voz; de manhã te apresento a minha oração e fico esperando." (Sl 5:3)

Graças a Deus pela viva esperança que n'Ele temos.

CAPÍTULO 18

VITÓRIA.

"O cavalo prepara-se para o dia da batalha, mas a vitória vem do SENHOR. [...] e o SENHOR dava vitórias a Davi, por onde quer que ia. [...] porque todo o que é nascido de Deus vence o mundo; e esta é a vitória que vence o mundo: a nossa fé." (Pv 21:31) (1Cr 18:13) (1Jo 5:4)

Vitória, o que é vencer? Será que é conquistar a glória do mundo?

Será que é ter uma vida próspera, formar-se na melhor faculdade, ter uma carreira promissora, ganhar muito dinheiro, ter o melhor carro, a melhor casa, o melhor emprego, o melhor salário, ser dono de uma empresa bem-sucedida? Será que é ter um casamento abençoado?

É claro que Deus nos ajuda e nos abençoa em tudo. Mas a maior vitória para um cristão é vencer o pecado que há no mundo e vencer a si mesmo. Como está escrito: *"Se procederes bem, não é certo que serás aceito? Se, todavia, procederes mal, eis que o pecado jaz à porta; o seu desejo será contra ti, mas a ti cumpre dominá-lo."* (Gn 4:7)

Vencer o mundo não é vencer no mundo, conquistando todos os desejos e vontades do nosso coração. Vencer o mundo é desviar-se do mal e guardar a fé no Senhor Jesus; é andar em retidão, buscando sempre fazer a vontade de Deus. É vencer o pecado que há no mundo e que atrai a nossa cobiça, para nossa condenação e perdição. E nós só podemos vencer o mundo pela fé. Porque, pela fé, nós alcançamos o Senhor Jesus e atraímos o Espírito Santo para nossa vida. Ou melhor, o Espírito Santo nos leva ao Senhor Jesus, e o Senhor Jesus nos leva ao Pai — e vice-versa.

Ninguém vem ao Filho se o Pai não o trouxer, e ninguém vai ao Pai se não for pelo Filho. É um mistério, mas é claro que tudo isso vem de Deus.

Como está escrito nas Escrituras: *"Porque pela graça sois salvos, mediante a fé; e isto não vem de vós; é dom de Deus..."* (Ef 2:8)

Pois, sem o Espírito Santo, nada podemos fazer. *"Mas recebereis poder, ao descer sobre vós o Espírito Santo, e sereis minhas testemunhas..."* (At 1:8)

Tudo começa pela fé, e a fé vem pela pregação, e a pregação pela Palavra de Deus (Rm 10:17). Por isso, é necessário continuar pregando a Palavra de Deus. Porque é pela fé que estamos firmes em Deus. *"Não que tenhamos domínio sobre a vossa fé, mas porque somos cooperadores da vossa alegria; porquanto, pela fé, já estais firmados."* (2Co 1:24)

A Palavra diz que o justo viverá pela fé. Mas pela fé em quem?

Em si mesmo ou em Deus? É claro que é pela fé em Deus.

E esta é a vitória que vence o mundo: a nossa fé. (1Jo 5:4)

Estou falando de uma fé sincera, não de uma fé cheia de hipocrisia.

Porque até mesmo os falsos profetas têm fé, porém não uma fé sincera.

E esse tipo de fé, sem obras, não poderá, de modo algum, salvá-los.

(As obras de que estou falando são as obras da justiça e da piedade.)

A Palavra de Deus diz: *"Ora, àquele que é poderoso para fazer infinitamente mais do que tudo quanto pedimos ou pensamos, conforme o seu poder que opera em nós, a ele seja a glória, na igreja e em Cristo Jesus, por todas as gerações, para todo o sempre. Amém!"* (Ef 3:20-21)

Existem muitos crentes conservadores (que vivem confinados dentro de um pote de vidro de conserva — e esse pote de vidro é a religião) que criticam e reprovam o uso da fé quando ela é exercida de certo modo.

Por exemplo: a oração com o copo d'água pela TV ou pelo rádio, o óleo consagrado, o sal ungido, a rosa ungida etc. Tudo isso, para mim, é fé — e a fé agrada a Deus. Porque, se o pastor orar com uma fé sincera juntamente com a igreja, pedindo a Deus que abençoe e consagre certos objetos físicos, e o povo, estimulado pela fé, crer que de fato aquele objeto está abençoado e consagrado por Deus, Deus de fato o abençoará pela fé.

Eu não acho errado estimular a fé das pessoas no poder de Deus, porque Deus se agrada da fé. (É claro que devemos ter bom senso e equilíbrio, porque tudo o que é excessivo é concupiscência da carne.)

A oração da fé pela TV ou pelo rádio, que consagra o copo d'água, pode não servir para aqueles que já são maduros, mas servirá para ajudar outras pessoas — principalmente para fortalecer os que são novos na fé, e também para alcançar, abençoar e salvar as almas que estão perdidas.

Não é simpatia ou feitiçaria evangélica, como muitos dizem.

Porque, se eu faço algo em nome do Senhor e pela fé no Senhor, Deus se agradará da minha fé nele e no seu poder. Agora, se eu faço algo influenciado por espíritos de demônios, aí sim, é simpatia e feitiçaria.

A Palavra nos ensina: *"Mas o justo viverá pela sua fé."* (Hc 2:4)

É a materialização do poder invisível de Deus em algo visível, pela fé.

"De fato, sem fé é impossível agradar a Deus, porquanto é necessário que aquele que se aproxima de Deus creia que ele existe e que se torna galardoador dos que o buscam." (Hb 11:6)

Vou citar alguns exemplos bíblicos: — *Jacó, pela fé, colocou as varas descascadas e riscadas em frente ao rebanho, nos cochos onde as ovelhas bebiam água e ali se acasalavam; e, quando davam crias em frente às varas, as ovelhas saíam listradas, salpicadas e malhadas.* (Gn 30:37)

— E a serpente de bronze que o SENHOR mandou fazer e colocar numa haste, para que o povo fosse curado ao olhar para ela? (Nm 21:8)

— E quanto às muralhas de Jericó que caíram pela fé do povo? (Js 6:1-21)

— E quando Moisés e Arão feriram as águas do rio Nilo com o bordão, e elas se tornaram sangue? (Êx 7:20)

— E também quando Elias pegou seu manto e, enrolando-o, bateu com ele nas águas do rio Jordão, que se dividiram ao meio, e os dois — Elias e Eliseu — atravessaram em terra seca? (2Rs 2:8)

— E quanto ao graveto que Moisés lançou nas águas amargas, e elas se transformaram em água potável? (Êx 15:25)

— E quanto às águas de Jericó, que eram amargas, mas quando o profeta Eliseu tomou um prato com sal e jogou o sal na nascente das águas, elas ficaram boas? (2Rs 2:20-22)

— E o cozido na panela que não prestava para comer, mas quando Eliseu jogou farinha na panela, a comida ficou boa? (2Rs 4:40-41)

— E quanto ao machado que caiu no lago e afundou, mas quando o profeta Eliseu pegou um pedaço de pau e jogou na água, o ferro do machado flutuou, e eles o acharam? (2Rs 6:5-6)

— E a pasta de figos que Isaías disse para o rei Ezequias colocar sobre sua enfermidade, e a pasta de figos o curou? (2Rs 20:7)

— E quanto ao barro que Jesus fez com a sua saliva e aplicou nos olhos do cego de nascença, para que este viesse a enxergar? (Jo 9:6)

— E os tais lenços e panos que tocavam em Paulo, que eram levados aos doentes, que eram curados de suas doenças através dos lenços e dos panos, e até os demônios saíam das pessoas que os recebiam com fé? (At 19:11–12)

Tudo isso é fé, e sem fé é impossível agradar a Deus. (Hb 11:6)

Não sejamos supersticiosos em nossas ações de fé, porque a fé dissipa toda superstição, assim como a luz dissipa todas as trevas.

Porque é como está escrito: *"Bem-aventurado é aquele que não se condena naquilo que aprova."* (Rm 14:22)

E também está escrito: *"Todas as coisas são puras para os puros; todavia, para os impuros e descrentes, nada é puro."* (Tt 1:15)

Se você tem fé em Deus para fazer algo, então faça; mas se você não tem fé no poder de Deus, não faça — e também não critique a fé dos outros. Porque é como está escrito: *"Um crê que tudo pode comer, mas o débil come legumes; quem come não despreze o que não come; e o que não come não julgue o que come, porque Deus o acolheu."* (Rm 14:2–3)

Eu sei que muitos estão com a fé engessada por causa da religiosidade e das tradições de suas igrejas. Mas igreja não salva ninguém — a tua fé no Senhor Jesus Cristo, de fato, certamente é o que vai te salvar.

Existem crentes que têm anos e mais anos de igreja e nunca aprenderam a andar sozinhos com Deus, sem o auxílio do homem. Muitos nem são convertidos de verdade, são apenas convencidos de que Deus existe; mas ainda não conhecem a Deus, porque são apenas pessoas religiosas.

Precisam sempre da direção do pastor, dos seus conselhos e da sua ajuda; são totalmente dependentes do pastor. E muitos, se o pastor não for buscar a pessoa em casa, ela não vai à igreja cultuar ao Senhor.

Porque muitos só se lembram de Deus quando o calo aperta.

São como bebês prematuros que mal conseguem engatinhar, muito menos andar com as próprias pernas. E há pastores que gostam disso — gostam de ter as ovelhas comendo na sua mão, gostam de reinar sobre o rebanho. Mas o rebanho não pertence a ele; o rebanho pertence a Cristo.

Se o pastor tiver essa noção, será um servo bem-aventurado e receberá a sua recompensa. Mas, se ele pensa ser o dono do rebanho, prestará contas com Deus. Na verdade, este título de pastor é apenas simbólico, porque a igreja tem um só Pastor, que é o Senhor Jesus, o Bom Pastor.

É claro que esses líderes que lideram a igreja, que têm o título simbólico de pastor, são servos de Deus e merecem ser honrados pelo povo de Deus, pois servem a Deus em sua obra. (Falo dos pastores que são fiéis a Deus.)

Mas o único e verdadeiro Pastor da igreja é o Senhor Jesus.

Porque não é bom depender dos homens, pois o homem é fraco e falho.

Dou graças a Deus por ter adquirido maturidade espiritual para andar pela fé com minhas próprias pernas, sem depender da direção do homem, senão de Deus. Porque de Deus, sim, eu sou totalmente dependente.

Não que eu seja melhor que os outros — eu sei que nada sou — mas, através do conhecimento da Palavra de Deus, fui amadurecendo e crescendo. E olha que o meu conhecimento ainda é muito pequeno; preciso aprender a cada dia mais. Porque é como está escrito: *"O meu povo está sendo destruído, porque lhe falta o conhecimento."* (Os 4:6)

Só há uma maneira de crescer em Deus e se livrar da coleira dos homens: através do conhecimento da Palavra de Deus. Esta é a única forma, não há outra forma. Eu já falei isso várias vezes, e não me canso de repetir, porque esta é a verdade que te dará crescimento e plena liberdade.

Porque fé, todos têm — mas falta o conhecimento.

Sem o conhecimento das Escrituras, você nunca será completamente livre dos enganos dos homens e ainda pode correr o risco de ser enganado e se perder. Mas é claro que Deus é fiel e cuida do seu rebanho; e a base do evangelho é a fé, a esperança e o amor. Mas, se você não quer correr o risco de ser enganado, procure adquirir o conhecimento da Palavra de Deus, depressa. Estou lhe dando um bom conselho — não o rejeite. *"Tu ordenaste os teus mandamentos para que os cumpramos à risca."* (Sl 119:4)

Muitos querem a vitória, mas rejeitam o conhecimento. Porque é mais fácil se iludir com uma falsa profecia do que estudar a Palavra de Deus.

É necessário sermos equilibrados. É necessário ter fé, mas também é necessário ter conhecimento de Deus e da sua Palavra. Porque uma fé cega, sem conhecimento e entendimento da Palavra de Deus, pode nos levar a caminhos tortuosos de impiedade. Vou dar um pequeno exemplo:

— *Existem muitas pessoas que frequentam a umbanda e pensam que estão fazendo a vontade de Deus. — Existem muitas pessoas pagando promessa ao santo Expedito e pensam que estão fazendo a vontade de Deus. — No espiritismo, acreditam em Deus e fazem muita caridade, mas negam a Palavra de Deus e não estão fazendo a vontade de Deus ao consultar os espíritos — porque isso, para Deus, é uma abominação. E também temos o exemplo do caso de Mica e de sua mãe, que nos mostra que a fé sem o conhecimento da Palavra de Deus nos leva ao erro.* (Jz 17:1–13)

Enfim, há muitas outras coisas que as pessoas fazem pensando que estão fazendo a vontade de Deus, mas, na verdade, estão pecando.

É necessário ter fé, mas também é necessário conhecer a Palavra de Deus — porque é ela que nos revela a verdadeira vontade de Deus.

E a maior vitória que um cristão pode alcançar é ser batizado com o Espírito Santo e passar a ser morada e templo de Deus. Nascer de novo, nascer de Deus — isto é, ser batizado com o Espírito — é quando Deus vivifica o nosso espírito, que estava morto por causa dos nossos pecados.

O Mestre, isto é, o Senhor Jesus, disse: *"Em verdade, em verdade te digo que, se alguém não nascer de novo, não pode ver o reino de Deus. [...] O que é nascido da carne é carne; e o que é nascido do Espírito é espírito. [...] O vento sopra onde quer, ouves a sua voz, mas não sabes de onde vem, nem para onde vai; assim é todo o que é nascido do Espírito."* (Jo 3:3,6,8)

Nós sentimos o vento, sentimos a sua brisa, mas não podemos ver o vento. Assim são todos os que são nascidos do Espírito. Nós não podemos ver a Deus, mas podemos senti-lo; podemos sentir sua presença gloriosa e maravilhosa. Todos os que nascem de Deus podem sentir a presença de Deus, porque todos os que são nascidos do Espírito são espírito.

Deus é Espírito, e o que nasce de Deus também é espírito — por isso podemos senti-lo, como sentimos o vento, que não vemos, mas sentimos.

Disse o Senhor Jesus Cristo: *"Mas vem a hora, e já chegou, em que os verdadeiros adoradores adorarão o Pai em espírito e em verdade; porque são estes que o Pai procura para seus adoradores."* (Jo 4:23)

— *Mas e o ladrão que foi crucificado ao lado do Senhor? Ele não foi batizado nas águas nem no Espírito Santo, e mesmo assim foi salvo.*

Existem casos que são exceções — casos especiais, casos à parte.

Como foi o caso daquele ladrão.

E como também existem outros casos — casos que são exceções, casos especiais, casos à parte. Como os magos que vieram do Oriente para adorar o Rei dos judeus. Quem eram eles, e como sabiam da vinda do Messias, se nem faziam parte do povo de Israel? (Mt 2:1)

Como também Melquisedeque, rei de Salém, sacerdote do Deus Altíssimo. Quem era esse homem que recebeu o dízimo de Abraão, e por que a Bíblia nunca falou nada acerca desse povo de Salém? (Gn 14:18)

Também temos o caso do profeta Balaão, que não era um homem íntegro, mas tinha um dom verdadeiro e extraordinário. (Nm 22; 23; 24)

E o caso de Débora, a juíza, que certamente foi um caso à parte — diferente e especial (Jz 4:4). Também temos o caso de Sansão, que, da parte do Senhor, se apaixonou por uma mulher filisteia. (Jz 14:1–11)

Como também o caso de Rute, que era moabita e se casou com um homem israelita chamado Boaz (Rt 4:13). E na lei do SENHOR, era proibido um israelita se casar com uma mulher estrangeira — pior ainda, uma moabita ou uma filisteia — porque os moabitas e os filisteus eram inimigos de Israel. Mas isso nos mostra que existem casos que são exceções, casos à parte, casos especiais. Contudo, esses casos são raros.

"Vi também, naqueles dias, que judeus haviam casado com mulheres asdoditas, amonitas e moabitas. [...] Contendi com eles, e os amaldiçoei, e espanquei alguns deles, e lhes arranquei os cabelos, e os conjurei por Deus, dizendo: Não dareis mais vossas filhas a seus filhos, e não tomareis mais suas filhas, nem para vossos filhos nem para vós mesmos." (Ne 13:23,25)

Mas o caso de Sansão era diferente — era uma exceção, um caso à parte. Assim como o caso de Rute também era diferente, era especial.

Ela era uma mulher distinta do seu povo — uma exceção, um caso à parte. E assim eu creio que há muitos casos semelhantes a esses por aí — casos especiais, exceções, casos à parte. Por isso, não podemos julgar ninguém, porque não sabemos de nada. Só Deus sabe de todas as coisas.

Mas eu sei de uma coisa — sem exceção: todos querem alcançar a vitória. Cristo conquistou essa vitória por nós lá na cruz do Gólgota. Jesus é aquele que tem a chave de Davi — o que abre, e ninguém pode fechar; e o que fecha, e ninguém pode abrir. Pois Jesus é o Todo-Poderoso, é Aquele que tem as chaves da morte e do inferno. (Ap 1:18) (Ap 3:7)

Ou seja, ninguém morre e ninguém vai para o inferno sem o consentimento de Jesus. Sabe por que Ele tem as chaves?

Porque cumpriu sua missão: venceu o inferno e a morte, morreu na cruz pelos nossos pecados e ressuscitou ao terceiro dia. *"Graças a Deus, que nos dá a vitória por intermédio de nosso Senhor Jesus Cristo."* (1Co 15:57)

Se você quer a vitória, apegue-se com fé àquele que tem a vitória; a verdadeira vitória está no Senhor Jesus Cristo. Aprenda a depender de Deus, assim como eu aprendi. Porque eu aprendi a depender de Deus, não somente 100%, mas aprendi a depender de Deus setenta vezes sete 100%.

Preciso do Senhor tanto quanto preciso do ar que respiro; tanto quanto preciso da água que sacia a minha sede; tanto quanto preciso do alimento que me fortalece. Eu posso até aceitar a derrota e o fracasso neste mundo.

Mas o que eu não posso aceitar é perder para o pecado, perder para mim mesmo, perder para o diabo — e, principalmente, perder a minha salvação. *"E eu rogarei ao Pai, e ele vos dará outro Consolador, a fim de que esteja para sempre convosco..."* (Jo 14:16)

Quem me guiará ao paraíso, senão o Espírito do meu Deus?

Ele me sustentará por suas ternas misericórdias e me dará a vitória.

Por isso, eu preciso ser próximo de Deus, como um amigo chegado.

Porque Cristo é manso e humilde de coração, e trata os seus servos como amigos — na verdade, Ele quer ser amigo de todos.

Ele é Maravilhoso. Sim, seu Nome é Maravilhoso. *"Maravilhavam-se sobremaneira, dizendo: Tudo ele tem feito esplendidamente bem; não somente faz ouvir os surdos, como falar os mudos."* (Mc 7:37)

Tudo de que eu preciso é do Senhor Jesus Cristo.

"Assim, ao Rei eterno, imortal, invisível, Deus único, honra e glória pelos séculos dos séculos. Amém!" (1Tm 1:17)

Este é o ultimato de Deus para todos os que querem alcançar a verdadeira vitória: — Busque a Deus em nome do Senhor Jesus Cristo.

E receba a sua vitória — e, principalmente, a vida eterna. Jesus te ama!

CAPÍTULO 19

PEDRA BRUTA.

Assim Deus ordenou acerca do seu altar: *"Se me levantares um altar de pedras, não o fará de pedras lavradas; pois, se sobre ele manejares a tua ferramenta, profaná-lo-ás. [...] Ali, edificarás um altar ao SENHOR, teu Deus, altar de pedras, sobre os quais não manejarás instrumento de ferro. De pedras toscas edificarás o altar do SENHOR, teu Deus; e sobre ele lhe oferecerás holocaustos. [...] Então, Josué edificou um altar ao SENHOR, Deus de Israel, no monte Ebal, como Moisés, servo do SENHOR, ordenara aos filhos de Israel, segundo o que está escrito no Livro da Lei de Moisés, a saber, um altar de pedras toscas, sobre o qual se não manejara instrumento de ferro; sobre ele ofereceram holocaustos ao SENHOR e apresentaram ofertas pacíficas."* (Êx 20:25) (Dt 27:5,6) (Js 8:30,31)

"vós também, como pedras vivas, sois edificados..." (1Pe 2:5)

(Eu ainda posso sentir as sequelas do exílio, pois ainda me sinto preso.)

Depois que o Senhor me expulsou da sua presença, depois de um tempo, pela sua misericórdia, Ele me trouxe de volta do meu exílio, do meu exílio pessoal. Mas, mesmo depois que eu voltei, eu ainda continuei cativo por um bom tempo, espiritualmente falando — eu estava preso pelas consequências das minhas escolhas erradas. Isso por causa dos meus pecados, da minha insensatez, da minha maldade e da minha rebeldia.

Ainda sentindo o peso das correntes pesadas de ferro, sentindo dores como de feridas abertas, podres, cheirando mal; feridas infeccionadas pela impureza, feridas que ainda não cicatrizaram — isso, espiritualmente falando. Em meio à minha vergonha e humilhação, como aquela mulher que andava encurvada, a qual o Senhor Jesus libertou e curou. (Lc 13:11)

Assim, eu também andei encurvado, preso por cadeias espirituais, causadas pela minha insensatez. Quem me dera se o meu sofrimento e as minhas prisões fossem injustas, como foi o caso do apóstolo Paulo.

Mais no meu caso, o meu sofrimento foi justo. *"Ai dos que se levantam pela manhã e seguem à bebedice, e continuam até alta noite, até que o vinho os esquente! Liras e harpas, tamboris e flautas e vinho há nos seus banquetes... [...] Para quem são os ais? Para quem, os pesares? Para quem, as rixas? Para quem, as queixas? Para quem, as feridas sem causa? E para quem, os olhos vermelhos? Para os que se demoram em beber vinho, para os que andam buscando bebida misturada."* (Is 5:11-12) (Pv 23:29-30)

Ou talvez não tenha sido uma prisão injusta, a prisão de Paulo. Porque, de alguma forma, ele tinha que pagar pelo mal que causou à igreja no passado, quando perseguia, prendia e consentia com a morte dos servos de Jesus. Talvez o espinho na carne de que ele fala sejam as suas lembranças do passado, batendo como martelo em sua consciência o tempo todo.

(E nós sabemos que o Acusador não perde a chance de nos acusar.)

Como também Davi foi castigado e teve que pagar o preço do seu pecado, quando adulterou com Bate-Seba, mulher de Urias. (2Sm 11)

Depois, vendo que a mulher ficou grávida, Davi armou uma cilada para Urias, para que este morresse na guerra. Mas Deus é bom e compassivo, e Davi foi perdoado por Deus pela maldade que cometeu, mas teve que pagar o preço do seu pecado (2Sm 12:13). Por que vocês acham que, quando Absalão, filho de Davi, se levantou contra o seu pai para usurpar o seu reino, Davi não ofereceu nenhuma resistência?

Mas saiu do seu palácio real e da cidade como um rei acuado. Logo Davi, homem de guerra, que derrotou vários exércitos! É porque Davi se lembrou do seu pecado com Bate-Seba, e da sentença dada pelo Senhor; por isso sabia que aquela provação não vinha do inimigo, e sim de Deus.

E, como um homem de Deus, ele aceitou ser punido; porque, lá no fundo, sabia que eram as consequências do seu pecado com Bate-Seba.

Na verdade, tudo o que nós plantamos, nós vamos ter que colher; e comigo não foi diferente, e também não será diferente pra você.

"A tua malícia te castigará, e as tuas infidelidades te repreenderão; sabe, pois, e vê que mau e quão amargo é deixares o SENHOR, teu Deus, e não teres temor de mim, diz o Senhor, o SENHOR dos Exércitos." (Jr 2:19)

Mas foi bom o Senhor ter me açoitado, me ferido, me castigado, me disciplinado, me repreendido; foi bom para que eu me arrependesse.

"Vinde, e tornemos para o SENHOR, porque ele nos despedaçou e nos sarará; fez a ferida e a ligará. [...] Os vergões das feridas purificam do mal, e os açoites, o mais íntimo do corpo." (Os 6:1) (Pv 20:30)

Foi na minha prisão, enquanto eu ainda pagava o preço da minha insensatez e da minha rebeldia, que o Senhor despertou o meu espírito para este projeto: escrever um livro. Algo que eu jamais imaginava fazer.

Mas, apesar das minhas imperfeições e maldades, eu amo e adoro o meu Senhor Jesus, e quero ser útil ao meu Deus; pois sou grato pelas multidões das suas misericórdias. Sou como uma pedra bruta, tosca, sem nenhum valor para o mundo; no entanto, para Deus sou uma pedra de valor, porque Deus não rejeita ninguém. Porque, se o mundo não me amou — antes, me rejeitou e me vomitou para fora — Deus, que é infinitamente maior e melhor do que o mundo, me acolheu com amor.

Porque, o que o mundo tem de bom para me oferecer?

Tudo o que há no mundo são vaidades e ilusões; tudo é cansativo, tudo é pecado, tudo é como correr atrás do vento. *"Tudo era vaidade e correr atrás do vento; nenhum proveito havia debaixo do sol."* (Ec 2:11)

Quando eu falo que tudo no mundo é pecado, é porque, de fato, tudo é pecado — pecados de proporções maiores e menores. Alguns pecados são tão irrelevantes que passam despercebidos aos nossos olhos; como, por exemplo, viver uma vida de luxo, havendo tantos pobres e necessitados na igreja e fora dela. — *Fala sério, quer dizer que é pecado ser rico?*

No tempo em que nós vivemos, para um cristão, sim, ser rico é pecado.

Para um cristão, a ostentação é pecado: vestir-se com roupas caras e andar num carrão de luxo enquanto muitos, dentro da igreja ou fora dela, passam por necessidades básicas. É pecado sorrir enquanto o outro chora.

(Porém, nem todos os casos são iguais; há exceções — isto é, nem todos têm o mesmo caráter. Tudo depende da consciência e da fé de cada um.)

Mas Deus ordenou, na sua lei, que, depois que o povo atravessasse para o outro lado do rio, entrando na terra prometida, um altar de pedras toscas, brutas, não lavradas, não trabalhadas com ferramentas humanas fosse levantado ao Senhor. E foi exatamente isso que Josué fez: ele levantou um altar ao Senhor no monte Ebal — um altar de pedras toscas, brutas, não lavradas com ferramentas — e ali sacrificou ao Senhor.

— *Mas por que tinha de ser um altar feito de pedras toscas, brutas, não lavradas, não trabalhadas com ferramentas por um bom escultor, para que o altar ficasse belo e bem-feito, vistoso aos olhos de todos que o vissem?*

Na verdade, o nosso corpo é o templo de Deus, e o nosso coração é o lugar onde nós erguemos um altar para o Senhor. E a vontade de Deus é que o altar que nós erguemos a Ele em nosso coração seja um altar de pedras toscas, brutas — um altar com pedras não lavradas, não trabalhadas nem esculpidas com ferramentas humanas, métodos humanos, arte humana, preceitos humanos. Porque o altar que nós erguemos em nosso coração pertence ao Senhor, não pertence a nós mesmos.

Nós o erguemos para cultuar ao nosso Deus e para o louvor e a glória do nosso Deus — não para nossa própria glória, honra e vaidade.

— *Mas por que Deus não quer um altar imponente de pedras lavradas?*

É porque só Deus é digno de toda glória e de toda a nossa atenção.

E também porque nós somos orgulhosos, vaidosos e arrogantes; e um altar belo e vistoso facilmente ensoberbeceria o nosso coração, profanando assim o altar, tornando-nos adoradores do nosso próprio ego.

(Se Josué tivesse erguido um altar belo e vistoso, o povo acabaria sacrificando nesse altar, e não no altar designado por Deus. Porque Deus também já havia preparado um lugar — a Tenda da Revelação — para o povo se dirigir e levar os seus sacrifícios, para serem oferecidos no altar de bronze da tenda do SENHOR, e não em outro lugar.)

Mas nós somos como pedras brutas — rejeitadas pelo mundo, mas não rejeitadas por Deus — pois Deus quer nos lapidar segundo a sua vontade.

"Irmãos, reparai, pois, na vossa vocação: visto que não foram chamados muitos sábios segundo a carne, nem muitos poderosos, nem muitos de nobre nascimento; pelo contrário, Deus escolheu as coisas loucas do mundo para envergonhar os sábios, e escolheu as coisas fracas do mundo para envergonhar as fortes; e Deus escolheu as coisas humildes do mundo, e as desprezadas, e aquelas que não são, para reduzir a nada as que são; a fim de que ninguém se vanglorie na presença de Deus." (1Co 1:26–29)

Deus não quer que eu erga um altar a Ele em meu coração moldado, lavrado, trabalhado e lapidado com ferramentas e métodos humanos.

Deus escolheu pedras brutas, a fim de lapidar cada uma delas — pedras sem valor, sem aparência, sem formosura, dispensáveis para o mundo, mas indispensáveis e preciosas para Deus, que quer trabalhar com elas.

"Vós também, como pedras vivas, sois edificados..." (1Pe 2:5)

Eu sou uma pedra bruta, que ainda precisa ser lapidada — mas não pelo homem, isto é, por meio de ferramentas humanas, e sim por Deus.

— Eis o meu coração, e no meu coração eu ergo um altar a Deus: um altar de pedras brutas, sem aparência, imperfeito e sem formosura; pronto para ser lapidado pelo cinzel do Grande Escultor e Arquiteto que formou todas as coisas. (O verdadeiro altar de Deus é o meu coração, não é o palco do púlpito). O meu corpo é o templo de Deus, e o meu coração é o lugar onde eu ergo um altar ao Senhor, meu Deus — altar de pedras brutas, sem o fermento da vaidade. Nós somos os tabernáculos e os altares de Deus neste mundo. E neste altar eu sacrifico minha vida ao Senhor, rendendo-me a Ele com sacrifícios de ações de graças, de louvor e de adoração, em aroma suave. Por isso, eu rejeito toda instrução humana, todos os métodos humanos, todas as ferramentas humanas — que, no começo da minha conversão, até serviram para me ajudar a dar os primeiros passos, mas agora não me servem mais. Agora, eu prefiro ficar apenas com os ensinos e os conselhos que vêm de Deus, e isso é uma questão de fé. Ao Senhor eu ergui o meu altar, e não ao homem — para que, neste altar simples e singelo, humilde, tosco e sem aparência, eu ofereça os meus sacrifícios de ações de graças e louvor ao meu Deus.

Porque o fermento dos homens não produz a justiça de Deus.

"Um pouco de fermento leveda toda a massa." (Gl 5:9)

Cada um de nós tem a sua fé: alguns pensam de uma forma, e outros de outra. Alguns pensam em estudar teologia, e fazem até faculdade, porque creem que assim estarão mais preparados e capacitados para servir a Deus.

Existem métodos humanos para formar pastores e mestres — não tenho nada contra isso; afinal, cada um tem a sua fé. Mas a minha fé rejeita o aperfeiçoamento humano. Porque existem, sim, aqueles que têm vocação para o estudo teológico, para ser mestre, para ensinar e frutificar na obra de Deus — e esses homens são indispensáveis em seu ministério.

Mas também há aqueles que não têm vocação e acabam se afogando no mar do conhecimento teológico. E, no final de tudo, tornam-se árvores infrutíferas, homens arrogantes, mortos na letra — verdadeiros escribas fariseus, super-religiosos. *"Porque a letra mata, mas o espírito vivifica. [...] Já está posto o machado à raiz das árvores; toda árvore, pois, que não produz bom fruto é cortada e lançada ao fogo."* (2Co 3:6) (Mt 3:10)

Eu já ouvi homens estudados e graduados em teologia — doutores e mestres — criticando outros pastores com pouco estudo, dizendo que os tais pastores precisavam estudar mais teologia antes de exercer o cargo de pastor na igreja. Mas eu não penso como esses doutores e mestres.

Porque, afinal, nós servimos a Deus pela unção que Ele nos dá, ou pelo preparo acadêmico e teológico das escolas de teologia? Porventura, servir ao Senhor é uma espécie de profissão, como as demais profissões que há no mundo? Por causa dessas coisas, a igreja nunca mais foi como a igreja primitiva. *"Porque, embora andando na carne, não militamos segundo a carne. Porque as armas da nossa milícia não são carnais, e sim poderosas em Deus, para destruir fortalezas, anulando nós sofismas e toda altivez que se levante contra o conhecimento de Deus..."* (2Co 10:3–5)

Na verdade, muitos desses doutores e mestres teólogos negam a unção e o poder de Deus. Não estou generalizando, mas que isso é verdade, sim, certamente é. Porque há igrejas que só permitem que a pessoa sirva a Deus como pastor do rebanho se tiver feito faculdade de teologia — como o caso dos padres católicos romanos, que estudam tanto, mas não conseguem enxergar as verdades que a Bíblia está transmitindo. Ou talvez façam vista grossa e finjam não enxergar, por causa da instituição religiosa em que servem. Porque amam mais a instituição do que a Deus. *"Porque amaram mais a glória dos homens do que a glória de Deus."* (Jo 12:43)

Isso, para mim, são métodos humanos e ferramentas humanas — e o poder de Deus acaba sendo abafado, pois a religiosidade ofusca a fé no poder de Deus. E o resultado, na maioria das vezes, é um líder morno — isto é, um pastor morno, mais tendente a descer a temperatura do que a subir. Porque o altar daquele líder — ou melhor, daquele servo de Deus — não foi construído com pedras toscas, brutas, e sim com métodos e com aperfeiçoamento de ferramentas humanas; e isso deixou sua fé limitada.

Não é completamente errado aprender com os homens, mas, depois de um tempo, melhor será aprender diretamente com o Mestre Jesus Cristo.

(É claro que eu falo isso aos que são maduros, não aos novatos na fé.)

"Reconhecendo, irmãos, amados de Deus, a vossa eleição, porque o nosso evangelho não chegou até vós tão somente em palavra, mas, sobretudo, em poder, no Espírito Santo e em plena convicção..." (1Ts 1:4,5)

Porque, na obra de Deus, é o próprio Deus quem alicia os seus servos, de acordo com a sua vontade — seja ele um teólogo graduado, seja ele um semianalfabeto, ou até mesmo um completo analfabeto.

Porque é pelo poder de Deus que opera em nós que nós servimos e fazemos a vontade de Deus, pela sua unção. E nós sabemos que um diploma teológico, diante de Deus, não tem valor algum. Pode ter valor para o homem, para que ele alcance um cargo mais elevado na igreja, entre os homens — mas não diante de Deus. (Não estou pregando rebelião; é claro que nós temos que nos sujeitar aos líderes e às autoridades.)

Mas o que vale diante de Deus é a nossa fé, o nosso amor, a nossa sinceridade, a nossa integridade, a nossa fidelidade e o nosso compromisso com Ele e com a sua obra. Mas eu falo assim porque sou pedra bruta — e bruto quanto a este assunto: que, para servir a Deus, é necessário ter um diploma teológico. Eu não tenho um diploma teológico, mas compreendo a mensagem das santas Escrituras (ou pelo menos penso que compreendo).

Enfim, vivo pela fé, e creio que o Espírito Santo me dá entendimento.

"Sim, de fato também considero todas as coisas como perda, comparadas com a superioridade do conhecimento de Cristo Jesus, meu Senhor, pelo qual perdi todas essas coisas. Eu as considero como esterco..." (Fp 3:8)

Eu rejeito ser influenciado na minha fé por academias bíblicas, com influências, doutrinas, preceitos, ensinos, métodos e ferramentas de homens e de suas instituições — que, de um modo formal, acorrentam os homens através da religião, impondo limites ao ilimitado poder de Deus.

(Mas isso é uma questão de fé; ninguém precisa me imitar.)

Posso até estar errado, mas isso porque eu sou bruto de verdade.

Quero viver a liberdade que há em Cristo, através da sua Palavra, que me dá plena liberdade para servir a Deus e crer no seu poder. Mas cada um de nós tem a sua vocação; cada um sabe o que é melhor para si.

Nem todos têm a mesma fé e a mesma visão.

Porque Deus não é um tirano, para nos deixar encurralados e sem escolha — Ele nos dá opções, e a nossa fé é quem decide por nós.

E a minha fé está focada na Palavra de Deus, no poder de Deus e na ação do Espírito Santo, que está presente e bem atuante em nosso meio.

Porque eu sou do tipo que acredita no sobrenatural, no poder, na ação, no agir, na atuação e na manifestação do Espírito Santo de Deus.

Acredito no poder de Deus, mas detesto as emoções humanas.

Detesto ver os falsos profetas forçando a barra, tentando arrancar os aplausos do povo no grito, se passando por super-homens de Deus, roubando a glória e o louvor que pertencem somente a Ele. Mas creio em milagres, creio em curas, creio que os demônios devem ser expulsos da vida do povo de Deus — pois o erro de muitos é pensar que o diabo tirou férias, ou até mesmo que a Palavra de Deus perdeu a validade. *"Passará o céu e a terra, porém as minhas palavras não passarão."* (Mt 24:35)

Porque muitos estudam a Palavra de Deus, e até de modo excessivo, mas não acreditam verdadeiramente no que está escrito. Porque se deixam levar facilmente por aqueles que distorcem a Palavra para defender suas teologias e as doutrinas de suas instituições religiosas. Mas eu creio na Palavra de Deus, e ponto final. Porque o inimigo não pode destruir a obra de Deus, então ele trabalha através da religiosidade, a fim de estagnar a fé da pessoa — para que ela não creia plenamente na Palavra, nem no poder de Deus. *"E estes sinais acompanharão os que crerem: em meu nome expulsarão demônios, falarão novas línguas, pegarão em serpentes, e se beberem alguma coisa mortífera, não lhes fará mal algum; imporão as mãos aos enfermos, e estes serão curados."* (Mc 16:17–18)

Muitos aprenderam, através da religião, que essas coisas ficaram no passado — que não são mais para os dias de hoje. Isso porque não creem plenamente nas Escrituras. Quanto a pegar em serpentes ou beber algo mortífero, creio que isso é apenas uma metáfora, mostrando que Deus nos livrará de todo mal. Como foi o caso de Paulo, que foi mordido por uma víbora: *"Enquanto Paulo ajuntava um feixe de gravetos e os colocava sobre o fogo, uma serpente, fugindo do calor, prendeu-se à sua mão. [...] Mas ele, sacudindo a serpente no fogo, não sofreu mal nenhum."* (At 28:3,5)

Nesse caso, em que Paulo foi mordido, foi um acidente — e o Senhor o livrou. Porque não devemos tentar ao Senhor, nunca, jamais. (Mt 4:7)

Mas eu creio no que está escrito, e não no que a religião ensina.

Não vou deixar que a minha fé fique presa à religião, como um pássaro preso na gaiola. Quero servir a Deus de acordo com a plenitude da sua Palavra. E a Palavra de Deus nos diz: *"Em verdade, em verdade vos digo que aquele que crê em mim fará também as obras que eu faço, e outras maiores fará, porque eu vou para junto do Pai."* (Jo 14:12)

Quem é aquele que fará as mesmas obras do Mestre?

Senão aquele que crê.

Não é para todos; é só para aquele que crê — para aquele que crê nas palavras do Mestre. Porque a vontade de Deus é que nós creiamos no seu poder. A vontade de Deus é que rompamos em fé e nos libertemos da prisão da religiosidade que impõe limite à nossa fé. Deus se agrada da nossa ousadia: *"Então, Jesus lhes disse: Ó geração incrédula, até quando estarei convosco? Até quando vos sofrerei? [...] Ao que lhe respondeu Jesus: Se podes! Tudo é possível ao que crê."* (Mc 9:19,23)

E todos aqueles que são influenciados pela Palavra de Deus também creem — ao contrário de outros que se deixam moldar pelos homens e por suas ferramentas teológicas — e se tornam como águias presas em gaiolas de aço. Mas eu espero a revelação dos mistérios de Deus, porque Deus não falha. *"Ele apanha os sábios na sua própria astúcia."* (1Co 3:19)

Estou falando a verdade: já ouvi um doutor em teologia falando sobre a importância dos livros apócrifos, dizendo que, sem o conhecimento desses livros e também da história, não podemos compreender a Bíblia, muito menos as profecias bíblicas. É desse modo que Deus apanha os sábios que pensam saber todas as coisas, na sua própria astúcia.

Porque, se sabemos algo, é pela revelação de Deus que sabemos.

Sou pedra bruta, imperfeito, que precisa ser lapidado e aperfeiçoado — mas não segundo os homens, e sim segundo a boa e perfeita vontade de Deus. Eu deposito a minha confiança somente no meu Mestre, e não em mim mesmo. Porque até mesmo este livro que estou escrevendo, não o escrevo confiando em mim mesmo, e sim confiando na mão de Deus. Sou incapaz até mesmo de escrever um comentário relevante no YouTube.

Mas o meu altar está erguido em meu coração — altar de pedras brutas, sem nenhuma aparência — para que eu não venha me exaltar e pensar que sou alguma coisa, confiando no meu próprio coração.

E que não haja nenhum método, nem ferramentas humanas trabalhando em nosso altar de pedras brutas. Porque o altar que nós erguemos em nosso coração é para o Senhor; deixa o Senhor mesmo lapidá-lo. Lembrando que o fogo do altar não pode apagar, mas precisa permanecer aceso de dia e de noite, todos os dias. (Lv 6:13)

Não permita que falte o azeite sobre a lenha, para manter o fogo aceso.

Porque, se nós deixarmos de vigiar, o fogo apaga — e, na escuridão, o inimigo nos arrebata e nos leva para longe de Deus, como um dia me levou. Mas, pela graça e pela misericórdia de Deus, eu voltei; mas tive de colher, e ainda continuo colhendo todo o mal que plantei.

"Quero trazer à memória o que me pode dar esperança." (Lm 3:21)

Mas, mesmo que as minhas mãos sangrem, eu não vou soltar o arado.

Porque o exílio de Judá, que foi levado cativo para a Babilônia, é um exemplo para nós — para não fazermos o que é mau diante do Senhor.

Pois esta é a nossa fé e perseverança: *"Se alguém levar para o cativeiro, para o cativeiro irá; se alguém matar à espada, é necessário que seja morto à espada. Aqui estão a perseverança e a fé dos santos."* (Ap 13:10)

Porque ninguém pode colher o bem praticando o mal. Pois o cativeiro que nos aguarda é real. *"Desviando-se o justo da sua justiça e cometendo iniquidade, morrerá por ela; na sua iniquidade que cometeu, morrerá. Mas, convertendo-se o ímpio da sua impiedade que cometeu e praticando o juízo e a justiça, conservará este a sua alma em vida."* (Ez 18:26,27)

Cuidado! Vigia! Pois o caminho é estreito. Porque, se você se perverter e fizer o que é mau diante dos olhos do Senhor, e não se arrepender da tua maldade, Deus enviará Nabucodonosor para te tirar da tua terra fértil e te levar cativo para a Babilônia, onde você será só mais um escravo.

E você não quer que isso aconteça, não é? Ou você quer correr o risco?

O Senhor me mandou dar o recado, e o recado está dado.

Sou pedra bruta, que ainda precisa ser lapidada pelo cinzel de Deus.

Não zombem da minha pouca estrutura, porque o Senhor me acolheu.

E, de fato, Ele é o único que me compreende de verdade.

Às vezes me sinto como um estranho no ninho, e não sei se isso é bom ou ruim. Mas o que importa é que, na presença de Deus, eu me encontro, e não me sinto como um estranho. Porque, apesar de ser o verme que eu sou, fraco e falho, o maior dos pecadores, o Senhor me acolheu com amor.

Pois Ele me conhece, sim, e eu também o conheço.

Muitos são ousados em seus envolvimentos afetivos e sociais com as pessoas no mundo, mas são tímidos diante de Deus. Não é assim que deve ser. Pelo contrário, não seja tímido diante de Deus. *"Perguntou-lhes, então, Jesus: Por que sois tímidos, homens de pequena fé?"* (Mt 8:26)

Parece que muitos têm medo de se achegar ao Deus Todo-Poderoso.

Sou pedra bruta. Sou o Cooperador Francisco, servo do Deus Altíssimo, o menor de todos os seus servos, e o mais indigno. Posso até ser tímido diante dos homens, mas não sou diante de Deus. Porque o sangue de Cristo me dá confiança. Sei que posso confiar no meu Amigo fiel.

Mas, para não falarem que é heresia, vou dizer que é apenas uma teoria. Tire você a conclusão.

LIBERDADE.

"E isto por causa dos falsos irmãos que se entremeteram com o fim de espreitar a nossa liberdade que temos em Cristo Jesus e reduzir-nos à escravidão; aos quais nem ainda por uma hora nos submetemos, para que a verdade do evangelho permanecesse entre vós. [...] Por preço fostes comprados; não vos torneis escravos de homens." (Gl 2:4,5) (1Co 7:23)

Escravo de Cristo, sim, mas não escravo de homens; escravo de Cristo, sim, mas não escravo do pecado; escravo de Cristo, sim, mas não escravo do diabo; escravo de Cristo, sim, mas não escravo de mim mesmo; escravo de Cristo, sim, porque só assim posso me tornar livre de verdade.

Pois o jugo do Senhor é suave, e o seu fardo é leve. (Mt 11:30)

E, além disso, Ele ainda nos ajuda a carregar o fardo. Sou escravo de Cristo porque a minha dívida com Deus é eterna. E, se eu sou escravo de Cristo, não aceito ser escravo de mais nada, nem de mais ninguém; por preço fui comprado, pertenço a Cristo. A minha liberdade custou um alto preço, e eu não abro mão da minha liberdade, que só pude conseguir através da verdade. O que é liberdade? Posso garantir que liberdade não é libertinagem. Liberdade é o que Deus nos oferece através do evangelho, porque só em Cristo é que posso ser livre de verdade, pela verdade.

Livre de mim mesmo, livre do pecado, livre do diabo, livre do mundo, livre dos homens, livre da religião, livre dos vícios etc. Livre dos padrões de vida que a sociedade nos submete a viver; livre daquilo que está na moda, daquilo que dizem ser tendência. Não é porque todo mundo faz que eu também tenho que fazer; não é porque todo mundo tem que eu também tenho que ter. Como está escrito: *"O SENHOR te porá por cabeça e não por cauda; e só estarás em cima e não debaixo..."* (Dt 28:13)

Ou seja, liberdade! Eu vou por mim mesmo, na direção do Espírito, pela minha fé, e não pela cabeça dos outros — tipo, Maria vai com as outras. E esta liberdade é um presente de Deus para mim. Porque a minha fé no Senhor Jesus é o que me dá liberdade, pois sou justificado pela fé, e não pelas obras — mas uma fé sincera. E uma fé sincera me conduz às boas obras e ao amor. E o amor me liberta do ódio, do rancor e da maldade. E, livre do ódio, do rancor e da maldade, posso servir a Deus com um coração puro; e todos os que têm o coração puro verão a Deus.

"Bem-aventurados os limpos de coração, porque verão a Deus." (Mt 5:8)

E Deus faz cair por terra todas as correntes que me prendem e me dá liberdade através da sua Palavra, que é a única verdade. *"Santifica-os na verdade; a tua palavra é a verdade. [...] Enviou-lhes a sua palavra, e os sarou, e os livrou do que lhes era mortal."* (Jo 17:17) (Sl 107:20)

Pra que ser escravo, se eu posso ser livre?

Eu preciso ser livre para servir ao meu Senhor, livre de todos os cuidados e de todas as preocupações que há no mundo. *"O que realmente eu quero é que estejais livres de preocupações."* (1Co 7:32)

Pois quanto mais nos envolvemos com as coisas do mundo, mais nós nos prendemos. Pois o bom soldado de Cristo não se envolve em negócios desta vida, nem se deixa levar pelo fascínio deste mundo. (2Tm 2:3-4)

Acho que todos conhecem a passagem que fala acerca daquela mulher, filha de Abraão, que andava encurvada, presa por Satanás. (Lc 13:11)

"Por que motivo não se devia livrar deste cativeiro, em dia de sábado, esta filha de Abraão, a quem Satanás trazia presa há dezoito anos?" (Lc 13:16)

Essa mulher era uma mulher de Deus? Sim, claro que era. Ela era uma filha de Abraão. Mas estava acorrentada por Satanás há dezoito anos.

Isso nos revela de onde vêm as dores e os sofrimentos que há no mundo. É claro que nem todos os casos são os mesmos, nem tudo é o diabo. Mas grande parte do sofrimento das pessoas é obra do maligno, outra parte é por causa da rebeldia do homem, e outra parte são as consequências da queda do homem; porque, quando o homem pecou, a terra foi amaldiçoada. *"Maldita é a terra por tua causa..."* (Gn 3:17)

E outra grande parte é culpa da própria pessoa. São brechas que ela mesma abriu para o inimigo entrar. Porque tudo o que nós plantamos, de fato, nós vamos ter que colher. *"Se alguém levar para o cativeiro, para o cativeiro irá; se alguém matar à espada, é necessário que seja morto à espada. Aqui estão a perseverança e a fé dos santos."* (Ap 13:10)

E há casos em que não adianta nem orar pela pessoa, para que Deus a cure e a liberte; porque a pessoa só está colhendo aquilo que ela mesma plantou. Mas também há casos em que a oração da fé resolve.

"Está alguém entre vós doente? Chame os presbíteros da igreja, e estes façam oração sobre ele, ungindo-o com óleo, em nome do Senhor. E a oração da fé salvará o enfermo, e o Senhor o levantará; e, se houver cometido pecados, ser-lhe-ão perdoados." (Tg 5:14-15)

Mas nem tudo são os demônios. Às vezes, sim, são demônios, mas às vezes não. Mas, se eu procurar o mal, o mal vai se deixar ser encontrado por mim. Certa vez o Senhor Jesus disse a um homem: *"Olha que já estás curado; não peques mais, para que não te suceda coisa pior."* (Jo 5:14)

Está claro que o mal que vem sobre as nossas vidas é por causa dos nossos próprios erros e pecados. São brechas que nós mesmos abrimos para o ladrão entrar, roubar, matar e destruir. (Jo 10:10)

E também está escrito na Palavra: *"Há daqueles que são puros aos próprios olhos e que jamais foram lavados da sua imundícia."* (Pv 30:12)

O nosso coração é enganoso, e as nossas percepções podem nos iludir.

Há pessoas que pensam estar limpas diante de Deus, mas não estão.

Há pessoas que pensam estar libertas, e não estão. Porque o pior cego é aquele que não quer enxergar; o orgulho que carrega o faz pensar que não precisa ser curado. Há pessoas que dizem: — *Eu não roubo, nunca matei ninguém, pago as minhas contas em dia, não faço mal aos outros; Deus está comigo, eu não preciso me arrepender de nada, a minha justiça me salva.*

Na verdade, eu digo que há mais esperança para um criminoso e uma prostituta alcançarem a salvação do que para esse tipo de pessoa que se acha boa e pensa que não precisa se arrepender de nada. Porque o criminoso e a prostituta sabem que precisam se arrepender para alcançar a salvação. Mas aquele que pensa ser bom e que pode ser salvo por sua própria justiça, e por isso pensa que não precisa se arrepender — quem poderá salvá-lo? Porque Jesus só pode salvar aquele que admite que está perdido e que precisa ser perdoado para ser salvo. Como o Mestre dos mestres nos revelou: *"Declarou-lhes Jesus: Em verdade vos digo que publicanos e meretrizes vos precedem no Reino de Deus. Porque João veio a vós outros no caminho da justiça, e não acreditastes nele; ao passo que publicanos e meretrizes creram."* (Mt 21:31-32)

A Palavra de Deus diz: *"O temor do SENHOR é a instrução da sabedoria, e a humildade precede a honra."* (Pv 15:33)

É necessário ser humilde e reconhecer as nossas falhas, os nossos erros e os nossos pecados. Porque o orgulho e a arrogância certamente nos levarão ao fundo do poço — de onde, talvez, nunca mais poderemos sair.

Como também está escrito: *"Antes da ruína, gaba-se o coração do homem, e diante da honra vai a humildade."* (Pv 18:12)

Sejamos humildes e reconheçamos que precisamos da mão salvadora de Deus. Porque feliz é aquele que confia no Senhor e nele deposita a sua esperança. *"Bem-aventurado aquele que tem o Deus de Jacó por seu auxílio, cuja esperança está no SENHOR, seu Deus..."* (Sl 146:5)

Já estive preso aos vícios, já vi a destruição que as drogas podem causar. Posso dizer que já estive no céu e vi a face de Deus; também posso dizer que já estive no inferno e vi a face do diabo (estou falando em sentido figurado). O vício aprisiona a alma da pessoa, tira a sua liberdade e, aos poucos, vai drenando a sua vida; e a pessoa passa a viver somente para satisfazer o seu vício. Alguns dizem que o vício é um mal espiritual, e que é um espírito maligno que leva a pessoa ao vício; mas eu creio que não. É claro que há um estímulo da parte do Tentador para que a pessoa venha a se viciar em algo que não presta; mas ele apenas tenta, nada mais.

Mas o vício está na nossa carne, nas nossas vontades, nos nossos desejos carnais desenfreados. E é claro que os demônios tiram proveito disso para nos atacar no nosso ponto fraco, pois eles conhecem o nosso ponto fraco. Mas eu só posso me viciar na cocaína se, primeiro, eu provar a cocaína; e, uma vez provando e gostando do efeito que ela faz na minha mente, eu uso uma, duas, três, quatro vezes, até me viciar — até que o meu corpo queira mais e mais cocaína. Da mesma forma são todos os outros vícios: sempre é preciso que haja uma primeira vez para eu provar, gostar e me viciar. Mas é claro que há um estímulo diabólico por trás de tudo.

Mas não é um mal espiritual que me leva a sentir vontade de usar drogas, ou qualquer outra coisa em que eu esteja viciado; mas sim a minha carne, a minha própria vontade, querendo mais drogas. Se você não quer se viciar em nada, não experimente. É concupiscência da carne — o desejo desenfreado da carne. Mas é claro que o tentador se aproveitará disso, e ele vai focar em me atingir justamente no meu ponto fraco. Se você não quer ter um ponto fraco, procure não se viciar em nada. Porque o diabo não me obrigou a usar cocaína; eu usei e me viciei por minha própria vontade, mesmo sabendo que era uma droga e que iria me prejudicar.

Se eu nunca tivesse usado, eu nunca teria me viciado. Então, o vício não é um mal espiritual, e sim o desejo desenfreado da minha carne. Eu provei, gostei e me viciei. E quem está na carne não pode agradar a Deus.

Por que vocês acham que fumar cigarro é pecado? Porque o cigarro faz mal ao nosso corpo, que é templo do Espírito Santo? Sim, isso também.

Mas fumar cigarro é pecado porque é um vício. E o vício, assim como a obsessão, é concupiscência da carne. Sendo assim, quem está na carne não está fazendo a vontade de Deus. Porque a vontade da carne vai contra a vontade do Espírito Santo. *"Porque a carne milita contra o Espírito, e o Espírito contra a carne, porque são opostos entre si... [...] Portanto, os que estão na carne não podem agradar a Deus."* (Gl 5:17) (Rm 8:8)

Logo, estando eu na carne, estou em pecado. E, estando em pecado, estou morto e separado de Deus; o que me resta é a perdição eterna, a escuridão das trevas e o fogo do inferno. — Mas, então, há oração que possa libertar a pessoa dos vícios? Sim, claro que há, porque para Deus tudo é possível. E Ele pode curar qualquer enfermidade e qualquer vício.

Mas a pessoa precisa crer e aceitá-Lo como seu Deus e libertador.

Entretanto, também vai depender da situação em que a pessoa se encontra, e da sua própria vontade de ser curada e liberta dos vícios.

Para Deus tudo é possível; a ação do seu poder operando na vida do viciado é real e eficaz. Mas o viciado também precisa querer ser livre.

Mas como eu já disse, a libertação vai depender da situação de cada um. Se a pessoa nunca esteve na presença de Deus antes e não conhecia o evangelho — se ela é uma recém-convertida que estava no mundo e aceitou Jesus pela primeira vez, com um coração sincero — essa pessoa será liberta e curada facilmente de todos os seus vícios. Mas, se é uma pessoa que se desviou dos caminhos do Senhor depois de ter sido curada, como foi o meu caso, aí a dificuldade será bem maior. Porque Deus é justo. Quem mandou eu me viciar, se eu sabia que era errado?

Quem mandou eu me desviar dos caminhos de Deus?

Agora eu vou ter que pagar e arcar com as consequências. Mas Deus é bom e misericordioso, e a sua mão está estendida. Deus me perdoará e me aceitará de volta, mas a minha libertação será muito mais difícil. Porque eu vou ter que colher todo o mal que plantei — falo isso por experiência própria. *"Pois aquilo que o homem semear, isso também ceifará."* (Gl 6:7)

Mas há jeito, sim. Terei que ter muita força de vontade e perseverança.

Contudo, com a ajuda de Deus, nós podemos conseguir. Mas não vai ser fácil. E muitos não querem pagar o preço, acabam desanimando e desistindo. Mas eu não desisti, e graças a Deus o Senhor me libertou e me curou. Mas eu tive que fazer a minha parte, que foi: me arrepender de todo o meu coração e me converter novamente de todo o meu coração. Para muitos, o crack é uma viagem sem volta, e não são poucos os que dizem que não há cura para os viciados em crack. Mas, pela misericórdia de Deus, eu voltei dessa viagem louca. Mas não estou aqui para falar dos meus vícios do passado, e sim da liberdade — que eu só posso alcançar através da verdade, que é o Senhor Jesus Cristo. Como está escrito: *"Se, pois, o Filho vos libertar, verdadeiramente sereis livres."* (Jo 8:36)

Livre-se do aguilhão da morte, livre-se das algemas que te prendem; busque a liberdade que está em Jesus Cristo. E não se torne escravo de homens, nem do diabo, nem dos vícios — que são os desejos desenfreados e destrutivos da nossa carne. Busque a Deus em nome do Senhor Jesus Cristo, e o Espírito Santo do Senhor te libertará. *"Ora, o Senhor é o Espírito; e, onde está o Espírito do Senhor, aí há liberdade."* (2Co 3:17)

Não permita que ninguém domine a tua fé; seja cabeça e não cauda. Deixa o Espírito te guiar através da Palavra de Deus. Assim, você será livre de verdade e andará com Deus em liberdade, sim, em plena liberdade.

"Para a liberdade foi que Cristo nos libertou. Permanecei, pois, firmes e não vos submetais, de novo, a jugo de escravidão." (Gl 5:1)

Quanto tempo ainda vou ter de esperar? Quanto tempo ainda falta para o meu Libertador voltar e me levar para o seu Reino eterno?

Sim, eu sonho com esse dia. E como eu não sonharia com esse dia?

Espero que o Senhor tenha preparado uma morada para mim, segundo o seu amor e a sua bondade. Sim, eu confio plenamente na sua promessa.

Porque a Palavra do Deus eterno diz: *"Não se turbe o vosso coração; crede em Deus, crede também em mim. Na casa de meu Pai há muitas moradas. Se assim não fora, eu vo-lo teria dito. Pois vou preparar-vos lugar. E, quando eu for e vos preparar lugar, voltarei e vos receberei para mim mesmo, para que, onde eu estou, estejais vós também."* (Jo 14:1-3)

Às vezes fico imaginando o paraíso. Como deve ser o plano celestial, fora deste vaso corruptível feito do pó da terra? Quando o Senhor redimir por completo a minha vida, no seu Reino celestial. Acaso é errado perder a fascinação pelo mundo? Porventura estou pecando ao deixar de amar a minha vida neste mundo? Pelo contrário, porque a Palavra do Altíssimo nos ensina: *"Não ameis o mundo nem as coisas que há no mundo. Se alguém amar o mundo, o amor do Pai não está nele..."* (1Jo 2:15)

Uma vez me perguntaram: — *Qual é o número do seu WhatsApp?*

Eu disse que não tinha WhatsApp, e a pessoa ficou perplexa, pensando que eu era de outro mundo. Ora, será que sou obrigado a fazer tudo que os outros fazem? Ou ter tudo que os outros têm? Ou gostar de tudo que os outros gostam? Acho que não. Não gosto de postar fotos no WhatsApp, nem no Twitter, nem no Instagram, nem no Facebook — não gosto dessas coisas. Acaso sou obrigado a gostar dessas coisas superficiais?

E daí se eu acho uma bobagem comemorar o dia do meu aniversário?

E daí se eu detesto a hipocrisia do Natal?

E daí se eu não me iludo com a virada do ano?

Porque a virada do ano é uma falsa esperança e uma grande ilusão.

Eu admito que já fiquei tentado a me iludir com a vibração das pessoas, com os fogos de artifício e com a euforia delas — que se alegram com o coração cheio de esperança e de ilusão pela chegada de um novo ano.

Mas não dá para negar a minha fé, me entregando à ilusão.

Pois não será a chegada de um ano novo que vai mudar a minha vida e a minha sorte. Pois a vida segue o seu plano contínuo. Acreditar que tudo vai melhorar só porque o ano mudou é pura ilusão, é uma falsa esperança, é superstição. A minha sorte só vai mudar e melhorar se eu fizer a vontade de Deus. *"Buscai, pois, em primeiro lugar, o seu Reino."* (Mt 6:33)

Pra mim, todas as datas comemorativas — do tipo Dia das Mães, Dia dos Pais, Dia dos Namorados, Dia das Crianças, enfim — não têm valor algum. Pra mim, toda essa bobagem é um monte de esterco que precisa descer pelo cano da descarga e sumir de uma vez por todas do Planeta.

Porque, pra mim, tudo isso são estratégias do comércio para lucrar — pura hipocrisia. Porque, se não dá pra todo mundo ficar feliz nestas tais datas, então que ninguém fique. Porque enquanto muitos se alegram no Dia das Mães, outros se entristecem por não terem mais suas mães, que já faleceram. E, enquanto muitas crianças se alegram e ganham presentes no Dia das Crianças, outras se entristecem por não terem condições de ganhar presentes. E por aí vai a maldade e a hipocrisia que há no mundo.

Não estou dizendo que gostar dessas coisas, ou gostar de redes sociais e plataformas digitais, é pecado — não, não é pecado (é fútil, mas não é pecado). Só estou dizendo que eu não gosto, e sou livre para não gostar.

Nem todos nós somos iguais. Acho que sou um caso à parte.

Mas isso não me faz melhor nem pior do que ninguém.

A humanidade atua o tempo todo como verdadeiros atores e atrizes — e não são poucas as almas dissimuladas. Mas eu sou péssimo em atuar.

Não quero mais fazer parte dessa peça teatral; não quero mais fazer parte nem do palco, nem do grande teatro do mundo. Já estou cansado deste longa-metragem, cansado das reprises repetitivas, e me preocupo muito com o rumo que este roteiro está tomando. *"Porque os que falam desse modo manifestam estar procurando uma pátria. E, se, na verdade, se lembrassem daquela de onde saíram, teriam oportunidade de voltar. Mas, agora, aspiram a uma pátria superior, isto é, celestial."* (Hb 11:14-16)

Espero por um novo céu e uma nova terra, onde haverá vida, paz e equidade. Quero estar mais perto do meu Deus. Sou peregrino na terra e sonho com uma nova pátria, onde a liberdade se concretizará para sempre.

"Quem ama a sua vida irá perdê-la; e quem odeia a sua vida neste mundo irá preservá-la para a vida eterna." (Jo 12:25)

Estou pouco preocupado em receber honra e glória que vêm dos homens. Podem até me achar patético, podem pensar o que quiser de mim.

Eu aguento as pedradas e as pancadas, mas na minha fé não sou nada condescendente. Posso ser pobre, fraco e pequeno, posso ser irrelevante — mas sou cabeça e não cauda. Dispenso os elogios que vêm dos homens e não tolero bajulação. Não há honra maior do que a honra que vem de Deus. O resto, pra mim, não importa. Tanto faz as críticas dos homens.

Porque, em Cristo, eu sou livre. Não vivo para o mundo — vivo para Cristo. Rejeito beber das mãos dos homens; bebo direto da fonte.

Graças a Deus pela liberdade que Ele nos dá.

CAPÍTULO 21

PROSPERIDADE?

"O ladrão vem somente para roubar, matar e destruir; eu vim para que tenham vida e a tenham em abundância." (Jo 10:10)

Esta promessa é verdadeira e fiel.

Jesus veio para que tenhamos vida, e vida em abundância. *"Para isto se manifestou o Filho de Deus: para destruir as obras do diabo."* (1Jo 3:8)

Jesus veio para destruir as obras do diabo, que é o pecado, e para nos dar vida, e vida em abundância. Esta é a prosperidade que vem de Deus: vida em abundância. A prosperidade que vem de Deus é uma boa qualidade de vida: sossego, descanso, dignidade, fartura, paz, saúde, vida, amor, segurança, alegria e, no porvir, a vida eterna. A prosperidade que vem de Deus não se limita apenas ao sonho americano.

Porque uma boa qualidade de vida não se resume apenas a riquezas materiais; porque Jesus, o nosso Mestre, não se preocupou em ajuntar tesouros neste mundo, nem nos ensinou a fazer isso. Porque os bens materiais são irrelevantes; o que realmente importa é a vida eterna.

Eu sei que, mais uma vez, estou sendo clichê, mas não me canso de repetir sempre as mesmas coisas, pois é a verdade, e a verdade liberta, não ilude nem engana. *"Doce é o sono do trabalhador, quer coma pouco, quer muito; mas a fartura do rico não o deixa dormir. Grave mal vi debaixo do sol: as riquezas que seus donos guardam para o próprio dano."* (Ec 5:12-13)

Eu já disse uma vez e repito: não sou totalmente contra a doutrina da prosperidade, porque na Palavra de Deus há muitas promessas de bênçãos e prosperidade. Mas sou contra a apologia à ganância, à ambição e à cobiça. Sou contra o amor ao dinheiro e ao materialismo excessivo.

Há um pastor bem conhecido, o qual eu não vou citar o nome por motivo ético, que é a favor da doutrina da prosperidade. Mas ele é um homem equilibrado e sensato, e um profundo conhecedor da Palavra.

E ele ensina que a prosperidade que vem de Deus é ter uma boa qualidade de vida, e nisso eu concordo com ele. Mas há outros pregadores que, infelizmente, incitam à ganância, à ambição, à cobiça e ao amor ao dinheiro e aos bens materiais. Existem igrejas por aí que prestam verdadeiros cultos ao dinheiro. E até mesmo os simples e humildes, que não têm muita ambição material — e isso não é mau diante de Deus, segundo o evangelho de Cristo — acabam se corrompendo; e ele, ou ela, se transforma em uma pessoa determinada a vencer e a conquistar o mundo, as riquezas e o sucesso financeiro, com o coração cheio de ambição, de ganância e de cobiça. E isso é uma deturpação do genuíno evangelho de Cristo. *"Porque o amor do dinheiro é a raiz de todos os males..."* (1Tm 6:10)

E também está escrito:

"O irmão, porém, de condição humilde glorie-se na sua dignidade, e o rico, na sua insignificância, porque ele passará como a flor da erva." (Tg 1:9,10)

Mas, se a pessoa quer prosperar para poder ajudar ao seu próximo e também ajudar a obra de Deus, isso é aceitável e bom, e agrada ao Senhor.

Mas, infelizmente, muitos querem riquezas e prosperidade apenas para o seu bel-prazer, por pura vaidade, pensando apenas em si mesmos, e isso não é bom. Eu me lembro que já fui membro, por um tempo, de uma igreja desse tipo, que prestava verdadeiros cultos ao dinheiro.

Lembro-me de que eu estava conversando com alguns irmãos e, naquele período de conversa, passou um obreiro de bicicleta, vestido de traje social — isto é, de terno e gravata. Eu me lembro de que um dos irmãos com quem eu estava conversando apontou para aquele obreiro humilde e disse, com um certo tom de arrogância: — *É melhor não ser obreiro do que ser um obreiro derrotado e fracassado como este.*

(Não estou querendo dizer que humildade é ser pobre. Não, porque há muitos ricos mais humildes de coração do que muitos pobres por aí.)

Outra vez, eu estava em outra igreja, e o pastor estava pregando acerca de prosperidade, dizendo que o dinheiro era necessário — e, de fato, é, isso eu tenho que admitir. Mas eu me lembro de que, sentado atrás de mim, havia um irmão que parecia ser um homem simples e humilde.

Mas, quando o pastor terminou o seu discurso fervoroso, depois de ter exaltado o dinheiro, depois de ter atiçado a cobiça e a ganância do povo, visando o dinheiro das ofertas e do dízimo; eu ouvi esse irmão que estava sentado atrás de mim dizer: — *É verdade, realmente o dinheiro é bom!*

Eu fiquei perplexo e, ao mesmo tempo, enojado ao ouvir aquilo. E se eu, que sou mau, me senti enojado ao ouvir aquilo, imagina Deus, que é bom. Mas eu admito que fui covarde e me calei diante daquelas palavras. Admito que fui negligente. Eu deveria ter me voltado a ele e dito: — Não, irmão, o dinheiro não é bom; só Deus é bom. *"Respondeu-lhe Jesus: Por que me chamas bom? Ninguém é bom senão um, que é Deus."* (Mc 10:18)

Eu percebi que pessoas simples e humildes acabam se deixando influenciar por essa doutrina da prosperidade e acabam se tornando pessoas materialistas, gananciosas e ambiciosas. E os que já tinham inclinação para a ganância se tornam piores ainda. E muitos irmãos aprendem a cobiçar a vida dos outros — dos seus próprios vizinhos, amigos e parentes — que não são crentes, mas têm uma vida financeira mais próspera do que a dele; têm um carro melhor do que o dele; têm uma casa melhor do que a dele; têm um emprego melhor do que o dele; têm uma empresa mais bem-sucedida e mais lucrativa do que a dele, enfim.

E os irmãos ficam ansiosos para prosperar e mudar de vida, para poder se mostrar aos outros; e muitos dizem que é para glorificar o Nome do Senhor que eles precisam prosperar. Mas o Senhor Jesus disse que o Pai é glorificado em nossos frutos, e não nas nossas riquezas e bens materiais.

Isso nos mostra que há muita gente enganada na igreja. (Jo 15:8)

Um evangelho humanista, voltado para os interesses mundanos. Pra mim, é só mais uma prisão imposta pelos padrões de vida do mundo e da sociedade. Mas o que nós, servos de Cristo, temos com este mundo?

Porque eu prefiro levar uma vida simples e humilde diante de Deus, com integridade, segurança e liberdade, do que viver uma vida luxuosa, mas cheia de inquietações e preocupações. Pois a minha paz, o meu sossego e o meu descanso vêm de Deus, porque a vida que Deus nos dá, o dinheiro não pode comprar. Porque a Palavra de Deus é contra a ambição:

"Quem ama o dinheiro jamais dele se farta; e quem ama a abundância nunca se farta da renda; também isto é vaidade." (Ec 5:10)

Onde foi que Deus nos ensinou, na sua Palavra, que nós temos que nos moldar aos padrões de vida que as pessoas do mundo levam?

"Não peço que os tires do mundo, e sim que os guardes do mal. Eles não são do mundo, como também eu não sou." (Jo 17:15,16)

Ser cabeça, e não cauda, não é ter uma vida financeira melhor do que a vida dos outros; ser o patrão, o chefe, o dono, ser o bam bam bam que manda e desmanda... Não, isso é vaidade. Mas ser cabeça é ter opinião própria, e não ser uma Maria-vai-com-as-outras, não seguindo o mesmo embalo que todo mundo segue. (O tal sonho americano.)

Repito mais uma vez: a prosperidade que vem de Deus, a vida abundante que Ele promete, não são apenas bens materiais e riquezas.

(Pois isso é ser escravo de Mamom.)

Mas a prosperidade que vem de Deus é ter uma boa qualidade de vida e, no porvir, a vida eterna. A vida eterna é o que realmente importa.

Acaso estou sendo clichê? Mas, se eu disser que não quero ser próspero e abençoado, estarei sendo um hipócrita. É claro que eu quero, e não nego.

Mas que seja feita a boa vontade de Deus em minha vida, e não a minha; jamais a minha vontade, e sim a vontade do Senhor. *"Provocaram a Deus no coração, pedindo comida segundo seu próprio gosto."* (Sl 78:18)

Eu não vou me entregar à ganância, à ambição e à cobiça, porque Deus é fiel, e Ele não me deixará passar necessidade. Porque eu vivo pela fé em Deus, e não pela fé no dinheiro. Minha confiança está em Deus, e não no dinheiro. Que a minha vida seja do jeito que Deus quiser, e não do jeito que eu quero. Porque foi assim que eu aprendi com Deus em Sua Palavra.

É claro que Deus nos abençoa e nos faz pessoas bem-sucedidas.

Mas segundo a sua boa vontade e também segundo a nossa vocação, segundo aquilo que o Senhor vê que é o melhor para nós.

Porque Deus, como um bom Pai, nos trata como filhos; porque nós não sabemos o que é o melhor para nós, mas Deus sabe. Se a minha vocação não é ser um empresário, Deus não vai me tornar um empresário. Se a minha vocação não é ser rei, Deus não vai me tornar um rei. Se a minha vocação não é ser um profeta, Deus não vai me chamar para ser um profeta. Se a minha vocação não é ser um político, Deus não vai me levantar para ser um político. Se a minha vocação não é ser comerciante, Deus não vai me tornar um comerciante. Se eu não tenho vocação para liderar, Deus não vai me chamar para ser um líder. Se eu não tenho vocação para pastorear, Deus não vai me levantar para ser pastor das suas ovelhas. Se a minha vocação não é cantar nem ser um músico, Deus não vai me chamar para ser um ministro de louvor, enfim.

Deus decidirá o que será de mim, segundo a minha vocação e segundo a sua boa vontade. Porque Deus quer o melhor para cada um de nós e não quer que ninguém se perca se corrompendo; então, não vamos nos contaminar com a cobiça nem perder a nossa integridade com a ganância.

Pois o pensamento de Deus não é como o nosso.

Está escrito: *"Tornou a ira do SENHOR a acender-se contra os israelitas, e ele incitou a Davi contra eles, dizendo: Vai, levanta o censo de Israel e de Judá. Disse, pois, o rei a Joabe, comandante do seu exército: Percorre todas as tribos de Israel, de Dã até Berseba, e levanta o censo do povo, para que eu saiba o seu número."* (2Sm 24:1,2)

Não vou escrever todo este capítulo porque é muito grande e vai levar muito tempo. Mas você pode conferir este capítulo inteiro aí na sua Bíblia.

Mas também em (1Cr 21:1,2) diz: *"Então, Satanás se levantou contra Israel e incitou a Davi a levantar o censo de Israel. Disse Davi a Joabe e aos chefes do povo: Ide, levantai o censo de Israel, desde Berseba até Dã; e trazei-me a apuração para que eu saiba o seu número."* (1Cr 21:1,2)

Bom, você pode ler este capítulo inteiro aí na sua Bíblia.

Mas o que aconteceu? Em (2Samuel 24), está escrito que foi o SENHOR quem incitou Davi a fazer a contagem do povo. Mas em (1Crônicas 21), a Palavra diz que foi Satanás que incitou Davi a fazer a contagem do povo. Quem incitou o rei Davi: Deus ou o diabo? As duas passagens bíblicas estão falando do mesmo acontecimento. Na verdade, Deus permitiu que o diabo incitasse o rei. Mas o que houve para que Deus permitisse que o diabo incitasse Davi a fazer a contagem do povo?

Lembrando que essa era a contagem dos guerreiros do povo de Israel.

Tenho duas teorias acerca do pecado que Davi cometeu ao fazer o censo, desagradando assim ao Senhor. A primeira teoria é esta:

— Deus estava irado com o povo de Israel por causa dos seus pecados e das suas maldades. Mas, por causa da integridade e da fidelidade de Davi para com Deus, Deus não podia castigar o povo, que estava merecendo ser castigado. Então, Deus permitiu que Satanás incitasse o rei Davi, para que este fizesse a contagem dos guerreiros, a fim de guerrear contra aquele povo rebelde. E, com essa intenção de guerrear contra o povo de Deus, Davi acabou pecando. E esse pecado de Davi era a brecha que o SENHOR precisava para castigar aquele povo rebelde, porque o castigo era justo. Mas, quando Joabe voltou depois de fazer a contagem dos guerreiros — porque Davi estava realmente com a intenção de guerrear contra o povo —, dizendo, porém, Joabe a Davi o número dos guerreiros, que era um número muito grande, o rei Davi viu que seria um massacre. E o coração de Davi pesou, e ele caiu em si, e viu que aquilo era mau aos olhos do SENHOR, e disse: "Muito pequei no que fiz; porém, agora, ó SENHOR, peço-te que perdoes a iniquidade do teu servo, porque procedi mui loucamente." (2Sm 24:10)

Então, com esse pecado que Davi cometeu, o SENHOR pôde dar o justo castigo merecido para aquele povo rebelde e infiel.

E esta é a segunda teoria: *— Está escrito: "O Senhor disse a Moisés: Quando fizeres a contagem dos israelitas para o censo, cada um deles dará ao Senhor o resgate da sua vida, para que não haja entre eles nenhuma praga por ocasião do censo. Ao ser recenseado, cada um dará meio siclo, segundo o siclo do santuário (este siclo é de vinte jeiras); meio siclo é a oferta ao Senhor. Quem for recenseado, de vinte anos para cima, dará a oferta do Senhor. Quando derem a oferta do Senhor, feita como expiação por vossa vida, o rico não dará mais do que meio siclo, nem o pobre dará menos. Receberás o dinheiro da expiação dos israelitas e o aplicarás no serviço da tenda da revelação, para que sirva de memorial em favor dos israelitas diante do Senhor, para fazerdes expiação por vossa vida." (Êx 30:11-16)*

Pode ser que o Senhor tenha considerado o recenseamento do povo uma má atitude, não porque o rei Davi queria guerrear contra o povo, mas por causa do mandamento que diz acerca da oferta que deveria ser dada ao Senhor, isto é, meio siclo (segundo o siclo do santuário) — para cada homem que fosse recenseado. Pode ser que o rei Davi tenha pecado contra o Senhor, por haver mandado o soldado fazer o censo, apenas por seu bel-prazer, sem primeiro consultar ao Senhor. Por isso o Senhor considerou a contagem do povo um erro, e castigou o povo por esse erro de Davi.

Mas a verdade é que, tanto na primeira teoria quanto na segunda, Davi pecou contra o Senhor ao fazer o censo, e isso foi a brecha necessária para que o Senhor pudesse punir aquele povo rebelde e infiel. Acredito que algo semelhante aconteceu em relação à doutrina da prosperidade, que atiça a cobiça do povo. Querendo Deus que o evangelho se expandisse e que as igrejas crescessem, Ele permitiu que Satanás incitasse a ganância em alguns líderes religiosos, por meio da doutrina da prosperidade, que acende a cobiça e a ganância do povo, tornando-os materialistas.

Foi através das igrejas neopentecostais que essa doutrina começou a ganhar força, resultando num crescimento apoteótico das igrejas e das pessoas que aceitaram Jesus. Essa doutrina também já atingiu as igrejas pentecostais e tantas outras. Na verdade, ela acendeu a cobiça de quase toda a igreja. Será mesmo que Deus permitiu que Satanás implantasse esse erro — a doutrina da prosperidade — nas igrejas, a fim de que houvesse crescimento na sua obra? Acredito que sim, é consideravelmente possível.

Creio que Deus usou a ganância, a ambição e a cobiça do homem para expandir a sua obra. Deus é soberano e sábio, e quando Ele quer, usa até mesmo o mal para executar o seu propósito e cooperar com a sua obra.

Como Ele usou o rei Nabucodonosor no passado para executar juízo e vingança contra as nações, e até mesmo contra Judá, chamando-o de servo, ainda que Nabucodonosor não o conhecesse nem o considerasse como seu Deus. Como está escrito na Palavra sagrada: *"E agora entrego todas estas terras na mão de Nabucodonosor, rei da Babilônia, meu servo; dou-lhe até mesmo os animais selvagens, para que o sirvam."* (Jr 27:6)

Assim como também usou Ciro, rei da Pérsia, para liberar o povo de Judá do exílio, auxiliando-o no retorno à sua terra natal. (Ed 1:1)

Às vezes parece que o diabo está prevalecendo contra Deus, mas não está. Na verdade, é Deus quem está no controle absoluto, permitindo até a operação do erro para cooperar com seus planos e também para provar o coração do seu povo. Mas nós temos a Palavra de Deus para nos ensinar a fazer a vontade de Deus e para nos dar discernimento para compreender o caminho do bem e do mal. Sendo assim, ninguém é inocente, pois sabemos o que é correto, sabemos o que agrada a Deus e o que não O agrada, segundo o que está escrito na sua Palavra. Já ouvi alguém dizer:

— *Quem tem conhecimento da Palavra de Deus e vive no pecado é pior do que eu; porque sou um pecador, mas não tenho conhecimento da Palavra de Deus. Sendo assim, sou inocente, pois não conheço a Palavra nem a vontade de Deus. Maior culpa do que eu tem aquele que conhece, mas não pratica.*

(Esse é o tipo de pessoa que busca justificar seus próprios pecados.)

Mas eu pergunto: — *Não conhece a Palavra por quê, se ela está ao alcance de todos, disponível para todos que querem conhecer a verdade?*

Porque essa pessoa que não conhece a Palavra é tão pecadora quanto aquela que a conhece, mas vive no pecado. Isso é hipocrisia, porque a Palavra está ao dispor de todos — os dois vão perecer juntos no inferno.

Porque de Deus não se zomba, como a Palavra do Senhor nos revela:

"Assim, pois, todos os que pecaram sem lei também sem lei perecerão; e todos os que com lei pecaram, mediante lei serão julgados." (Rm 2:12)

Não é porque Deus permite o erro que nós temos que errar; devemos fazer a vontade de Deus, que está escrita em sua Palavra, e dizer não ao erro. Porque Deus é soberano, e tudo Ele faz segundo a sua vontade; Ele pensou em tudo de antemão, está à frente de tudo e opera em tudo e em todos — em verdade e com justiça, com sabedoria, conhecimento e entendimento. *"Ó profundidade da riqueza, tanto da sabedoria como do conhecimento de Deus! Quão insondáveis são os seus juízos, e quão inescrutáveis os seus caminhos! Quem, pois, conheceu a mente do Senhor? Ou quem foi o seu conselheiro? Ou quem primeiro deu a Ele, para que lhe venha a ser restituído? Porque dele, e por meio dele, e para ele são todas as coisas. A Ele, pois, seja a glória eternamente. Amém."* (Rm 11:33–36)

Na verdade, o rei Davi acabou caindo em si e se arrependeu do seu erro. Ele viu que aquela atitude que estava tomando era um erro e não agradava a Deus. E vocês, que são adeptos da doutrina da prosperidade e também da teologia coaching — que consegue ser pior do que a doutrina da prosperidade — não acham que já está na hora de cair em si e se arrepender, como Davi caiu em si e se arrependeu? Não acham que já está na hora de voltar à simplicidade e à pureza devidas a Cristo? Não acham que já está na hora de voltar ao genuíno evangelho do Senhor Jesus?

Sim, eu acho que já está mais do que na hora. Já não se vê mais muitos cristãos cheios do Espírito e do poder de Deus, porque as pessoas estão preocupadas demais com os cuidados da vida neste mundo.

Elas só querem ver o que os seus olhos cobiçam. Lembro-me de que, certa vez, vi uma irmã com uma criança na igreja, e ouvi outra irmã perguntar àquela criança: — *O que você vai ser quando crescer?*

A mãe da criança se antecipou e disse: — *Ela vai ser gente grande.*

Naquela hora eu não pensei nada, mas hoje eu penso comigo mesmo:

— *Gente grande para Deus ou gente grande para o mundo?*

Porque ser grande para Deus é ser como Cristo; mas ser grande para o mundo é ser como César, o imperador. Veja o exemplo de João Batista, que para Deus era grande, e para a maioria do povo era um profeta.

Mas para os líderes religiosos e para a elite da sociedade da sua época, ele era apenas um maluco endemoniado. Grande para o mundo era o rei Herodes, o governador Pôncio Pilatos, os líderes religiosos, enfim.

Mas, para Deus, esses homens não eram grandes; para Deus, esses homens que se achavam os maiorais não eram nada. Porque grande para Deus é aquele que faz a sua vontade. João Batista, que não frequentava os palácios reais, que não comia pão nem bebia vinho, mas se alimentava de gafanhotos e mel silvestre; que não se vestia com roupas finas, mas se vestia com roupas tecidas de pelos de camelo — esse sim era grande para Deus. Um homem que poderia seguir o legado de seu pai e se tornar sacerdote no templo do Senhor, não quis ser sacerdote, porque ouviu a voz de Deus e aceitou o seu chamado. Ele preferiu a glória de Deus e rejeitou a glória dos homens. Para muitos, ele era um louco que andava clamando pelo deserto; mas aquele louco, cabeludo e barbudo, que para a alta classe do mundo não era nada, para Deus era um grande profeta, como o Senhor Jesus disse: *"Sim, vos digo, e muito mais do que profeta."* (Lc 7:26)

As aparências realmente enganam — nem tudo que reluz é ouro. Não é porque estou trajado com um terno de luxo *"Ermenegildo Zegna"* que você deve pensar que sou um homem cheio da graça de Deus; embora haja muitos tolos que podem até pensar isso, mas não tem nada a ver. Porque graça é graça, e luxo é luxo; graça não é luxo, e nem talento é unção.

Fama e dinheiro não significam que a pessoa é cheia da unção do Espírito Santo e do poder de Deus. Como muitos pensam que, só porque a pessoa canta muito e compõe lindas canções, ela é cheia da unção de Deus — mas isso não tem nada a ver. Ela só tem talento, como a *Madonna* e o *Michael Jackson*. Porém, o dinheiro está corrompendo muitos cristãos, porque aquele que provou o luxo jamais irá querer voltar para o lixo.

Mesmo que estejam errados em suas ações gananciosas, esses cristãos não voltarão atrás em seus erros, mas darão um jeito de justificá-los.

Como também já ouvi um certo bispo cheio de ganância e cobiça dizer que quem tem o Espírito Santo também pode ser rico, como Deus é rico.

Por acaso o Espírito Santo é o gênio da lâmpada de Aladdin, que é obrigado a realizar os nossos desejos? Não, Deus não é o nosso escravo.

Deus já nos deu tudo ao nos dar a vida; pois Ele é Rei e Soberano, entronizado nos céus acima dos querubins. A Ele pertence a majestade e o domínio pelos séculos dos séculos. Amém. Porque João Batista não possuía muitos bens materiais, mas a unção de Deus em sua vida testificava que ele era um verdadeiro profeta; por isso o povo ia até ele para ser batizado, pela unção e pela glória de Deus que estavam sobre ele.

Pois naquela época não havia rádio, nem televisão, nem internet para divulgar suas pregações e torná-lo famoso. Tinha que ser pela unção e pelo poder de Deus mesmo. *"Ele era a lâmpada que ardia e alumiava... [...] Não há nada oculto que não haja de manifestar-se, nem escondido que não venha a ser conhecido e revelado."* (Jo 5:35) (Lc 8:17)

Os irmãos lotam as igrejas quando ficam sabendo que um pastor famoso irá pregar em determinado dia; e o recebem com apreço e admiração ao vê-lo chegando com seu terno caro em um carrão de luxo.

Mas políticos corruptos também andam assim — terno e gravata não significam nada, de fato. E se ele estivesse chegando à igreja de bicicleta ou montado num jumento, será que os irmãos não ficariam escandalizados?

Sim, muitos diriam: — *Tá amarrado, em nome de Jesus!*

A que ponto chegamos. Estamos perdendo a verdadeira essência do evangelho — se é que já não a perdemos. Estamos julgando o perfume pelo frasco, e não pelo conteúdo. E, por favor, não venha me dizer que o mundo mudou e que os tempos mudaram. Essa é a desculpa de muitos crentes que querem se harmonizar com o mundo; sempre usam o mesmo pretexto. Mas Deus não é como nós — Ele não olha o exterior, e sim o interior da pessoa. Deus não olha para a aparência, nem considera a aparência do homem; Ele olha para o nosso coração. (1Sm 16:7)

Por isso, não julgue pela aparência, porque isso é perversidade.

De fato, os profetas da Babilônia têm se multiplicado cada vez mais, pois essa é a tendência do fim dos tempos. Mas o povo tem os profetas que merece. As pessoas sofrem porque se preocupam demais e confiam muito pouco em Deus; se não se preocupassem tanto, não sofreriam tanto.

Se não se ligassem tanto às coisas do mundo, e se não fossem tão ambiciosas e invejosas, não buscariam tanto os aparatos e as riquezas deste mundo que tanto cobiçam ao ver na vida de outras pessoas.

Se a minha esperança estivesse neste mundo, eu poderia até me preocupar; mas como não está, não vou me preocupar com nada neste mundo. Vou enfrentar a tempestade de cabeça fria. Infelizmente, muitos não querem a verdade — só querem ouvir e ver aquilo que seus olhos cobiçam. E isso é um prato cheio para os profetas da Babilônia.

Mas como sei que muitos querem pegar pedras para me apedrejar, como apedrejaram Estêvão (At 7:59), eu digo mais uma vez:

Para não falarem que é heresia, vou dizer que é apenas uma teoria.

Tire você a conclusão.

CAPÍTULO 22

SEJA FEITA A TUA VONTADE, TANTO NA TERRA COMO NO CÉU.

"Pai nosso, que estás nos céus, santificado seja o teu nome. Venha o teu Reino. Seja feita a tua vontade, tanto na terra como no céu. [...] Porque eu desci do céu, não para fazer a minha própria vontade, e sim a vontade daquele que me enviou." (Mt 6:9,10) (Jo 6:38)

Se o Filho de Deus, que criou todas as coisas juntamente com o Pai, através do Espírito da verdade, e que também se assenta como Deus à direita do Pai, desde o princípio e eternamente: *"Sejam o louvor, a honra, a glória e o domínio pelos séculos dos séculos!"* (Ap 5:13)

Se Ele, Jesus, o Filho, veio a este mundo como servo, não para fazer a sua vontade, mas, sobretudo, para fazer a vontade do Pai — sim, a boa vontade do seu Deus — eu pergunto: quem somos nós para não aceitar e para não nos sujeitar a Deus, para fazer a sua vontade? Que tipo de filhos de Deus nós somos, se não fazemos a vontade de Deus, mas procuramos fazer a nossa própria vontade e buscamos apenas aquilo que nos convém?

Mas a Palavra da verdade nos ensina: *"Tende em vós o mesmo sentimento que houve também em Cristo Jesus, pois Ele, subsistindo em forma de Deus, não julgou como usurpação o ser igual a Deus; antes, a si mesmo se esvaziou, assumindo a forma de servo, tornando-se em semelhança de homens; e, reconhecido em figura humana, a si mesmo se humilhou, tornando-se obediente até à morte, e morte de cruz."* (Fp 2:5-8)

Que a vontade do Deus Soberano, que criou todas as coisas segundo a sua vontade, para a sua glória, seu louvor e sua exaltação, seja feita.

Porque isso é justo; pois, se não fosse por Deus, o nosso Criador e o nosso Salvador, não haveria terra, não haveria vida, não haveria nada.

"Pois nele vivemos, e nos movemos, e existimos..." (At 17:28)

Por que será que há tantos asteroides, cometas e meteoros que estão em constante movimento pelo espaço, mas nunca nenhum destes corpos celestes atingiu a Terra a ponto de destruí-la? Seria isso obra do acaso?

Eu creio que não. O mundo só existe porque Deus já existia antes de tudo. E por que será que os planetas nunca se desalinham do seu eixo e mudam de lugar? Em um espaço sideral tão grande, estatisticamente falando, era para haver muitas anomalias que causariam desastres na Terra, mas não há. Pelo contrário, todo o universo está em perfeita sintonia e harmonia — mas isso só acontece porque Deus existe; não é obra do acaso. O Sol está na distância exata da Terra, assim como a Lua; mas, se o Sol ou a Lua estivessem só um pouquinho mais perto da Terra, os efeitos seriam catastróficos. Dá pra imaginar o que aconteceria se a Terra parasse de girar? Seria isso obra do acaso? Não, isso é obra de Deus.

As quatro estações do ano nunca falharam — isso porque Deus existe.

Se Deus não existisse, o mundo seria uma anarquia; não haveria ordem, a Terra seria um caos total, pois é Deus quem mantém o equilíbrio. É Deus quem faz, confirma, edifica e estabelece todas as coisas. *"Ninguém pode receber coisa alguma, se não lhe for dada do céu."* (Jo 3:27)

Quem você acha que estabelece as autoridades? Quem você acha que valida as leis? Quem você acha que mantém a ordem, o equilíbrio, a harmonia e o controle de todas as coisas? É pelo decreto de Deus que os reis governam; sem Deus não haveria ordem, tudo seria uma anarquia.

"Pois o reino é do SENHOR, é ele quem governa as nações." (Sl 22:28)

Desde a antiguidade, milênios se passaram, e até os dias de hoje a Terra permanece estável; homens nascem, homens morrem; a chuva vem, a chuva vai; e a Terra continua produzindo o seu fruto. Nada falta para o homem. Seria isso obra do acaso? Tudo está em perfeito equilíbrio: o tempo não para, o ar não acaba, a noite nunca durou mais do que doze horas, e o sol sempre nasce pela manhã. Nunca faltou alimento para o homem, nunca faltou água — não ao ponto de extinguir a humanidade.

Me diz você: onde estão os extraterrestres? Basta olhar ao redor para ver que tudo está bem equilibrado, pois o equilíbrio revela a mão de Deus.

Insensatos! *"Todos os rios correm para o mar, e o mar não se enche; ao lugar para onde correm os rios, para lá tornam eles a correr."* (Ec 1:7)

E quem é que pode explicar o fogo e a voz do trovão?

Mas tudo isso só acontece porque Deus existe; todas as maravilhas que há na Terra foram criadas por Deus. Então, que seja feita a vontade de Deus na Terra, assim como a vontade de Deus é feita nos céus; porque Deus existe — é Ele quem sustenta a Terra na palma da sua mão.

"Quem mediu as águas com a concha da mão? Quem mediu a extensão dos céus com o palmo? Quem recolheu o pó da Terra numa medida e pesou os montes com pesos e as colinas em balanças?" (Is 40:12)

Será que os prevaricadores nunca irão aprender que Deus é Soberano?

Será que ainda não perceberam que a majestade e o domínio pertencem somente a Deus, o Altíssimo e Todo-Poderoso Criador, o Autor da vida?

Será que o povo de Deus, que é a Igreja, não aprendeu que Deus nos comprou por um alto preço e que nós somos apenas seus escravos? Não é o senhor que serve ao seu servo, mas o servo que serve ao seu senhor.

Muitos crentes pensam que Deus é uma espécie de garçom, e que precisa estar sempre pronto a servi-los e atendê-los. É claro que Deus é bom, e está sempre pronto para nos socorrer. Mas há crente que abusa, confunde as coisas, não dá a devida reverência a Deus e não se põe no seu lugar de servo. Será que esse tipo de crente mimado não se enxerga?

Será que não veem que somos pó, e que é pela misericórdia de Deus que nós não somos consumidos? Será que o povo de Deus não tem bom senso, nem conhecimento, nem entendimento? (Não estou generalizando.)

Será que não percebem que Deus está acima e nós abaixo? Na verdade, muitos abusam da bondade e do amor de Deus, e querem que Deus faça as suas vontades. Mas é a vontade de Deus que deve ser feita, e não a nossa.

Tenho visto a luta de uma certa pastora, cujo nome não vou citar por motivo ético. Essa pastora está com câncer, lutando para sobreviver; ela luta com constância, não desiste e não se entrega, porque quer continuar viva na terra dos viventes. Até hoje ela continua viva, resistindo ao câncer e à morte física. Pelo menos até agora ela continua viva, mas não sabemos o dia de amanhã. Sinceramente, desejo que ela alcance graça e seja curada.

Se é isso que ela tanto quer, que Deus tenha misericórdia dela e a cure do câncer, porque para Deus tudo é possível, e tudo é possível ao que crê.

Mas o ser humano, de fato, é muito complicado, porque — se ela é uma serva de Deus, ama o Senhor e quer estar mais perto de Deus, junto com o Senhor para sempre, então por que resistir tanto à morte física?

Pra que lutar tanto para continuar neste plano físico, sendo que a vida após a morte com Cristo é superior e muito melhor do que este plano terreno e material? Porventura, a nossa esperança não é a vinda de Cristo?

Não é isso que nós, cristãos, almejamos alcançar — a vida eterna junto com Deus? Se sou eu no lugar dessa pastora, não lutaria tanto para continuar vivo. Afinal, a minha esperança não está neste mundo mesmo.

Mas é claro que falo isso porque não tenho filhos nem esposa para sustentar. Há muitos casos em que a pessoa teme a morte porque não quer deixar a família desamparada — e, nesse caso, é até compreensível. Mas, mesmo assim, se estou firme com Deus, em Jesus, pra que temer a morte?

No meu caso, se estou bem com Deus, não é preciso temer a morte física. Porque quem está em Cristo não morre, mas passa desta vida para outra. *"Porquanto, para mim, o viver é Cristo, e o morrer é lucro."* (Fp 1:21)

Agora, para aqueles que não conhecem a Deus e não aceitam Cristo como seu Salvador pessoal, de fato, a morte é um bom motivo para ter medo — mas não para nós, os crentes. Pois nós estamos em Cristo e iremos para Cristo. Porque, se for a vontade de Deus que eu morra para estar com Ele, então que eu morra. Mas, se for a vontade de Deus que eu continue vivo na terra dos mortais, então que eu viva na terra dos mortais.

E também fiquei sabendo de outro irmão bem conhecido no meio gospel, que cantava para o Senhor lindas canções, mas faleceu, partiu desta para melhor, foi para o Éden e agora está no descanso de Deus.

E digo que ele está bem melhor do que nós. *"Jesus lhe respondeu: Em verdade te digo que hoje estarás comigo no paraíso."* (Lc 23:43)

Eu vi na internet, através do YouTube, outros cantores gospel se lamentando e chorando pela morte desse irmão. Ora, mas nós deveríamos ficar felizes por ele, porque ele foi para a glória e está descansando no paraíso, aguardando a vinda do Senhor. Está escrito: *"Não queremos, porém, irmãos, que sejais ignorantes com respeito aos que dormem, para não vos entristecerdes como os demais, que não têm esperança."* (1Ts 4:13)

Que ninguém venha com superstição e com mimimi pra cima de mim, porque o próprio Espírito Santo nos revelou que a morte dos salvos é uma benção: *"Então, ouvi uma voz do céu que dizia: Escreve: Bem-aventurados os mortos que desde agora morrem no Senhor. Sim, diz o Espírito, para que descansem de seus trabalhos, pois suas obras os acompanham."* (Ap 14:13)

Nós precisamos crescer e amadurecer, porque a nossa esperança não está nesta vida nem neste mundo. Pelo contrário, a esperança da Igreja está na vida eterna, onde o nosso Deus vive. *"Quando eu era menino, falava como menino, sentia como menino, pensava como menino; quando cheguei a ser homem, desisti das coisas próprias de menino."* (1Co 13:11)

Quando somos crianças, temos medo do escuro, pois somos imaturos; mas, depois que crescemos, perdemos esse medo. Do mesmo modo, quando crescemos no amor de Deus, que está sendo aperfeiçoado em nós pelo Espírito, esse amor nos amadurece e lança fora todo medo. (1Jo 4:18)

Mas, quando não temos esse amor de Deus em nós — pelo contrário, amamos o mundo e a nossa vida neste mundo — nos tornamos imaturos como crianças (espiritualmente falando) e passamos a temer o que não conhecemos. Precisamos crescer. O amor de Deus em nossa vida nos fará cada vez mais maduros, pois o verdadeiro amor é um dom para aqueles que já são maduros em Deus. *"Melhor é a boa fama do que o unguento precioso, e o dia da morte, melhor do que o dia do nascimento."* (Ec 7:1)

Na verdade, o receio de partir deste plano para outro também é simplesmente uma fraqueza da nossa carne. Pois a nossa carne não quer deixar este plano material; ela quer nos segurar aqui, custe o que custar.

Foi assim com o próprio Senhor Jesus. Porque Jesus veio a este mundo justamente para este propósito: — *Morrer pelos nossos pecados.*

Mas, quando chegou a sua hora, Ele disse: *"Pai, se queres, passa de mim este cálice; contudo, não se faça a minha vontade, e sim a tua."* (Lc 22:42)

E também disse: *"Vigiai e orai, para que não entreis em tentação; o espírito, na verdade, está pronto, mas a carne é fraca."* (Mc 14:38)

Jesus estava lutando contra sua própria vontade, isto é, sua carne.

O espírito — que, no caso, podemos dizer que era o conhecimento e a aceitação do que estava por vir, ou seja, sua mente e seu psicológico — já havia aceitado sua missão e estava pronto para cumprir seu propósito.

Mas a carne é fraca e não queria deixar este plano terreno, tampouco passar pela agonia da morte na cruz. Mas Jesus fez a vontade do Pai, e não a dele. O exemplo de Jesus é o exemplo que nós devemos seguir: não fazer a nossa vontade, e sim a vontade do Pai, custe o que custar, doa a quem doer. "*Pois, se vivemos, para o Senhor vivemos; se morremos, para o Senhor morremos. Quer, pois, vivamos ou morramos, somos do Senhor.*" (Rm 14:8)

Seja feita a vontade de Deus hoje, amanhã e eternamente.

Seja feita a vontade de Deus aqui na Terra, na Igreja, assim como é feita no Céu. Porque os anjos não buscam fazer sua própria vontade, mas fazem a vontade de Deus. E nós também devemos nos ocupar com isso: fazer a vontade do nosso Deus Soberano, e não a nossa própria vontade.

E nós sabemos o que aconteceu com os anjos que foram rebeldes.

"*Faça-se a tua vontade, assim na Terra como no Céu...*" (Mt 6:10)

Jesus Cristo é o único exemplo que todo cristão deve seguir.

Não sigamos o exemplo dos falsos cristãos, que dizem crer em Cristo, mas querem servir a Deus segundo suas próprias vontades. *"Pois todos eles buscam o que é seu próprio, não o que é de Cristo Jesus."* (Fp 2:21)

Vejam o triste exemplo de Balaão, que tinha um grande dom, mas se corrompeu por causa da ganância, da inveja e do ciúme. (Nm 22/ 23/ 24)

A Palavra do Senhor fala acerca dele: "*Ai deles! Porque prosseguiram pelo caminho de Caim, e, movidos pela ganância, se precipitaram no erro de Balaão, e pereceram na revolta de Corá.*" (Jd 1:11)

Um profeta que tinha um grande dom, que conhecia o Deus Altíssimo; que tinha visões de Deus, falava com Deus e ouvia a voz de Deus.

Um homem que, quando abria a boca para abençoar, o que ele abençoava era abençoado; e, quando abria a boca para amaldiçoar, o que ele amaldiçoava era amaldiçoado. De fato, Balaão tinha um grande dom.

Mas, movido pela ganância, procurava um jeito de não fazer a vontade de Deus, que era abençoar o povo de Israel. Porque Balaque, rei de Moabe, havia prometido dar um bom pagamento para Balaão amaldiçoar o povo de Israel. E Balaão, de olho no prêmio que Balaque lhe daria, procurava um jeito de amaldiçoar o povo; mas o Senhor não permitiu, e ele teve de abençoar o povo contra sua própria vontade. Mas depois, por causa da ganância, da inveja e do ciúme, prosseguiu no erro e não fez a vontade de Deus. Porque ele aconselhou e ensinou Balaque e as mulheres midianitas sobre como fazer o povo de Israel pecar. (Nm 31:16) (Ap 2:14)

Mas, depois, na guerra de Israel contra os midianitas, Balaão acabou sendo morto ao fio da espada (Nm 31:8). Este é o final de todos os que se corrompem. Ele não era um servo de Deus, nem era um homem íntegro, mas tinha um dom verdadeiro; ele poderia ter feito a vontade de Deus, mas não fez. Isso por causa da ganância, da inveja e do ciúme; e assim foi o seu triste fim. Com isso, eu aprendo que não basta conhecer o Senhor, mas é preciso honrá-lo através da obediência, da fidelidade e do temor.

"Abandonando o reto caminho, se extraviaram, seguindo pelo caminho de Balaão, filho de Beor, que amou o prêmio da injustiça..." (2Pe 2:15)

A Deus somente pertencem a majestade, o domínio, a soberania, o louvor, a glória, a honra, a força e o poder. Que a vontade do Deus Soberano, que vive para sempre, seja feita na Terra, assim como é feita no Céu. E que a Igreja, que é o povo de Deus, seja um exemplo para o resto do mundo, obedecendo e fazendo a boa vontade de Deus. Porque as pessoas do mundo, que não conhecem a Deus, buscam fazer as suas próprias vontades. Mas nós, que somos povo de Deus, não somos como o resto do mundo; nós buscamos fazer a vontade de Deus, e não a nossa.

E nós fazemos a vontade de Deus, não por obrigação, como se fosse um peso, mas porque Ele é bom e justo, e também por amor; pois Ele, o nosso Deus, é Maravilhoso. *"E os seus mandamentos não são pesados."* (1Jo 5:3)

Mas, se alguém quiser discordar de mim, paciência; eu fiz a minha parte. Porque eu já fui traído e abandonado, mas agora sou viúvo, e a minha barba e os meus cabelos já estão grisalhos. Já fiz duas cirurgias de catarata, uma em cada olho; estou na meia-idade, mas aparento ser da terceira idade. Acho que tenho envelhecimento precoce; também acho que tenho um pouco de autismo e um Q.I. abaixo da média. De fato, eu sou mesmo um pouco lento e meio atrasado; me tornei obsoleto como uma fita K7 ou um curso de datilografia. Porque sou só mais um romântico de coração partido. Não estou murmurando, nem tampouco reclamando — estou apenas me lamentando. Que Deus se compadeça do meu desatino.

Acho que aprendi a conviver com a solidão e a lidar com a frustração.

Mas isso porque sou tímido e preguiçoso, e demasiadamente fraco.

Deve ser por isso que sou tão pouco sociável.

Tá bom, chega de sentimentalismo; acho que já falei bobagem demais.

Sei que alguém dirá: — *Por que será que ele está falando estas coisas?*

Não sei, talvez pra descontrair; e também para passar a imagem de que sou um homem falho, e não uma alma perfeita. Assim somos todos nós.

Fique à vontade para pegar pedras para me apedrejar.

Eu, porém, não vou discutir com ninguém.

Porque Deus não me levantou para debater questões fúteis e inúteis, e sim para cooperar com o Espírito Santo em Sua obra. Não por ganância, nem por fama, nem por orgulho próprio, nem por vaidade, nem por inveja, nem por ciúme, nem para agradar aos homens, nem para buscar a glória dos homens, nem a glória do mundo; mas para a glória de Deus e por amor — para a edificação da Igreja e para a salvação dos que estão perecendo e precisam ser salvos. Deus me levantou para cooperar, e não para discutir teologia ou me gabar do meu pouco, pequeno e limitado conhecimento. Mas saiba que, sem o auxílio do meu Mestre Jesus, eu jamais poderia escrever este livro. Aliás, nunca passou pela minha cabeça que um dia eu iria escrever um livro — nessa, o Senhor me surpreendeu.

Lembro-me de que, quando eu era criança, no colégio, tinha uma professora que sempre pegava no meu pé por causa dos erros de ortografia nas minhas redações. Não me lembro muito bem, mas acho que no passado eu escrevia melhor do que hoje. E olha que eu nunca fui um bom aluno. Mas é pela vontade de Deus e sob a palavra do meu Mestre que eu lanço a rede ao mar: *"Mestre, havendo trabalhado toda a noite, nada apanhamos; mas, sob a tua palavra, lançarei as redes."* (Lc 5:5)

O que estou querendo dizer é que eu não tenho capacidade nenhuma para escrever um livro. Contudo, acabei escrevendo — pela graça de Deus.

Mas eu sinto muita saudade da inocência e da pureza que eu tinha na minha infância, sim, quando eu era uma simples criança inocente.

Que saudade do tempo da inocência e da pureza!

Hoje, tenho que lutar contra mim mesmo, porque, na verdade, acabei me tornando o meu maior inimigo — depois do diabo, é claro. Por isso, minha esperança e confiança estão em Deus, e não em mim mesmo. Que seja feita a vontade de Deus, sempre — e jamais a minha. *"Olhei para a terra, e ei-la sem forma e vazia; para os céus, e não tinham luz."* (Jr 4:23)

De repente, o Senhor agiu e criou os céus e a terra, e todas as coisas que nela há. Maravilhosas e grandiosas são as obras de Deus, porque Ele pensou em tudo, nos seus mínimos detalhes; pelo seu poder Ele tudo criou.

"As primeiras coisas, desde a antiguidade, as anunciei; sim, pronunciou-as a minha boca, e eu as fiz ouvir; de repente agi, e elas se cumpriram." (Is 48:3)

Que a vontade de Deus seja feita hoje, amanhã e eternamente.

Assim, deste modo, nós devemos honrar Àquele que é Digno:

"Faça-se a tua vontade, assim na terra como no céu..." (Mt 6:10)

Disso, nós nunca podemos nos esquecer.

Seja feita a vontade de Deus, e não a nossa. Que assim seja.

DEUS DETESTA A IDOLATRIA, E MUITO MAIS OS ÍDOLOS.

"Porventura, como fiz a Samaria e aos seus ídolos, não faria igualmente a Jerusalém e aos seus ídolos?" (Is 10:11)

"Ao Senhor, teu Deus, adorarás e só a ele darás culto. [...] Quem ama seu pai ou sua mãe mais do que a mim não é digno de mim; quem ama seu filho ou sua filha mais do que a mim não é digno de mim..." (Lc 4:8) (Mt 10:37)

"Ele me disse: Filho do homem, levanta agora os olhos para o norte. Levantei os olhos para lá, e eis que do lado norte, à porta do altar, estava esta imagem dos ciúmes, à entrada." (Ez 8:5)

Deus sente ciúmes da sua criação, e nós somos a sua criação.

Longe do Senhor, eu era como uma folha seca levada pelo vento da impiedade e da perdição. Mas agora estou perto e quero ser levado pelo vento do Espírito Santo; pelo vento da verdade e da justiça, da fidelidade e da integridade, da piedade e da sinceridade, da bondade e do amor.

"Não há santo como o SENHOR, porque não há outro além de ti; e Rocha não há, nenhuma, como o nosso Deus." (1Sm 2:2)

Já estou acabando, ou melhor dizendo, eu já havia terminado este primeiro testemunho. Mas o Senhor despertou o meu espírito para escrever mais um capítulo. E esta foi a visão que Ele me deu:

"Deus detesta a idolatria, e muito mais os ídolos."

Mas o que é um ídolo? E por que Deus os detesta tanto?

Deus os detesta porque eles concorrem contra Deus e tentam roubar a sua glória e a sua alta posição. Porque só pode haver um Deus verdadeiro, digno de todo louvor e de toda glória; e esta posição pertence ao único e verdadeiro Deus Criador, e não aos ídolos. Pois só Deus é digno, e isto é justo; Deus é justo. No passado, havia muitos ídolos que foram destruídos com o passar do tempo, e foi o próprio Deus quem os destruiu.

"Os ídolos serão de todo destruídos." (Is 2:18)

Eram imagens de escultura, deuses feitos de madeira, de pedra e de metal. É claro que, nos dias de hoje, também há muitos ídolos.

(E estes também serão destruídos um dia, com certeza.)

Por exemplo: Os santos da Igreja Católica Romana, da umbanda, os tais deuses do hinduísmo, o Buda etc. Tudo isso são ídolos, são entidades e deuses que muitos adoram, cultuam, veneram, confiam, amam, idolatram, enfim. Mas nós sabemos que só há um Deus verdadeiro: o Deus de Israel, o Criador do céu e da terra e de tudo quanto existe. Como está escrito:

"No tocante à comida sacrificada a ídolos, sabemos que o ídolo, de si mesmo, nada é no mundo e que não há senão um só Deus." (1Co 8:4)

A verdade é que Deus detesta a idolatria, e muito mais os ídolos.

Porque só Deus é Deus, só Deus é Digno.

E não há outro deus ou ídolo que seja digno de receber o louvor, a adoração, a reverência, a glória, o reconhecimento, a exaltação, a honra etc. Porque, por trás de cada ídolo, de cada deus, de cada santo (entidade), há um espírito enganador, ou seja, um demônio — ou, melhor dizendo, legiões de demônios. E nos demônios não há nada de bom: só o mal, só o ódio e só escuridão. Não há um pingo de verdade nos ídolos, não há favor nem tampouco salvação; há apenas um Deus verdadeiro. *"Antes, digo que as coisas que eles sacrificam, é a demônios que sacrificam e não a Deus; e eu não quero que vos torneis associados aos demônios."* (1Co 10:20)

Mas agora, nos tempos atuais, também existe outra casta de ídolos, que ganharam uma nova roupagem. Estes ídolos falam, voam, têm superpoderes, são bonzinhos; são verdadeiros heróis para as crianças.

Mas os adultos dizem: — *São só heróis de mentirinha, que mal há neles?*

Mas, para muitas crianças, são verdadeiros heróis, o ídolo perfeito.

E, com o avanço da tecnologia, os cineastas produzem filmes espetaculares; eles dão asas à imaginação e à criatividade, dão vida e poder a esses super-heróis que mexem com as cabeças das crianças — e as crianças os idolatram. Sim, é difícil você ver uma criança que não adora esses heróis, que são bonzinhos e superpoderosos. Há quem não veja mal nenhum nisso; mas o mal está na mentira, no engano, na fantasia e na ilusão. Porque, para muitas crianças inocentes, em suas imaginações, o Superman, ou a Mulher-Maravilha, ou o Thor e tantos outros super-heróis não estão muito longe de ser reais. E, se esses super-heróis são reais, onde Jesus entra na história da humanidade ou nos corações das crianças?

Porque todos esses super-heróis, protagonizando como os salvadores do mundo, dão a entender que Deus não existe e que Jesus é um mito.

Porque muitas crianças não sabem discernir o que é real e o que não é.

Porque esses tais super-heróis transmitem uma mensagem subliminar, uma mensagem explícita e mentirosa, que tenta atenuar a existência de um Deus Criador, verdadeiro e único. Entretanto, muitas pessoas dizem:

— *Que nada, as crianças são ingênuas, elas não se contaminam com isso.*

As crianças podem até não se contaminar, porque são inocentes; mas elas crescem com uma mentalidade alienada, sem compreender a existência de Deus, o verdadeiro Herói e Criador de todas as coisas. A mentira deixa o homem alienado. Mas a Palavra diz: *"Ensina a criança no caminho em que deve andar, e, ainda quando for velho, não se desviará dele."* (Pv 22:6)

Verdade seja dita: as crianças crescem embriagadas com a mentira, por causa dos seus ídolos de infância; e o pior é que os adultos apoiam o erro.

E assim as camadas de fantasia vão obscurecendo a única verdade.

Conheço um homem que, uma vez, ficou uma fera, muito bravo, porque disseram aos seus filhos que o Papai Noel não existia. E, de fato, o Papai Noel não existe mesmo. Mas é isso que os adultos fazem com as crianças: enchem as cabecinhas delas com mentiras — tipo a fada dos dentes, o coelhinho da Páscoa, o Bicho-Papão, o Papai Noel, enfim.

E eles ficam bravos se alguém vier e desmentir essas coisas.

Porque eles gostam da mentira, da ilusão e da fantasia.

Mas, quanto à verdade, eles a rejeitam, porque não querem ouvir falar da verdade. Deus, o Pai, o Filho e o Espírito Santo — o único Deus, que é invocado em nome do Senhor Jesus Cristo — é a verdade. E o diabo é o pai da mentira; toda fantasia, ilusão, engano e mentira provêm do maligno. Jamais se engane, porque não existe mentirinha inocente.

Mas Deus só trabalha com a verdade e com a justiça.

Pois esses tais super-heróis parecem até algo inocente e bonzinho, e podem até passar uma falsa mensagem de paz, mas nós sabemos que é pura mentira. Porque, pense comigo, vocês que amam a ilusão: — Será que é do Superman, ou do Homem-Aranha, ou da Mulher-Maravilha, ou do Batman, ou de qualquer outro super-herói que nós precisamos para salvar o mundo? Ou o mundo só pode ser salvo por Jesus? Sim, somente a verdade — que é o Senhor Jesus Cristo — pode salvar este mundo caído.

Mas as crianças estão aprendendo um monte de mentiras com esses tais super-heróis; e, na mentira, não há pureza nenhuma, e sim a atuação do maligno. Mas o verdadeiro e único Deus ama a verdade e odeia a mentira.

Deus detesta a idolatria, e muito mais os ídolos.

Mas, na verdade, não é preciso ser um deus, ou um santo (entidade), ou um super-herói para se tornar um ídolo. Porque, no passado, há muito tempo, só havia os ídolos mudos — deuses de madeira, de pedra e de metal. Imagens de escultura que tinham olhos, mas não viam; tinham ouvidos, mas não ouviam; tinham boca, mas não falavam, enfim.

Mas hoje temos, no mundo secular, uma outra espécie de ídolo: de carne e osso. Que tem boca e fala, tem olhos e vê, tem ouvidos e ouve; e até mesmo interage com seus adoradores. São homens e mulheres que possuem um certo talento; e, por serem talentosos, acabam se destacando e ganhando fama, tornando-se ídolos. São as tais celebridades do show business: atores, influenciadores digitais, cantores, atletas, mágicos, modelos, músicos etc. Estes topam tudo por dinheiro e fama; são muitos os que se iludem e fazem um pacto com o diabo para alcançar o sucesso.

Mas será que o diabo sabe fazer o bem a alguém?

Ou ele só sabe mentir e fazer o mal a todos os homens?

Sim, o diabo só sabe mentir e não sabe fazer o bem a ninguém.

Eles almejam a fama, o sucesso, as riquezas, o brilho, os holofotes, o glamour, os flashes e o estrelato — almejam tudo isso e muito mais.

E muitos acabam alcançando através do seu talento, tornando-se um ídolo. Mas o Deus verdadeiro detesta a idolatria, e muito mais os ídolos.

"Os ídolos serão de todo destruídos." (Is 2:18)

Porque, quando um cantor ou cantora, ou uma banda, ou uma dupla sobem ao palco para cantar, recebendo os aplausos, a admiração, a ovação, o reconhecimento, a adoração, o louvor e a glória de milhares de pessoas que estão na plateia, abaixo do palco, os idolatrando e cultuando como deuses — esses tais ídolos, que estão em cima do palco recebendo toda a aclamação daquelas pessoas, estão roubando para si a glória, a honra, o louvor e a adoração que pertencem somente a Deus; estão roubando a posição que pertence somente a Deus, o nosso Criador.

(O diabo é o pai de todos os ídolos.)

Como Satanás se exaltou e quis ser semelhante ao Deus que o criou:

"Como caíste do céu, ó estrela da manhã, filha da alva! Como foste lançado por terra, tu que enfraquecias as nações! Tu dizias a ti mesmo: Subirei ao céu, elevarei o meu trono acima das estrelas de Deus e me assentarei no monte da congregação, nas extremidades do norte. Subirei além das nuvens e serei semelhante ao Altíssimo." (Is 14:12-14)

Assim também essas celebridades se exaltaram em seus corações corrompidos e se tornaram ídolos, tomando para si mesmos a glória, o louvor e a adoração que não pertencem aos homens, mas somente a Deus.

Esta é a tal síndrome de Lúcifer.

Mas esta é a verdade: os ídolos contaminam. *"Então lhes disse: Lançai de vós, cada um, as coisas abomináveis que encantam os seus olhos, e não vos contamineis com os ídolos do Egito; eu sou o Senhor vosso Deus."* (Ez 20:7)

E quanto aos ídolos que adoram receber a glória que vem dos homens, e que amam o dinheiro e a fama, a Palavra diz: *"Mas ai de vós, os ricos! Porque tendes a vossa consolação. Ai de vós, os que estais agora fartos! Porque vireis a ter fome. Ai de vós, os que agora rides! Porque haveis de lamentar e chorar. Ai de vós, quando todos vos louvarem!"* (Lc 6:24-26)

Porque Deus detesta a idolatria, e muito mais os ídolos.

"Os ídolos serão de todo destruídos." (Is 2:18)

Só Deus é digno de louvor, de adoração, de glória, de exaltação, de aplausos, de reverência, de reconhecimento e de honra; só Deus é digno de ser cultuado. O homem não é digno de nada — só Deus é digno. Por isso o homem peca quando se torna um ídolo e recebe a glória e o louvor que vêm dos seus fãs, daqueles que o adoram, que o amam e que o idolatram.

Porque a glória, o louvor, a adoração e o culto pertencem somente a Deus, e não aos homens. Pois quando uma pessoa se torna um ídolo, ela está roubando uma posição que não lhe pertence, mas pertence somente a Deus, nosso Criador. Logo, ela está roubando do próprio Deus — e Deus está vendo. *"Nem os roubadores herdarão o Reino de Deus."* (1Co 6:10)

Por isso, esses cantores e atores seculares que buscam fama e querem ser amados e idolatrados por outras pessoas não estão agradando a Deus, visto que estão buscando algo que não lhes pertence, mas somente a Deus.

E Deus detesta a idolatria, e muito mais os ídolos.

Falo isso porque estou vendo muitos cantores e atores famosos, que são ídolos, professarem sua fé em Jesus. Eles dizem que são evangélicos, vão à igreja e até mesmo se batizaram nas águas. Mas continuam sendo ídolos, cantando música secular e buscando glória, riquezas e fama para si mesmos. Não abandonaram o mundo, nem os seus pecados; dizem que são de Deus, mas andam totalmente na contramão da Palavra de Deus.

Eles são um péssimo exemplo para a igreja e também para o resto do mundo. E muitos se deixam ser influenciados por este lema diabólico:

— *Deus liberou geral.*

Será que eles não sabem a diferença entre liberdade e libertinagem?

Porque a Palavra do Deus santo e maravilhoso diz: *"Infiéis, não compreendeis que a amizade do mundo é inimiga de Deus? Aquele, pois, que quiser ser amigo do mundo constitui-se inimigo de Deus."* (Tg 4:4)

Realmente eu fico com o pé atrás; já me passou pela cabeça que a conversão desses ídolos — que dizem ter aceitado Jesus, mas continuam no mundo e no pecado, nas mesmas velhas práticas — é uma armadilha do diabo, para servir de tropeço para a igreja e para o resto do mundo.

Porque eles dão a entender que não precisamos nos arrepender dos nossos pecados, nem abandonar o mundo buscando a santidade.

É claro que existem aqueles ex-famosos que se converteram de verdade e com sinceridade (não estou generalizando). E também existem aqueles que fizeram muito sucesso no mundo, tornando-se ídolos, que eram da igreja, crentes em Jesus Cristo. Mas abandonaram a igreja, desviando-se dos caminhos da justiça, e foram para o mundo em busca de sucesso, riquezas e fama. E o final desses ídolos foi triste, porque abandonaram o Senhor para buscar a glória do mundo. Mas não vou citar o nome de ninguém, porque muitos deles já morreram, e eu prefiro preservar a imagem dos tais finados. Será que eles foram salvos, ou não foram salvos?

Será que se consertaram com Deus a tempo?

Não sei — só Deus sabe.

Só sei que, quando um desses ídolos morre, há uma grande comoção entre seus fãs; o mundo fica perplexo e se lamenta muito. Recentemente, o Brasil perdeu uma grande cantora que fazia muito sucesso, em um trágico acidente de avião. Ela era evangélica, mas se desviou para o mundo em busca de fama, riquezas e sucesso — e alcançou o sucesso, tornando-se um ídolo. É triste, porque ela era uma mulher muito jovem. Eu já vi alguns vídeos dela na internet cantando músicas gospel. Embora ela cantasse músicas seculares e estivesse em rebeldia, acho que ela sentia saudade do Senhor. Mas não basta sentir saudade — é preciso abandonar o mundo e a velha vida de pecado, se arrepender, negar a si mesmo e voltar para Deus.

E também, antes do acidente que a matou, eu vi um vídeo dela numa igreja, tipo dando um testemunho. Algum tempo depois que ela esteve nessa igreja dando esse testemunho, aconteceu o acidente que a matou.

Será que ela conseguiu se consertar com Deus a tempo?

Será que ela alcançou misericórdia e perdão? Não sei — só Deus sabe.

Porque só Deus conhece o nosso coração.

Só sei que eu não posso julgá-la e dizer que ela foi para o inferno.

Mas também não posso afirmar que ela foi salva. Porque a agenda de shows dela estava cheia, e ela ainda tinha muitos planos para sua carreira.

Ela continuou no showbiz, continuou no mundo cantando músicas seculares e continuou sendo um ídolo. Mas, por ter abandonado a igreja e posteriormente alcançado o sucesso, acho que ela pensou que Deus estava com ela, aprovando sua decisão. Mas ela se enganou pensando que poderia servir a Deus e ao diabo, ao Reino de Deus e ao mundo — porque o santo e o profano não podem se misturar; assim como a luz e as trevas.

Só Deus sabe o que há dentro de cada um de nós.

Não posso julgar ninguém, porque só Deus é o justo Juiz. Mas será que valeu a pena abandonar o caminho estreito da salvação para buscar a glória do mundo, seguindo pelo caminho largo e espaçoso? (Mt 7:13)

Será que vale a pena correr esse risco? Não, não vale a pena correr o risco. *"Pois que aproveitará o homem se ganhar o mundo inteiro e perder a sua alma? Ou que dará o homem em troca da sua alma?"* (Mt 16:26)

Na verdade, não podemos pagar o preço da nossa salvação, tampouco dar algo em troca. Porque o preço da nossa salvação foi pago por um valor muito alto. E Cristo pagou esse preço, com o seu precioso Sangue.

Por isso, só podemos ser salvos pela fé no Senhor Jesus — mas uma fé sincera. E uma fé sincera nos leva a produzir bons frutos e praticar boas obras. Deus detesta a idolatria, e muito mais os ídolos. Cuidado!

Para que você não se torne um ídolo, tornando-se inimigo de Deus.

Porque só Deus, o Criador de todas as coisas, é digno.

Mas, de fato, há muitas outras espécies de ídolos no mundo.

Há aqueles que idolatram imagens de escultura, deuses e santos (entidades); há os ídolos infantis, que são os tais super-heróis; há aqueles que idolatram homens e mulheres que são celebridades do showbiz — músicos, cantores, atores, atletas, modelos; há aqueles que idolatram as diversões e os prazeres da noite; há aqueles que idolatram o dinheiro; há aqueles que idolatram seus filhos; há aqueles que idolatram seus pais; há homens que idolatram mulheres, de tanta paixão; há mulheres que idolatram homens, de tanta paixão; há aqueles que idolatram a si mesmos; há aqueles que idolatram times de futebol; há aqueles que cultuam seus corpos, idolatrando seus portes físicos; há aqueles que idolatram seus bens materiais — carros, casas, joias etc. Tudo aquilo que nós amamos e adoramos mais do que a Deus é o nosso ídolo. Se você ama e adora alguma coisa ou alguém mais do que a Deus, você é um idólatra.

Acha que estou sendo radical? Não, eu não estou sendo radical.

Os ídolos, de fato, contaminam. (Ez 20:7)

Por isso, pense bem e analise bem os teus sonhos, para que os teus sonhos não venham a te transformar em um ídolo. Porque, se você sonha com o sucesso, riquezas, glórias e fama que vêm do mundo, você está querendo se tornar um ídolo. Neste caso, é melhor que os teus sonhos sejam frustrados e não realizados — falo isso para o teu próprio bem.

Porque nós, humanos, somos fracos e nos corrompemos facilmente.

Falo de todos, de modo geral — inclusive de mim mesmo.

"E, se teu pé te faz tropeçar, corta-o; é melhor entrares na vida aleijado do que, tendo os dois pés, seres lançado no inferno..." (Mc 9:45)

Da mesma forma, se os teus sonhos te fazem tropeçar e fazem com que você corra o risco de se perder, desista deles; não corra o risco de ir para o inferno. *"Os ídolos serão de todo destruídos."* (Is 2:18)

Por isso, eu decidi abrir mão de todos os meus sonhos mundanos e egoístas — que são pura vaidade — e buscar fazer somente a vontade de Deus. Se é que eu posso dizer que abri mão de alguma coisa, porque eu nunca tive nada no mundo — e graças a Deus por isso. *"Se alguém quiser vir após mim, negue-se a si mesmo, tome a sua cruz e siga-me."* (Mc 8:34)

Eu parei um pouco para pensar e notei que os sonhos dos homens vão contra as palavras do Senhor Jesus; mas os sonhos de Deus, colocados pelo próprio Deus nos corações de seus servos, esses agradam ao Senhor.

É verdade, sonhar não custa nada — mas tome cuidado com seus sonhos. Porque eles poderão fazer você pegar o desvio para o abismo.

Porque a glória que vem dos homens e do mundo me transformará em um ídolo; mas a glória e o reconhecimento que vêm de Deus me exaltarão e me levarão à verdadeira glória e à vida eterna. Quer saber qual é o meu sonho? Este é o meu sonho: — *Alcançar a vida eterna e a glória de Deus.*

Porque esta vida e este mundo de ilusão já não fazem mais sentido para mim. Desde que conheci o evangelho, descobri que esta existência não é a verdadeira Vida, mas apenas um protótipo — uma prévia, como um ensaio feito antes da atração principal — para me aperfeiçoar para a vida eterna, que é a verdadeira Vida, na glória de Deus e no Reino de Cristo.

Pense bem, vigie, para não se tornar um ídolo, tampouco um idólatra.

Porque Deus detesta a idolatria, e muito mais os ídolos.

Sei que muitos discordarão de mim, mas, para mim, o que importa é fazer a vontade de Deus, e não a dos homens. *"Porventura, procuro eu agora o favor dos homens ou o de Deus? Ou procuro agradar a homens? Se agradasse ainda a homens, não seria servo de Cristo."* (Gl 1:10)

Não tente ser o centro das atenções, não queira ser admirado pelos homens. Porque só um é digno de ser admirado, só um é digno de receber toda a nossa atenção — e o seu nome é Jesus Cristo, o Filho de Deus, o Senhor da glória. Que você chame a atenção das pessoas não por si mesmo, mas por aquele que habita em você, e pelo santo nome que você invoca: o nome do Senhor Jesus Cristo. Porque até mesmo no meio do povo de Deus, na igreja, há idolatria — de proporção menor, mas ainda assim há idolatria. E não estou falando apenas do catolicismo.

Os cuidados e as preocupações do mundo, o amor ao dinheiro e aos bens materiais... Também existem as celebridades gospel: cantores, pregadores, profetas, pastores. São estrelas que querem brilhar mais do que o próprio Criador das estrelas. Mas só Ele, o Criador das estrelas, tem o direito absoluto de brilhar pelos séculos dos séculos. E aqueles que fazem a sua vontade, um dia brilharão com Ele. *"Porque o Senhor Deus brilhará sobre eles, e reinarão pelos séculos dos séculos."* (Ap 22:5)

Não busque a aprovação dos homens, e sim a aprovação de Deus.

Não busque a atenção dos homens, e sim a atenção de Deus.

Não busque a glória que vem dos homens, nem do mundo; mas busque a glória que vem de Deus. Porque só assim — só se sujeitando a Deus por completo e buscando a sua glória — nós iremos brilhar com Ele pelos séculos dos séculos. O que você prefere: viver e brilhar eternamente, ou viver e brilhar apenas por alguns anos neste mundo passageiro de enfados, de ilusões, de fantasias e de vaidades? Eu escolho buscar a glória de Deus.

Sim, escolhi a boa parte, e sei que ela não será tirada de mim.

Mesmo sabendo que não sou digno.

Mesmo sabendo que nada sou e que nada mereço.

Mesmo sabendo que sou o maior dos pecadores.

Porque eu não sou um vaso — sou apenas cacos, pedaços de cacos de um vaso quebrado. Porque convém que o Senhor cresça, e que eu diminua.

Mas você será um vaso de honra, se quiser ser um vaso de honra.

Como também existem os vasos de desonra — que são aqueles que preferiram ser vasos de desonra. A escolha é nossa, e não de Deus.

Quer um bom conselho de irmão? Busque somente a glória de Deus.

"Como podeis crer, vós os que aceitais glória uns dos outros e, contudo, não procurais a glória que vem do Deus único?" (Jo 5:44)

Porque Deus detesta a idolatria, e muito mais os ídolos.

Foi para isso que o Criador nos criou: para ser o nosso Deus, e não para ser o nosso capacho. Nos criou para ser adorado e louvado — e não para nos servir. *"Eu sou o SENHOR; este é o meu nome. Não darei a minha glória a outro, nem o meu louvor às imagens esculpidas."* (Is 42:8)

Mas, para não falarem que é heresia, vou dizer que é apenas uma teoria. Tire você a conclusão.

CAPÍTULO 24

O QUE É ~~HERESIA~~?

"Assim como, no meio do povo, surgiram falsos profetas, assim também haverá entre vós falsos mestres, os quais introduzirão, dissimuladamente, heresias destruidoras, até ao ponto de renegarem o Soberano Senhor que os resgatou, trazendo sobre si mesmos repentina destruição." (2Pe 2:1)

A Palavra de Deus nos ensina que o Senhor Jesus é o Filho de Deus, e a Palavra também nos revela que Jesus é Deus: *"o Verbo era Deus."* (Jo 1:1)

Dizer que Jesus não é Deus é uma heresia, porque a Palavra nos revela que Jesus é Deus. (Jo 1:1) (2Pe 1:1) (Tt 2:13) (Fp 2:6) (1Jo 5:20) (Rm 9:5)

Dizer que a Santíssima Trindade não existe ou não é verdadeira é uma heresia, porque a Palavra nos revela que Deus é Pai, Filho e Espírito Santo. Dizer que as Escrituras não são a Palavra de Deus é uma heresia, porque a Bíblia Sagrada nos revela que as Escrituras são a Palavra de Deus. Enfim, heresia é tudo aquilo que contradiz as verdades bíblicas.

É tudo aquilo que deturpa as máximas da Palavra de Deus e da sã doutrina cristã. Como eu já dei o exemplo acima, vou dar outro exemplo:

Dizer que Jesus não foi gerado pelo Espírito Santo no ventre da virgem Maria é uma heresia. Dizer que Jesus não foi morto pelos nossos pecados é heresia. Dizer que Jesus não ressuscitou ao terceiro dia é uma heresia.

Tudo aquilo que deturpa, contradiz e vai contra os ensinamentos mais relevantes da Palavra de Deus é heresia: *"heresias destruidoras..."* (2Pe 2:1)

Também existem heresias de proporção maior e heresias de proporção menor, assim como também existem pecados de proporção maior e de proporção menor. Certa vez eu ouvi um pastor dizer que não importa o tamanho do pecado; disse que não faz diferença se eu cometo pecadinho ou pecadão, porque pecado é pecado; disse que pecado é tudo igual.

Mas a Palavra nos revela que há, sim, diferença entre os pecadinhos e os pecadões. Como está escrito na Palavra de Deus: *"Se alguém vir a seu irmão cometer pecado não para morte, pedirá, e Deus lhe dará vida, aos que não pecam para morte. Há pecado para morte, e por esse não digo que rogue. Toda injustiça é pecado, e há pecado não para morte."* (1Jo 5:16-17)

Ou seja, há pecadinhos que você vê um irmão cometendo, e você pede a Deus para que tenha misericórdia daquele irmão, e Deus perdoará o pecadinho pela sua oração. Mas há pecados maiores que os irmãos cometem, que não vai adiantar você orar para que Deus perdoe o irmão, porque há pecados que Deus só vai perdoar se o próprio irmão que pecou se arrepender e se humilhar diante do Senhor, pedindo o perdão.

Porque, quanto maior for o pecado, maiores serão as consequências.

Assim também há heresias de proporção maior e de proporção menor.

Mas nem tudo que parece ser heresia é heresia.

Há casos que são apenas erros teológicos, mas não chegam a ser uma heresia. Mas há muitos moralistas religiosos por aí que veem maldade em tudo; tudo que não está de acordo com o que eles creem é heresia.

Eles gostam de apontar o dedo e julgar, porque todo mistério de Deus que eles não entendem, eles dizem que é heresia. É claro que também há muitos casos que nós vemos por aí que são incontestáveis — é pura heresia mesmo. Como, por exemplo, um certo ex-pastor muito conhecido e também muito inteligente, que diz que as Escrituras não são a Palavra de Deus. Ele diz que Jesus é a Palavra de Deus, e não a Bíblia Sagrada.

Ele diz que as Escrituras são apenas inspiradas por Deus, mas não são a Palavra de Deus; para ele, a Palavra de Deus é Jesus, somente. Mas, se ele mesmo diz que as Escrituras são apenas inspiradas por Deus, logo, se elas são inspiradas por Deus, elas são a Palavra de Deus. Ele mesmo está admitindo que as Escrituras são a Palavra de Deus. Qual é a desse pastor?

Esse pastor parece meio confuso. Ele também costuma dizer que Deus não existe; ele diz que Deus é. Ora, se Deus é, logo, Ele também existe; pois como alguém pode ser sem existir? De fato, ele está viajando na maionese, delirando em sua vã filosofia. Mas ele diz que há muitos erros nas Escrituras, e que também elas estão ultrapassadas. Mas eu creio que, se há erros em alguma parte das Escrituras, isso veio da parte do homem, do profeta que manejou a pena e a tinta; pois o homem não é infalível.

Porque a Palavra de Deus não são apenas letras, mas a Palavra de Deus é espírito. *"O espírito é o que vivifica; a carne para nada aproveita; as palavras que eu vos tenho dito são espírito e são vida."* (Jo 6:63)

E, continuando: *"Porque a letra mata, mas o espírito vivifica."* (2Co 3:6)

Ou seja, não devemos levar tudo ao pé da letra, mas devemos entender o espírito da Palavra — isto é, o entendimento que ela nos transmite.

Porque o que importa na Palavra de Deus é o sentido da mensagem, é o entendimento e o espírito que ela está passando; porque a Palavra de Deus é viva e espiritual. *"Porque bem sabemos que a lei é espiritual..."* (Rm 7:14)

E também está escrito: *"Porque a Palavra de Deus é viva, e eficaz, e mais cortante do que qualquer espada de dois gumes, e penetra até ao ponto de dividir alma e espírito, juntas e medulas, e é apta para discernir os pensamentos e propósitos do coração."* (Hb 4:12)

Nós temos muitas versões da Bíblia Sagrada, mas a mensagem, o sentido, o espírito que ela passa é sempre o mesmo, nunca muda. Porque a Palavra de Deus é viva e é espírito; a Palavra de Deus tem vida própria, ela prevalece; não há como deter nem tampouco calar a Palavra de Deus.

Porque tentar conter as Escrituras é como tentar enterrar os oceanos.

Pois assim está escrito, e assim certamente acontecerá, sempre: *"Assim será a palavra que sair da minha boca; não voltará para mim vazia, mas fará o que me apraz e prosperará naquilo para que a designei."* (Is 55:11)

Mas, infelizmente, esse tal pastor se perverteu e perdeu a simplicidade de Cristo; tornou-se arrogante e acabou sendo enganado por si mesmo.

Será que há salvação para ele? Sim, claro que há — para Deus tudo é possível. Mas, para isso, ele precisará negar a si mesmo, descer os degraus da escada, se humilhar, se despir do seu conhecimento corrompido e da sua sabedoria humana, que o enganou e o fez cair na perspicácia do maligno. *"Deus apanha os sábios na sua própria astúcia."* (Jó 5:13)

São de casos semelhantes ao desse pastor que surgem as seitas; e nós sabemos que as seitas são onde acontecem as piores heresias. Mas tenho que admitir que Jesus verdadeiramente é a Palavra de Deus, o Verbo de Deus — ou melhor dizendo: na verdade, Jesus não é somente a Palavra, Ele é mais do que a Palavra, Ele é o Autor da Palavra; pois a Palavra saiu d'Ele, por meio d'Ele, pela vontade d'Ele e para a glória d'Ele. *"Passará o céu e a terra, porém as minhas palavras não passarão."* (Mc 13:31)

Porventura não foi o Senhor Jesus quem disse isso?

O Deus Todo-Poderoso que sustenta todo o universo — não sustentaria a veracidade e a integridade da sua Palavra?! Homens de pequena fé!

Sim, Deus é fiel, e nós podemos confiar plenamente na sua Palavra.

Mas existem muitos hipócritas que querem colocar a Palavra de Deus em dúvida, dizendo que ela foi escrita por homens. Mas isso porque eles querem viver a vida segundo as suas próprias vontades, e não segundo a vontade de Deus; e também porque, na verdade, eles não creem em Deus nem no seu poder. *"Porém as minhas palavras não passarão."* (Mc 13:31)

Certa vez, eu ouvi um pregador criticando o funk gospel. Ele dizia que o funk gospel era uma heresia. Mas o funk gospel não é uma heresia; pode ser uma tolice, um erro, uma grande perda de tempo, uma obra da carne — mas não é uma heresia. É apenas um erro doutrinário: falta de bom senso, falta de santidade, falta de conhecimento, falta de reverência, falta do Espírito, falta de temor e tremor. Mas não chega a ser uma heresia.

Eu sei que muitos pensam que sou um herege, mas eu não me considero um herege; posso cometer muitos erros e falhas, mas não sou um herege.

Contudo, também sei que estou longe de alcançar a perfeição. Certa vez, eu assisti a um filme chamado: *"Independence Day: O Ressurgimento."*

O filme é pura ficção e fantasia, mas é preciso tomar cuidado para não se deixar levar pelas mentiras que ele passa, porque não são poucos os que são influenciados por esse tipo de filme, baseado nos devaneios do homem.

E, nesse filme, mostra a Terra sendo invadida pelos extraterrestres.

Eu me lembro que, nesse filme, havia uma presidente dos EUA; e me lembro que, quando ela vê os extraterrestres chegando em sua nave espacial, ela diz: — *Deus Todo-Poderoso!* Isso sim é uma grande heresia.

Porque, se os extraterrestres existem e podem fazer um grande estrago na Terra, a ponto de destruir toda a humanidade, onde é que entra o Deus Todo-Poderoso que nos criou nessa história? Mas é exatamente isso que o inimigo quer: passar a mensagem de que Deus não existe e que a Palavra de Deus é uma fantasia. Na realidade, se iludem aqueles que acreditam nas mensagens anticristãs e subliminares que esse tipo de filme transmite. Mas o pior ainda são os pastores que acreditam em extraterrestres. Como eu vou acreditar em algo que não foi revelado por Deus em Sua Palavra?

Porque a heresia não está apenas na igreja, mas também está em todo o mundo. O que podemos esperar de bom de um mundo que jaz no maligno?

Quem é que não se lembra daquele comediante do programa *"A Praça É Nossa"*, exibido pelo SBT, que se chamava Coronel Totonho?

Que falava naquele celular antigo com sua empregada acerca da sogra, e que exclamava aquele bordão famoso: — Jesus! E, quando ele dizia esse bordão — Jesus! — as pessoas davam gargalhadas, pois o modo como ele exclamava era mui engraçado. Ele fez muito sucesso com esse personagem.

"Concluí que o riso é loucura, e que a alegria de nada vale." (Ec 2:2)

Admito que até eu já dei muitas risadas com esse bordão: — Jesus!

Mas, na verdade, aquilo era um grande erro, porque ele estava invocando o nome do Senhor Jesus em vão e por motivo fútil, tornando o nome santo de Jesus em uma grande piada. Com certeza isso era mau aos olhos do Senhor. Mas isso também não era heresia; porém, não deixava de ser uma blasfêmia. Cuidado para não invocar o nome do Senhor em vão.

Porque, sem reverência, não há como render uma verdadeira adoração.

"Não tomarás o nome do SENHOR, teu Deus, em vão; porque o SENHOR não terá por inocente o que tomar o seu nome em vão." (Êx 20:7)

Mas é inevitável que não haja escândalos e heresias.

"Mas ai daquele homem por quem o escândalo vem!" (Mt 18:7)

Muitos têm dúvidas quando uma pessoa cai no poder do Espírito.

Outros dizem que cair no poder do Espírito é heresia, dizem que isso não é coisa de Deus. Eu, porém, não digo que é, mas também não digo que não é. Eu digo que, em alguns casos, é o poder de Deus que faz a pessoa cair; e, em outros casos, são apenas truques da mente e hipnose de alguns charlatões que se intitulam profetas. Acredito que no começo desse tal movimento, quando as almas caíam, era de fato a ação do poder de Deus.

Mas, com o passar do tempo, esse dom de Deus foi sendo corrompido pelo homem. Pois há o verdadeiro profeta, mas, infelizmente, também há o falso. Está escrito: *"Quando o vi, caí a seus pés como morto."* (Ap 1:17)

João, quando viu a glória do Senhor Jesus, não suportou o poder e caiu. E a Palavra de Deus também nos revela: *"E não podiam ter-se em pé os sacerdotes para ministrar, por causa da nuvem, porque a glória do SENHOR enchera a casa do SENHOR."* (1Rs 8:11)

Com isso, vemos que a glória e o poder de Deus realmente podem nos derrubar. Também, quando o Espírito do Senhor veio sobre Saul, ele teve manifestações proféticas, mas depois ficou caído no chão. (1Sm 19:23-24)

É claro que, no caso de Saul, o Espírito o derrubou porque ele estava em rebeldia (é importante frisar isso). Porque só Deus sabe como está a vida daqueles que caem facilmente. E a Palavra também diz: *"A minha palavra e a minha pregação não consistiram em linguagem persuasiva de sabedoria, mas em demonstração do Espírito e de poder."* (1Co 2:4)

— *Mas por que será que as pessoas caem?*

Eu vejo isso como um sinal do poder de Deus, e também como um sinal da fraqueza da pessoa que cai. Porque muitas pessoas não têm estrutura nem alicerce; são templos mal edificados. Apenas uma pequena faísca do poder de Deus, vindo sobre elas, já é o bastante para derrubá-las.

Por isso, precisamos buscar edificação em Deus.

Porque um templo mal edificado facilmente cai por terra.

João era um templo bem edificado, mas a glória que ele viu era tão grande que nem ele pôde permanecer de pé. Assim também o profeta Daniel não pôde permanecer de pé diante da glória celestial. (Dn 10:1-19)

Como também Saulo caiu diante da glória celestial. (At 9:4) (At 22:7)

Será que temos estrutura, como templo, para receber uma porção maior da glória de Deus? É como a história dos três porquinhos: um edificou sua casa com palha, mas não resistiu e caiu; outro edificou com madeira, mas também não resistiu e caiu; mas o terceiro edificou bem a sua casa, pois a alicerçou com tijolos, vigas e concreto — e sua casa permaneceu de pé.

Por isso, eu te alerto: edifique bem a estrutura do seu templo, porque Deus não habita em obras embargadas. Falo isso para o seu próprio bem.

Sim, eu sei que não sou bom nem perfeito, mas não culpo ninguém por isso, senão a mim mesmo. Pois ninguém colocou obstáculos para que eu tropeçasse e caísse; caí sozinho — isto é, tropecei com meus próprios pés.

Não culpo ninguém pela minha fraqueza; culpo a mim mesmo. Sou o maior dos pecadores, não sou inocente; preciso do perdão de Deus — e também preciso colher todo o mal que plantei, porque isso é justo.

O diabo apenas me tentou, e nada mais. De fato, eu não vigiei, não amarrei direito o cadarço do meu tênis e acabei caindo durante a caminhada: pisei no cadarço solto e fui ao chão. Toda queda causa suas feridas, seu vexame, sua vergonha; e, na vergonha, não há honra, e sim humilhação. Mas eu não culpo ninguém, senão a mim mesmo.

"De que se queixa, pois, o homem vivente?
Queixe-se cada um dos seus pecados." (Lm 3:39)

Eu já disse uma vez, e voltarei a dizer novamente: — *Quão maravilhosa teria sido a minha vida na terra dos viventes, se eu não tivesse pecado tanto!*

Mas a Palavra de Deus não me deixa sem esperança, pois está escrito:

"Há esperança para todos os que estão entre os vivos; porque melhor é o cão vivo do que o leão morto." (Ec 9:4)

Nem tudo o dinheiro pode comprar, e os desejos da carne são pura ilusão; mas eu quero a verdade, somente a verdade, e nada mais do que a verdade. Não peço ao Senhor nem ouro nem prata, porque isso poderia me corromper. Mas peço ao Senhor mais graça, para ser um servo bom e fiel. E ser um servo bom e fiel é confiar em Deus, e não em mim mesmo.

Ser um servo bom e fiel é buscar glória e honra para o seu Deus, e não para si mesmo. Todo aquele que confia em si mesmo e em seu próprio conhecimento está destinado ao engano, pois sua consciência já está corrompida. Quem poderá convencê-lo de suas heresias?

Concordo plenamente com o que o poeta Mano Brown disse:

— *A humanidade é má, e até Jesus chorou.*

Isso não é bíblico, mas tenho que admitir que é verdadeiro.

Toda a humanidade é má; não há ninguém que esteja fora deste contexto — nem mesmo eu, tampouco os líderes religiosos. Não estou querendo pregar rebelião, só estou dizendo que nós, seres humanos, somos maus e precisamos da misericórdia de Deus. Mas, na verdade, a minha intenção é jogar cal nas chamas do teu ego. Faço isso para o teu próprio bem, porque não são poucos os que andam com o ego inflado.

Porque a própria Palavra do Senhor Jesus nos ensina isto:

"Deus resiste aos soberbos, mas dá graça aos humildes." (Tg 4:6)

As pessoas mudam, não podemos negar isso. O homem, de fato, é verdadeiramente moldável — como o barro nas mãos do oleiro. Nós podemos mudar tanto para melhor quanto para pior. Durante nossa vida curta de ilusão, podemos mudar nossos conceitos, nossa maneira de viver, nossos comportamentos, nossas atitudes, nossas crenças, enfim. Alguns começam bem e terminam mal; outros começam mal e terminam bem.

E há outros que nem começam, mas permanecem a vida toda sem Deus.

Há ímpios que se consertam e se tornam justos; e há justos que se corrompem e se tornam ímpios. Alguns só aprendem no final; outros aprendem no começo, mas se esquecem no fim. Outros são como o pau que nasce torto e nunca se endireita. Como a Palavra nos mostra: *"Não se pode endireitar o que é torto; não se pode contar o que falta."* (Ec 1:15)

Mas eu prossigo pela estrada da vida, pavimentada pelo sangue do Cordeiro, ansioso para fazer a curva que me levará ao Éden. E, do paraíso, ao monte Sião, à nova Jerusalém — quando houver um novo céu e uma nova terra, quando o Deus que vive eternamente fizer novas todas as coisas com seus feitos grandiosos e maravilhosos, quando Jesus voltar.

Posso até ser imperfeito, fraco e falho; o menor dentre os homens, o último dos últimos, o maior dos pecadores e o mais indigno de todos.

Muitos são os meus defeitos, e muito poucas as minhas qualidades; grande é a minha imperfeição. Mas não me considero um herege.

"Pois, embora eu esteja consciente de que não há nada contra mim, nem por isso me justifico, pois quem me julga é o Senhor." (1Co 4:4)

Tire você a conclusão.

CAPÍTULO 25

BOCA NO PÓ.

"Esse é o lamento, e como lamento servirá." (Ez 19:14)

São estas as palavras de um pecador; sim, assim disse o insensato:

— *Depois de tantas recaídas, fica difícil acreditar; fica difícil recomeçar; fica difícil se levantar novamente; fica difícil manter a esperança. Minha consciência queima, sinto-me atormentado pelas chamas da culpa, meus ossos estão esmagados, minha dor é constante. "Porque tuas flechas se cravaram em mim, e sobre mim pesou a tua mão."* (Sl 38:2)

Mas agora é tarde, não há mais como voltar atrás, o mal já foi feito.

"Retira de mim o teu flagelo; desfaleço pelo golpe da tua mão. Quando castigas o homem com repreensões por causa do pecado, destróis, como traça, o que ele tem de precioso." (Sl 39:10,11)

Não estou pronto para morrer, pois muitos são os meus pecados; mas também não estou muito animado para continuar vivendo. Que desatino! "Minhas feridas cheiram mal e apodrecem, por causa da minha insensatez. Estou cabisbaixo, muito abatido, ando o dia todo a lamentar. Pois meu corpo está ardendo, e não há na minha carne nada saudável. Estou exausto e esgotado; fico a gemer por causa da minha inquietação." (Sl 38:5,6,7,8)

É assim que eu me sinto. Ou melhor, me sentia; depois de tropeçar e cair, motivado pela cobiça e pelo desejo impuro da minha carne.

Sim, são estas as palavras de um pecador; assim disse o insensato:

— *Eu mal consigo me olhar no espelho, sinto-me incomodado com minha própria voz, sinto-me incomodado com os meus próprios pensamentos; estou com raiva de mim mesmo, com raiva dos meus pecados. Estou enojado e decepcionado comigo mesmo, porque sou fraco e falho, e minha insensatez, mais uma vez, me levou a transgredir e a fazer o que é mau aos olhos do Senhor. Mais uma vez eu pequei, mais uma vez me revolvi na lama; estou envergonhado, não tenho força para orar, não tenho coragem de me achegar ao Senhor; pois os meus pecados pesam sobre mim, minha consciência está em chamas; sinto-me pressionado pelo acusador. "Pois meus pecados já me cobriram a cabeça, como carga pesada que eu não posso suportar."* (Sl 38:4)

Longe do Senhor, os pássaros não cantam, o sol não nasce, não há azul no céu, o tempo fica nublado, tudo fica tenso, tudo é um grande vazio; não há vida, não há paz, não há ânimo, não há esperança. Mas eu me arrependo e lamento muito por todo o mal que cometi. Como eu queria poder entrar numa máquina do tempo para voltar ao passado e consertar todos os erros que cometi; mas, para minha tristeza, isso não é possível — só se a vida fosse como um filme de ficção científica. Mas a vida não é um conto de fadas, na vida real, as consequências são reais, por isso a minha dor permanecerá.

Esse é o lamento, e como lamento servirá.

"Confesso minha culpa; entristeço-me devido ao meu pecado." (Sl 38:18)

Ponho a boca no pó; quem sabe ainda haja esperança para mim.

"Porque sou demasiadamente estúpido para ser homem; não tenho inteligência de homem, não aprendi a sabedoria, nem tenho o conhecimento do Deus Santo." (Pv 30:2,3)

Tenho me humilhado pouco; preciso me humilhar muito mais. Assim convém que eu me humilhe diante do meu Senhor. *"Afligi-vos, lamentai e chorai. Converta-se o vosso riso em pranto, e a vossa alegria, em tristeza. Humilhai-vos na presença do Senhor, e ele vos exaltará."* (Tg 4:9,10)

É tempo de se lamentar, tempo de se arrepender, tempo de se humilhar.

"Ponha a boca no pó; talvez ainda haja esperança." (Lm 3:29)

Sim, me humilharei sob a mão do Senhor, meu Deus e meu Salvador, e ainda hei de me humilhar mais ainda. *"Ó Deus, tu conheces bem minha insensatez, e minhas culpas não te são ocultas."* (Sl 69:5)

Me vestirei de pano de saco, lançarei cinzas sobre a minha cabeça, sentarei calado no chão e colocarei a minha boca no pó. Talvez ainda haja esperança para mim. Porque conheço meus pecados, minha fraqueza, meus defeitos, minhas falhas, minha imperfeição, meu orgulho, minha arrogância, minha vaidade, meu egoísmo, minha hipocrisia, minha pequenez e minhas inclinações para o mal. *"Pois eu conheço as minhas transgressões, e o meu pecado está sempre diante de mim."* (Sl 51:3)

Sou um infeliz, pobre, miserável, cego e nu. E de mim não pode proceder nada de bom, e nada de bom tenho feito. Quem sabe o Senhor ainda mostre piedade. Quem sabe o Senhor ainda se compadeça de mim.

Quem sabe ainda haja salvação para este vaso quebrado, para este pedaço de caco inútil, sem serventia e irrelevante! *"Somos servos inúteis, porque fizemos apenas o que devíamos fazer."* (Lc 17:10)

Minha consciência está em chamas.

Como fumaça, minha vida se dissipa; sou pura ilusão.

E, enquanto eu viver neste corpo de pecado, neste vaso corruptível de barro imperfeito, terei de conviver com a impureza que está na minha carne. *"Detestando até a roupa contaminada pela carne."* (Jd 1:23)

Mas, mesmo assim, mesmo sabendo que nada sou, e mesmo sendo mau e pecador, continuarei buscando a salvação do Senhor, meu Deus. Mesmo sabendo que não sou digno de me achegar a um Deus tão grande, tão puro, tão santo e tão maravilhoso, ainda assim me achegarei. Porque toda vida que há na terra procede do Altíssimo, inclusive a vida que há em mim; sem o meu Deus, minha vida sufocaria — seria como se eu estivesse em Marte — porque, longe do Autor da vida, não há como haver vida.

Só sei que eu nada sei; só sei que o meu Redentor vive, disto eu sei.

Sou irrelevante — que valor há em mim para que o Senhor, o Deus Altíssimo e Todo-Poderoso, se lembre de mim, desta partícula de pó?

Sou um pecador incapaz de fazer o bem; incapaz de produzir bons frutos sozinho, sem o auxílio do Senhor, sem o Espírito Santo de Deus.

Até aqui o Senhor me ajudou, estendendo a sua boa mão sobre a minha vida, devido à sua fidelidade; não pelos meus méritos, nem pela minha justiça, nem pelas minhas obras, mas pela sua justiça e pela sua graça.

"Senhor, não me repreendas na tua ira, nem me castigues no teu furor. Tem compaixão de mim, Senhor, porque eu me sinto debilitado..." (Sl 6:1,2)

— Ó Deus, meu Salvador, não olhe para os meus defeitos nem para as minhas maldades; não afaste de mim a tua bondade, o teu amor, a tua fidelidade e a tua benignidade; não retire de mim o teu Santo Espírito. Não me repreenda na tua ira, nem me castigue no teu furor. Não me rejeite, não me desampare, não me abandone, não me lance para longe da tua presença; porque eu preciso do Senhor, e a tua santa Palavra diz: "Porque o Senhor é bom, a sua misericórdia dura para sempre, e, de geração em geração, a sua fidelidade. [...] Rasgai o vosso coração, e não as vossas vestes, e convertei-vos ao Senhor, vosso Deus, pois ele é misericordioso, e compassivo, tardio em irar-se, e grande em benignidade, e se arrepende do mal." (Sl 100:5) (Jl 2:13)

Rasgarei o meu coração e me derramarei diante do Trono da Graça, durante o pouco tempo de vida que ainda me resta na terra dos viventes.

"Ainda mais desprezível me farei e me humilharei..." (2Sm 6:22)

Enquanto houver fôlego de vida em mim, eu me humilharei diante do Senhor. Porque a minha vida é como a flor do campo, que logo passa; não sei o dia nem a hora, mas uma coisa eu sei — sei que logo vou expirar.

Por isso, eu preciso estar preparado. Sei que estou sendo clichê, mas não me canso de repetir os mesmos tópicos verdadeiros e necessários.

Porque, se não fosse pelo sangue do Cordeiro, eu não poderia estar aqui. A ira de Deus já teria me consumido há muito tempo. Aliás, ninguém poderia — porque, se não fosse pelo sacrifício do Senhor Jesus, não haveria mais vida, não haveria mais momentos felizes, não haveria mais humanidade, não haveria mais mundo, não haveria mais nada. O mundo já teria terminado num dilúvio, como no passado; a ira de Deus já teria consumido a todos, se não fosse pelo sacrifício de Jesus e pelo sangue da nova e eterna aliança — o sangue do Cordeiro. Mas, graças a Deus, o Senhor Jesus não falhou em sua missão; por isso, a esperança ainda segue viva. Porque, se Cristo tivesse voltado atrás — isto é, desistido de morrer por nós no Calvário — ele não teria deixado de ser o Filho de Deus.

Mas a humanidade já teria deixado de existir há muito tempo.

Por isso, agradeça a Deus pelo sacrifício do Cordeiro — falo isso a todo ser que respira: aos animais e aos homens, a raça mais ingrata e desonesta.

— *Eu te agradeço Senhor, pelo teu sacrifício e pelo teu sangue precioso, que me dá acesso ao trono da graça de Deus, onde eu alcanço a salvação.*

"E pelas suas pisaduras fomos sarados." (Is 53:5)

O meu Redentor vive! *"E digo isto a vós outros que conheceis o tempo: já é hora de vos despertardes do sono; porque a nossa salvação está, agora, mais perto do que quando no princípio cremos. Vai alta a noite, e vem chegando o dia. Deixemos, pois, as obras das trevas e revistamo-nos das armas da luz. Andemos dignamente, como em pleno dia, não em orgias e bebedices, não em impudicícias e dissoluções, não em contendas e ciúmes; mas revesti-vos do Senhor Jesus Cristo e nada disponhais para a carne no tocante às suas concupiscências."* (Rm 13:11-14)

Decidi escrever este livro confiando em Deus, e não em mim mesmo.

Como tenho dificuldades para falar, devido ao meu complexo de inferioridade e à minha baixa autoestima, resolvi escrever. Mas eu ainda creio na minha cura. Porque ninguém é perfeito; todos nós temos o nosso espinho na carne e as nossas enfermidades. E eu creio que isso é bom. *"A minha graça te basta, porque o poder se aperfeiçoa na fraqueza."* (2Co 12:9)

Pronto, está feito! O que escrevi, escrevi. Como disse Pôncio Pilatos, do mesmo modo eu também digo: *"O que escrevi, escrevi."* (Jo 19:22)

Amador e limitado, sim; porém, original.

O que faço, não faço para agradar aos homens, visando reconhecimento humano; porque eu busco a glória de Deus, e não a glória dos homens, nem do mundo. Pois o tempo do Juízo se aproxima e não falhará. Sei que um dia vou ter que comparecer diante do tribunal de Cristo. Quando penso nesse dia eu temo e tremo, porque, aos olhos de fogo do Justo Juiz, nada ficará oculto que não venha a ser revelado; naquele dia, vou saber quem eu sou de verdade. Que o sangue de Cristo me ajude naquele dia — no dia da verdade. *"Deus julgará o justo e o perverso; pois há tempo para todo propósito e para toda obra."* (Ec 3:17)

Graças a Deus pela sua maravilhosa graça!

"Um abismo chama outro abismo..." (Sl 42:7)

E quanto mais fundo eu descer, mais difícil ficará de voltar à superfície.

Quanto maior o pecado, maiores serão as consequências. *"O ímpio gera a perversidade, concebe a maldade e dá à luz a falsidade. Quem abre uma cova e a torna mais profunda, acabará caindo na cova que fez."* (Sl 7:14,15)

Não quero me gabar, nem me vangloriar, porque eu sei que nada sou.

Se há alguém que não tem direito algum, senão o de ficar calado, esse alguém sou eu. Pois sou o menor dos menores, o último dos últimos e o maior dos pecadores. Mas, para quem já venceu o álcool e as sarjetas, o crack e as cracolândias, pode vencer qualquer coisa. Mas eu sei que só venci pela graça e pela misericórdia do Senhor Jesus; porque, sozinho, sem a mão de Deus, eu nunca poderia ter vencido. Se não fosse pela minha fé no Senhor Jesus, eu estaria vagando como um zumbi na cracolândia.

"A tua fé te salvou; vai-te em paz." (Lc 7:50)

Porque o crack é uma praga assoladora e tem o poder de acabar com a vida da pessoa, tirando tudo de bom que ela tem nesta vida: a saúde, o emprego, os bens materiais, a família, os amigos, a honra, o caráter, a dignidade e a decência. Mas somente o Senhor Jesus — o Libertador — tem a verdadeira cura para este mal; falo isso por experiência própria.

Vê, só Deus faz novas todas as coisas!

Eu poderia continuar escrevendo até acabar a tinta de mil canetas.

Mas é melhor dar um tempo, por enquanto. *"Não há limite para fazer livros, e o muito estudar é enfado da carne."* (Ec 12:12)

Porque tudo que é excessivo é concupiscência da carne, e as pessoas não precisam das minhas palavras, e sim da Palavra de Deus. E eu não quero ser mais um a criar mais uma prisão literária. Mas, se for a vontade de Deus que eu continue escrevendo, então eu continuarei escrevendo.

Contudo, priorize usar a maior parte do seu tempo com a Palavra de Deus, somente. Pois, nela, o seu tempo não estará sendo desperdiçado.

Jesus disse que o sal é bom. (Lc 14:34)

Mas, se eu consumir muito sal, isso fará mal à minha saúde. O mesmo é querer ser santo demais, bom demais, e justo demais. (Ec 7:16)

Não se orgulhe em si mesmo, porque só Deus é santo, bom e justo.

O que quero dizer é que nós temos de ter equilíbrio, bom senso, moderação e domínio próprio; e ser humildes para reconhecer que somos maus e imperfeitos — embora tendo como meta alcançar a perfeição.

Na verdade, eu sei que não estou totalmente certo, mas também sei que não estou totalmente errado. Assim somos todos nós, homens falhos.

A maioria das pessoas não tem o verdadeiro conhecimento, nem a verdadeira sabedoria; são cegas, não sabem nada, apenas seguem o comboio. O homem não sabe que ele não tem vida própria; ele é como a lua, que também não tem luz própria. Assim como a lua precisa do sol para iluminar a terra, assim também o homem precisa da boa mão de Deus para nascer, para crescer, para prosperar, para viver e para morrer.

Será que os prevaricadores ainda não aprenderam isso?

De fato, a vida terrena é pura vaidade, e o mundo é um poço de ilusão.

Mas, apesar de ser invisível, Deus se mostra visível para todos. E, se um verme como eu consegue ver a verdade suprema, que é Deus, então por que o resto do mundo, que é melhor do que eu, não consegue ver?

Não conseguem ver, ou não querem ver?

Mas quem sou eu para falar deste modo? Eu nada sou.

No momento, sou como o sal que perdeu o sabor; sou como uma estrela que perdeu o brilho; sou como a água doce que se tornou amarga.

Sim, este é o meu lamento. *"E como lamento servirá."* (Ez 19:14)

Tudo por causa da minha grande insensatez. Mas graças a Deus, minha confiança e minha esperança não estão em mim mesmo, e sim no meu Redentor. Com confiança, eu espero na justiça, na bondade, na fidelidade, no amor, na misericórdia e na graça de Deus, meu Senhor e meu Salvador.

Agora, isto eu vou escrever com letras bem legíveis: ***Aqui diz o homem que era insensato, mas foi curado pelas mãos do Magnífico Deus Excelso — a quem eu adoro em espírito e amo de verdade. Indubitavelmente, sim!***

Deus é bom, de fato; não podemos compreender o seu amor.

Mas que eu seja, pela graça de Deus, sempre verdadeiro — e não um mero falador. Se há esperança para mim, também há esperança para você.

Pra cair, basta estar de pé; e pra morrer, basta estar vivo.

Porque é fácil cair, mas é difícil se levantar.

Pense nisso, e vigia — para que ninguém tome a tua coroa.

Porque, num estalar de dedos, tudo pode mudar.

(Eu sei que muito errei e muito pequei; sei que prejudiquei a mim mesmo. Mas eu me perdoo por todo o mal que cometi contra a minha própria vida. E também peço perdão a Deus. Amém.)

Um dia, nós nos encontraremos no paraíso.

"Graça e paz a vós, da parte de Deus, nosso Pai, e do Senhor Jesus Cristo. [...] Misericórdia, paz e o amor vos sejam multiplicados." (Fm 1:3) (Jd 1:2)

O que virá depois disso não é de praxe.

Graças a Deus por tudo. Aleluia! Amém e Amém.

Continua...

www.ingramcontent.com/pod-product-compliance
Lightning Source LLC
Chambersburg PA
CBHW081934160726
47999CB00008B/2384